COISA JULGADA CONSTITUCIONAL:

TEORIA TRIDIMENSIONAL DA COISA JULGADA: JUSTIÇA, SEGURANÇA JURÍDICA E VERDADE

CARLOS HENRIQUE SOARES

Doutor e Mestre em Direito Processual pela Pontifícia Universidade Católica de Minas Gerais.
Professor de Direito Processual Civil da PUC-Minas
e Faculdade de Direito da Estácio de Sá de Belo Horizonte (FESBH).
Professor de Pós-Graduação em Direito Processual Civil.
Palestrante. Escritor em revistas especializadas. Advogado Militante.
Contato: carloshsoares@ig.com.br

COISA JULGADA CONSTITUCIONAL:
TEORIA TRIDIMENSIONAL DA COISA JULGADA: JUSTIÇA, SEGURANÇA JURÍDICA E VERDADE

COISA JULGADA CONSTITUCIIONAL:
TEORIA TRIDIMENCIONAL DA COISA JULGADA:
JUSTIÇA, SEGURANÇA JURÍDICA E VERDADE

AUTOR
CARLOS HENRIQUE SOARES

EDITOR
EDIÇÕES ALMEDINA, SA
Av. Fernão Magalhães, n.° 584, 5.° Andar
3000-174 Coimbra
Tel.: 239 851 904
Fax: 239 851 901
www.almedina.net
editora@almedina.net

PRÉ-IMPRESSÃO | IMPRESSÃO | ACABAMENTO
Geográfica Editora
Palheira – Assafarge
3001-453 Coimbra
producao@graficadecoimbra.pt

Abril, 2009

DEPÓSITO LEGAL
287868/09

Os dados e as opiniões inseridos na presente publicação
são da exclusiva responsabilidade do(s) seu(s) autor(es).

Toda a reprodução desta obra, por fotocópia ou outro qualquer
processo, sem prévia autorização escrita do Editor, é ilícita
e passível de procedimento judicial contra o infractor.

Biblioteca Nacional de Portugal – Catalogação na Publicação

SOARES, Carlos Henrique

Coisa julgada constitucional. – (Teses de doutoramento)

ISBN 978-972-40-3743-1

CDU 343
     342

Ao amor da minha vida,
Claudia Reis Oliveira.

AGRADECIMENTOS

Pensando em tudo que aconteceu no desenvolver desta obra, só me resta agradecer aos que souberam entender os motivos de minha ausência. A desculpa se tornou concreta e, pelo menos por algum tempo, irei me dedicar mais aos relacionamentos do que aos livros. Até que, mais uma vez, outro tema me instigue.

Assim, quero agradecer, primeiramente, à Fundação de Coordenação e Aperfeiçoamento de Pessoal de Nível Superior (CAPES), que, com seu programa de Estágio no Exterior, me possibilitou o desenvolvimento de uma obra densa em bibliografia estrangeira e estudos que nunca foram feitos no Brasil.

Também não poderia deixar de anotar que meu orientador, Professor Doutor José Marcos Rodrigues Vieira, foi uma pessoa fundamental no desenvolvimento desta obra. O ato de aceitar a orientação de um trabalho com um tema polêmico como o da coisa julgada constitucional revelou muita coragem e o profissionalismo.

Do mesmo modo, a participação do Professor Doutor Jorge Bacelar Gouveia, da Universidade Nova de Lisboa (PT), foi de extrema importância para o desenvolvimento desta obra. Com um simples "e-mail" o Professor Bacelar acreditou em um projeto de doutoramento e estabeleceu contatos que, com toda certeza, irão gerar muitos frutos acadêmicos.

Aos meus pais, Vicente e Marlysia, eu gostaria apenas de dizer que, hoje, eu apresento esta obra ao mundo jurídico com a simples certeza de que os responsáveis por tudo foram vocês, que sempre acreditaram em meu potencial e me incentivaram nas dificuldades. Se algum dia estive ausente, foi em busca de realizar um sonho pelo qual os senhores são os maiores responsáveis. Muito obrigado por tudo e pelo apoio incondicional!

Às minhas irmãs, Ana Paula, Flávia e Patrícia, agradeço pela afetuosa convivência. Vocês fazem parte de minha história e de minha família e gostaria de lhes dizer o quanto são importantes para mim e para minha vida. Desculpem-me pelas ausências.

Por último, e não menos importante, gostaria de abrir um espaço de agradecimento aos meus colegas de escritório de advocacia LGA Assessoria Empresarial, que dividem comigo angústias, alegrias, incertezas e vários projetos. São eles o Dr. Alexandre de Andrade Gomes, Dr. Mário Lúcio de Moura Alves, Dra. Flávia Cantagallii e Dra. Jordana Sousa de Assis. Agradeço também à amiga Sra. Edna Pires, ao prestativo Ronan Periard e aos meus estagiários Maria Leonor e Rafael Augusto.

"Uma pessoa só pode ser livre se todas as demais o forem igualmente"

(Habermas)

APRESENTAÇÃO

1. A presente obra *Coisa Julgada Constitucional: Teoria Tridimensional da Coisa Julgada – Justiça, Segurança Jurídica e Verdade* corresponde, com pequenas alterações, à dissertação de doutoramento que o Doutor Carlos Henrique Soares defendeu publicamente na Faculdade de Direito da Pontifícia Universidade Católica de Minas Gerais, em 30 de Abril de 2008.

Trata-se de um tema muito relevante para a Ciência do Direito Público porque lida com os limites da efectividade da Constituição na sua aplicação pelo poder judicial, também ele – e necessariamente, a justo título – um poder público submetido ao império da Constituição.

Contudo, essa importância cresce ainda mais por o tema ser analisado da óptica do Direito Processual, que está muito para além de possuir uma mera natureza instrumental, em que tantas vezes é infelizmente acantonado, embora também de cujo estreito reduto nem sempre os seus cultores têm a capacidade de o libertar...

Não é esse, seguramente, o caso do Doutor Carlos Henriques Soares, que com determinação e arrojo sugere-nos um completo e audaz enquadramento histórico-dogmático acerca da coisa julgada, naturalmente não podendo desconsiderar o especial enfoque que utiliza na sua relação com a força da Constituição.

Mas o seu maior contributo – só podendo, por isso mesmo, saudar a decisão que a Livraria Almedina tomou no sentido de publicar esta obra, provando que, nesta matéria como noutras, está no bom caminho – reside na preocupação de versar cientificamente o tema num contexto actualizado em que a Ciência do Direito Processual, longe de ser uma mera "Ciência de fórmulas, rotinas ou ritos", é uma Ciência insuflada por um novo paradigma imposto pelo Estado de Direito Democrático, que tem justamente no Direito Processual uma das suas mais interessantes aplicações.

2. A oportunidade da publicação deste livro deve também ser assinalada no contexto mais geral do aprofundamento das relações entre Portugal e o Brasil, que no caso concreto se consubstanciou pelo estreitamento de laços entre a Faculdade de Direito da Universidade Nova de Lisboa e a Faculdade de Direito da Pontifícia Universidade Católica de Minas Gerais.

Foi precisamente ao abrigo de um convénio de cooperação entre estas duas instituições que pude conhecer o Doutor Carlos Henrique Soares, o qual lhe possibilitou uma longa estada em Lisboa, a fim de aí prosseguir com as suas frutuosas investigações.

O futuro da Ciência do Direito em Portugal só pode ser promissor se testemunhar a intensificação deste tipo de relações entre os nossos países, depois de um longo período em que essas relações foram inexistentes ou, por vezes, contaminadas por mal-entendidos e por preconceitos, de parte a parte.

É verdade que em muitos aspectos o Direito do Brasil mostra-se divergente do Direito de Portugal, mas não deixa de ser verdade que, em globalização jurídica, as diferenças estimulam os encontros e as semelhanças esmorecem as aproximações...

Eis, pois, um desses encontros, propiciado neste estudo conjunto do Direito Constitucional com o Direito Processual, domínio do saber jurídico em que a Pontifícia Universidade Católica de Minas Gerais, através da sua Faculdade de Direito, tem sido pioneira no Brasil, nela residindo, de resto, um numeroso naipe de excelentes jusprocessualistas, com os quais os juristas portugueses têm muito a aprender. Eu, pelo menos, já aprendi muito.

Lisboa, 12 de Janeiro de 2009.

JORGE BACELAR GOUVEIA
Professor da Universidade Nova de Lisboa
e da Universidade Autónoma de Lisboa
Agregado e Doutor em Direito

PREFÁCIO

O Professor Carlos Henrique Soares concede-me a gentileza de prefaciar sua tese de doutorado, ora em versão definitiva.

Trata-se de tarefa agradável, pelo que conheço do escritor e intelectual.

Quis o autor abordar o imorredouro tema da coisa julgada. E contrapõe à tese da coisa julgada inconstitucional uma como ressalva. O título (original) *Coisa Julgada Constitucional* procura assinalar que, observado que tenha sido o devido processo legal, não haverá dizer-se de inconstitucionalidade da coisa julgada.

A palavra de Carlos Henrique Soares soa como grave advertência às teses, brasileiras e portuguesas produzidas sobre a inconstitucionalidade da coisa julgada.

O co-orientador do trabalho, Professor Doutor Jorge Bacelar Gouveia, da Universidade Nova de Lisboa, teve o cuidado, em sua excelente argüição ao então candidato, de salientar que está por se fazer uma teoria do ato processual inconstitucional.

Advertiria S. Exa. que o vício de inconstitucionalidade pode surgir em qualquer momento da tramitação processual, do primeiro ao último ato. Vale dizer, que a assertiva de que a coisa julgada (trânsito em julgado da sentença de mérito) houvesse de supor (ou presumir) o desenvolvimento do processo, em devida forma não pode ser recebida em caráter absoluto.

É que – diríamos – continuaria a ser suscetível de crítica o argumento do devido processo legal, tanto que impregnado da presunção de que a coisa julgada sane os vícios do processo. E perguntaríamos: todos? Ou haveria vícios insanáveis?

É o que a tese de Carlos Henrique Soares procura desbravar, considerando que a coisa julgada é, mais no Brasil que em Portugal, garantia constitucional. E apela para o valor segurança, ponderadamente, como superior ao valor certeza.

Há uma verdadeira cópia de justificativas no desenvolvimento da tese.

Louvo a preocupação com a subsistência da coisa julgada, como inerente ao Estado Democrático de Direito. Sem dúvida não se haveria de deixar evanescer um de seus pilares, pois, sem ela, terminaria por não haver Estado, mas, talvez, Estado de estados de Direito.

Não me privo, porém, de observar que a coisa julgada – concordando, embora, que seja garantia constitucional – convive com a garantia constitucional da fundamentação, do Art. 93, IX, da Constituição da República, a qual apropria processualmente outros direitos fundamentais, ao menos por efeito da eficácia vinculativa da jurisdição constitucional.

Estou certo de que a obra terá a merecida receptividade. É mais um trabalho dado a público por um dos eminentes integrantes da Escola Processual nascida na Faculdade Mineira de Direito da PUC-Minas.

Belo Horizonte, janeiro de 2009.

Prof. JOSÉ MARCOS RODRIGUES VIEIRA,
Professor da Pontifícia Universidade Católica de Minas Gerais
e da Universidade Federal de Minas Gerais.
Doutor em Direito

SUMÁRIO

1. INTRODUÇÃO 17

2. A COISA JULGADA NO DIREITO ROMANO E CANÔNICO 23
   2.1 A coisa julgada no direito romano 24
   2.2 A coisa julgada no direito canônico 36

3. ESTUDOS SOBRE A COISA JULGADA 41
   3.1 As idéias de Chiovenda sobre coisa julgada 43
   3.2 As idéias de Carnelutti sobre a coisa julgada 48
   3.3 As idéias de Allorio sobre a coisa julgada 53
   3.4 As idéias de Liebman sobre coisa julgada 59
   3.5 As idéias de Eduardo Couture sobre a coisa julgada 68
   3.6 As idéias de Lopes da Costa sobre a coisa julgada 74
   3.7 As idéias de Fazzalari sobre a coisa julgada 79

4. COISA JULGADA NO DIREITO COMPARADO 89
   4.1 A coisa julgada no direito português 90
   4.2 A Coisa julgada no direito francês 100
   4.3 A Coisa julgada no direito Norte-Americano (EUA) 107

5. SENTENÇA E COISA JULGADA NO DIREITO BRASILEIRO 113

6. COISA JULGADA INCONSTITUCIONAL – CONTEXTUALIZA-
   ÇÃO DO PROBLEMA 127
   6.1 Caso julgado inconstitucional – Paulo Otero 128
   6.2 A coisa julgada inconstitucional no entendimento de Humbero
       Theodoro Jr. e Juliana Cordeiro de Faria 141
   6.3 Coisa julgada inconstitucional no entendimento de Carlos Valder
       do Nascimento 150

7. TEORIA TRIDIMENSIONAL DA COISA JULGADA CONSTITU-
CIONAL – JUSTIÇA, VERDADE E SEGURANÇA JURÍDICA 157

7.1 Coisa julgada e "decisão justa"... 157

7.1.1 *A validade do direito em kelsen e a decisão justa*............ 159

7.1.2 *A integridade do direito em Dworkin e a "decisão justa"* 166

7.1.3 *O direito como equidade em Rawls e a "decisão justa"* .. 174

7.1.4 *A legitimidade das decisões jurisdicionais em Habermas* 179

7.2 Coisa julgada como "verdade" 191

7.2.1 *Teorias clássicas sobre a "verdade"*.............................. 192

7.2.2 *"Verdade" e prova*... 194

7.2.3 *"Verdade", justificação e coisa julgada* 200

7.3 Coisa julgada e segurança jurídica 207

7.3.1 *Segurança jurídica no Estado Democrático de Direito* 211

7.4 Coisa julgada constitucional – teoria tridimensional................... 222

8. NOVO CONCEITO DE TRÂNSITO EM JULGADO 229

9. AÇÃO RESCISÓRIA, *QUERELA NULLITATIS* E "COISA JUL-
GADA INCONSTITUCIONAL".. 237

9.1 Ação rescisória e "coisa julgada inconstitucional"...................... 237

9.2 *Querela nullitatis* e a "coisa julgada inconstitucional" 247

10. ASSISTÊNCIA E COISA JULGADA 253

10.1 Assistência no direito comparado 254

10.2 Parte processual.. 257

10.3 Terceiro processual 263

10.4 Assistência no direito brasileiro – Aspectos gerais 265

10.5 Assistência e coisa julgada.. 269

11. CONCLUSÃO... 275

REFERÊNCIAS 283

1. INTRODUÇÃO

Antes de mais nada, cabe uma advertência. A escolha do título COISA JULGADA CONSTITUCIONAL para a presente obra foi feita levando em consideração a terminologia utilizada pela dogmática brasileira. Para os portugueses, a expressão similar seria CASO JULGADO CONSTITUCIONAL. No entanto, problema algum haverá na compreensão da presente obra por brasileiros e portugueses, uma vez que o tratamento doutrinário e jurisprudencial nesses dois países é muito parecido no que diz respeito à imutabilidade das decisões jurisdicionais. Assim, espero que o leitor brasileiro ou português possa compreender que a COISA JULGADA ou o CASO JULGADO prescinde de constitucionalidade para sua existência e validade e que somente é possível a obtenção de segurança jurídica diante da garantia do DEVIDO PROCESSO CONSTITUCIONAL.

O tema "Coisa julgada Inconstitucional" foi introduzido no pensamento jurídico moderno pelo jurista português Paulo Otero, que ofertou ao mundo jurídico sua obra "Ensaio sobre o caso julgado inconstitucional" (1993), na qual buscou tratar um tema de complexidade ímpar no âmbito do direito material constitucional. Segundo Otero, a decisão que contraria a Constituição estaria eivada de nulidade, justificando a "flexibilização" da coisa julgada.

Tal obra, que será analisada em capítulo específico deste livro, influenciou muitos doutrinadores processuais brasileiros, tomada como ponto de partida para a produção de diversos trabalhos envolvendo essa temática, com destaque para "Coisa Julgada Inconstitucional" (2002), do Professor Humberto Theodoro Jr., em co-autoria com Juliana Cordeiro de Faria; e o livro "Por uma teoria da Coisa Julgada Inconstitucional" (2005), escrito por Carlos Valder do Nascimento, também de grande influência na produção jurídica nacional sobre a matéria.

O tema despertou interesse no mundo jurídico e acadêmico, levantando discussões, estudos e questionamentos sobre a constitucionalidade da coisa julgada. No entanto, diante de uma vasta bibliografia sobre o tema da coisa julgada e a questão de sua constitucionalidade, alguns aspectos não foram devidamente enfrentados pelos autores que citamos nas referências bibliográficas. Assim, resurgem dúvidas sobre trânsito em julgado da decisão jurisdicional, e em que ponto seria possível a sua revisão ou modificação, além de uma questão séria tratada nessa obra e que nos possibilita modificar todos os paradigmas processuais existentes, qual seja, a coisa julgada depende ou não do processo democrático? Se a resposta for sim, estaremos afirmando que só podemos ter segurança jurídica à medida que garantirmos o contraditório e a ampla defesa no processo.

Paulo Otero, Humberto Theodoro Jr., Juliana Cordeiro e Carlos Valder do Nascimento, ao se preocuparem com a questão da constitucionalidade das decisões, visualizam a possibilidade de revisão da coisa julgada, exclusivamente, no âmbito do direito material e em um aspecto extrajurídico de atividade judicial, não levando em consideração o aspecto processual e a garantia do contraditório e da ampla defesa. Tal postura, em nosso entendimento, acabou por gerar mais uma **insegurança jurídica**, enquanto o que se pretende é, justamente, garantir **segurança jurídica**. Essa é a finalidade da coisa julgada e infelizmente, a prevalecer os entendimentos dos autores supracitados, a insegurança se acha instalada no mundo jurídico.

A proposta deste livro é, justamente, contrária ao entendimento de Paulo Otero e Humberto Theodoro Jr. O presente trabalho tem por escopo demonstrar que a possibilidade de revisão da "coisa julgada" só pode ser perquerida em caso de inobservância dos princípios processuais, do contraditório, da ampla defesa e da isonomia.

Para desenvolver tal idéia, foi preciso, antes de tudo, revisitar os estudos sobre a coisa julgada no direito romano e canônico, em que essa possibilidade de revisão se evidencia em caráter excepcional, para atender a critérios subjetivos de justiça. É no direito canônico que encontramos o embrião da tese sobre a "flexibilização da coisa julgada".

Para ampliar a compreensão sobre o tema "Coisa Julgada" serão apresentadas, em capítulo especial, as idéias dos principais doutrinadores processuais contemporâneos, como: Chiovenda, Carnelutti, Allorio, Liebman, Eduardo Couture, Lopes da Costa e Fazzalari., apontados como

Introdução

os mais estudados pelos processualistas brasileiros, sendo Liebman aquele que mais influenciou os estudos pátrios sobre a coisa julgada.

É importante frisar que, embora tais doutrinadores não tratem, exclusivamente, sobre a possibilidade de modificação da coisa julgada (flexibilização da coisa julgada) quando contrariar a Constituição, pode-se perceber que o tema é sempre tratado como uma hipótese de coisa julgada injusta, resolvida através da ação rescisória. Não se verifica a preocupação com a questão da inconstitucionalidade da decisão, certamente porque os autores comentados são unânimes quanto ao entendimento de que tal possibilidade atentaria contra a segurança jurídica.

Nos estudos sobre os autores que desenvolveram o tema da coisa julgada, merece destaque o processualista uruguaio Couture (1993), que, de modo ainda muito incipiente, tentou trabalhar a questão da sentença injusta, buscando desenvolver o tema em um período em que ainda ninguém discutia o assunto.

Também chamam atenção as idéias de Fazzalari (2006) sobre a coisa julgada. Suas considerações sobre "processo" e "procedimento", bem como sua versão para "contraditório" são importantíssimas para o desenvolvimento deste livro sobre a "Coisa julgada constitucional".

Ainda como fonte de um estudo comparativo, será apresentado um estudo da coisa julgada no direito português, francês e norte-americano. As referências ao direito francês também são de fundamental importância no presente estudo, ainda que muitos críticos sustentem que o direito processual francês não guarde muitas relações com o direito processual brasileiro. Serve, contudo, como fonte de estudo, pois permite compreender a coisa julgada como direito material, o que acaba por permitir um melhor entendimento sobre o instituto e sua imutabilidade.

O direito norte-americano, como acontece nos demais setores da cultura local, caracteriza-se pelo excepcionalismo, aspecto também perceptível quando se discute o tema da coisa julgada. Assim, adquire relevância um estudo comparativo com o direito brasileiro.

Este livro não se preocupou em promover um estudo específico sobre a coisa julgada no direito italiano, por entender que o mesmo já estaria aqui bem representado, contido nas principais idéias de Carnelutti, Chiovenda e Fazzalari, amplamente referenciados.

No direito processual brasileiro, o tema será trabalhado sob a ótica da análise da dogmática. No entanto, merecerá enfoque especial o instituto da assistência. Tal modalidade de intervenção de terceiro, conforme consta no art. 55 do Código de Processo Civil brasileiro, prevê a possibilidade de discussão da coisa julgada quando, pelo estado em que aderiu ao processo, o assistente ficou impedido de produzir provas capazes de defender seus interesses.

Assim, ao contrário do que afirmam alguns doutrinadores pátrios, restará comprovado que já se consubstanciou, há tempos, a possibilidade de modificação da coisa julgada no direito brasileiro, e essa hipótese independe de ação rescisória. A tese aqui desenvolvida é, justamente, a de que a coisa julgada só alcança sua imutabilidade e atinge a segurança jurídica à medida que se busca a garantia processual do contraditório. Somente no processo democrático é possível que isso ocorra. A busca pela democracia no processo jurisdicional é que vai permitir a formação da coisa julgada constitucional.

Toda decisão no estado democrático deve ser constitucional. A constitucionalidade não se revela pela adequabilidade da sentença às normas constitucionais, mas, principalmente, pela garantia de que essa decisão foi formulada com efetiva participação das partes. No mesmo sentido, a coisa julgada somente pode ser formada à medida que se observe a constitucionalidade. E essa só se implementa com a garantia de um processo discursivo.

Nos estudos empreendidos neste livro, a constitucionalidade da coisa julgada passa pela discussão sobre o tema "Justiça nas decisões". Tal discussão se torna imprescindível no seio deste livro, buscando superar as idéias defendidas, na última década, por Dworkin, Kelsen e Rawls. Para esses autores, a aplicação da "justiça nas decisões" passa, efetivamente, por uma questão de validade (Kelsen), de integridade (Dworkin) ou de equidade (Rawls). A superação desses autores será buscada por intermédio das idéias defendidas por Habermas (2004), para o qual a justiça nas decisões constitui um elemento estritamente processual, que passa pelos princípios do discurso e da democracia.

Ainda como ponto central das discussões a respeito da constitucionalidade da coisa julgada, pretende-se trabalhar a idéia de verdade processual. Toda a fundamentação sobre a coisa julgada, tanto para sua imutabilidade quanto para sua modificação, trata a questão da verdade com um conceito pré-concebido e impregnado de pragmatismo, que acaba por gerar confusão e incompreensão. Este estudo buscará compreender o conceito de "verdade processual" não mais como adequação do mundo real ao mundo processual, mas, sobretudo, como uma idéia imanente ao processo discursivo. Não existe verdade absoluta; assim, justificar a modificação da coisa julgada com base em verdade só contribui para a insegurança jurídica.

Nesse sentido, será afastada a possibilidade de revisão da coisa julgada nas ações de reconhecimento da paternidade. O exame de paternidade não reflete a verdade processual e permitir a modificação da coisa julgada com base em técnica probatória nova em nada contribui para evitar a incerteza jurídica e a insegurança.

Para evitar o casuísmo de muitos doutrinadores que insistem em escrever sobre a possibilidade de modificação da coisa julgada nas ações de reconhecimento de paternidade, será desenvolvido o conceito de verdade atrelado ao conceito de "justificação". Para tanto, verdade será aquilo que possa ser fundamentado através de um discurso justificador. Essa idéia, defendida por Habermas, serve em muito para superar o pragmatismo processual que muitos insistem em estabelecer no direito brasileiro.

A segurança jurídica se torna elemento central e fundamental para a justificação da existência da coisa julgada. A expressão denomina, eminentemente, um conceito jurídico-processual que não está mais atrelado à certeza das decisões ou a sua previsibilidade. Constitui a segurança jurídica um caráter diferenciado na democracia. Ela é garantida à medida que se permite aos interessados no resultado final (decisões jurisdicionais) a efetiva participação no contraditório.

A coisa julgada não tem a função de garantir a segurança jurídica. A segurança jurídica é que permite a formação da coisa julgada. Não é possível compreender que, no estado democrático, as decisões ainda sejam formadas sem a participação dos interessados no resultado final. É aí que reside a **inconstitucionalidade da coisa julgada.**

Defende-se, no presente livro, não a possibilidade de revisão da coisa julgada com base em prova, ou por não corresponder à verdade dos fatos. Isso já foi escrito e defendido por muitos. O que aqui se pretende é, justamente, o contrário, ou seja, defender que, quando uma decisão jurisdicional for gerada sob os auspícios do melhor argumento e sobre o pálio do contraditório, essa decisão é constitucional, e, após o trânsito em julgado, não caberá mais a rediscussão da questão. No entanto, se a decisão não for gerada democraticamente, essa nunca ficará sob o manto da coisa julgada, pois tal decisão é manifestamente inconstitucional.

A expressão "trânsito em julgado", dentro deste livro, sofre uma revisitação para viabilizar a afirmativa de que tal instituto não depende, exclusivamente, do elemento tempo. Existe algo mais que, dentro do conceito de trânsito em julgado, permite afirmar que, nos regimes democráticos, só transitam em julgado as decisões que obedecem ao princípio da democracia. Assim, se uma decisão for inconstitucional, ela o é pelo simples fato de desrespeitar a democracia. Poderá, portanto, ser modificada a qualquer tempo, sem que isso caracterize a "flexibilização" da coisa julgada, uma vez que essa, realmente, nunca se formou e, portanto, nunca poderia ser modificada.

Assim, o objetivo central do presente livro é trabalhar o conteúdo das principais idéias defendidas pela doutrina processual brasileira e estrangeira sobre a possibilidade ou não de sua modificação, permitindo, ao superá-las, desenvolver uma teoria tridimensional da coisa julgada constitucional, no qual a relação entre os conceitos de "**justiça**", "**verdade**" e "**segurança jurídica**" é de fundamental importância para sua caracterização.

2. A COISA JULGADA NO DIREITO ROMANO E CANÔNICO

A abordagem da coisa julgada terá como ponto de partida uma análise das premissas do direito romano e canônico. A escolha por fundamentação nos primórdios do direito tem o objetivo de possibilitar uma melhor compreensão sobre as origens da preocupação com este tema.

Ressalte-se que existem muitos pontos de contato entre a coisa julgada do direito romano e a coisa julgada do direito moderno. A idéia de vinculação da sentença e da coisa julgada ao direito material era um elemento fundante do direito romano. A *res iudicata* também se constituía em um meio de não se perpetuarem as discussões, gerando a insegurança jurídica. A presunção de verdade era outro elemento do direito romano que ainda detém interesse fundamental na discussão sobre a coisa julgada, bem como o seu efeito fundamental, qual seja, tornar imutável a sentença.

Nesse sentido, o estudo, da coisa julgada no direito romano irá possibilitar o conhecimento desse instituto e de suas principais idéias, para que, posteriormente, em capítulo próprio, seja possível retomar as discussões inciadas pelos romanos.

Também se revestem de fundamental importância para o estudo da coisa julgada as idéias defendidas pelo direito canônico, principalmente quando se pretende tratar a possibilidade de rescisão de uma sentença que, de alguma forma, viola as leis canônicas, as quais, por se fundarem em bases religiosas, pressupõem a vontade de Deus. É no direito canônico que encontramos o embrião da tese sobre a "flexibilização da coisa julgada".

Esses indicadores apontam o fato de que qualquer estudo sobre o tema não pode abrir mão de uma boa análise da coisa julgada no direito romano e no direito canônico.

2.1 A coisa julgada no direito romano

O processo civil romano é marcado pela gradual intervenção do Estado (JUSTO, 2000, p. 263 e ss.), o que permitiu sua divisão em períodos: o primeiro, das *legis actiones*; o segundo, *per formulas*; e o último, da *extraordinaria cognitio* (TUCCI; AZEVEDO, 1996, p. 39). É importante ressaltar que tal classificação do período romano se faz apenas para fins convencionais[1].

Conforme esclarecem Tucci e Azevedo (1996):

> O primeiro, em vigor desde os tempos da fundação de Roma (745 a. C) até os fins da república [os períodos políticos de Roma foram a realeza – 754 a 509 a.C.; a república – 509 a 27 a.C.; o principado – 27 a.C. a 284 d.C.; e o dominato – 284 a 410 d.C. – queda do ocidente e 526 a 565 d.C. – período justiniano]; o segundo, constituindo com o anterior, o *ordo iudiciorum privatorum*, teria sido introduzido pela *lex Aebutia* (149-126 a.C.) e oficializado definitivamente pela *lex Julia privatorum*, do ano 17 a.C., aplicado, já de modo esporádico, até a época do imperador Diocleciano (285-305 d.C.); e o derradeiro, da *cognitio extra ordinem,* instituído com o advento do principado (27 a.C.) e vigente, com profundas modificações, até os últimos dias do império romano do Ocidente. (TUCCI; AZEVEDO, 1996, p. 39)

O processo de *legis actiones*[2] (VIEIRA, 2002, p. 6) apresenta três características: judicial, legal e formalista. Segundo informa Leal (2001),

---

[1] Conforme Afirmam Tucci e Azevedo, em "Lições de História do Processo Civil Romano", p. 38/39: "essa demarcação é apenas convencional, porquanto, dentro de cada um destes períodos, é possível encontrar fases ou mesmo ulteriores sistemas particulares. Assim, verifica-se que, a par do desenvolvimento político de Roma, que foi conhecendo várias modalidades de governo – realeza, república, principado e dominato –, também o processo privado se distendeu em três fases específicas e distintas, embora, em determinados momentos, coexistissem dois sistemas processuais diferentes."

[2] Ressalta José Marcos Rodrigues Vieira, em sua obra "Da Ação Cível" que: "A origem do procedimento das legis actiones" não revela as tradicionais fases *in iur* e *in iudicio, do ordo iudiciorum privatorum,* que se divide nas *legis actiones* e no *per formula.* Ao

a fase judicial iniciava-se perante o magistrado (*n iure*) e, em seguida, perante o árbitro particular; a fase legal, porque prevista em regras do magistrado; e a fase formalista vinculava as formas e palavras sacramentais (*verba certa*) (LEAL, 2005b, p. 40). Isso significa que o Estado Romano assumia apenas uma parte da função judicial.

Na fase *in iure*, o magistrado ouvia as alegações das partes e cumpria o rito das ações da lei aplicado ao processo. Posteriormente, num prazo de trinta dias (Lei *Pinaria*) (PETIT, 2003, p. 825), os demandantes se reuniam para designar um julgador e tomar testemunhas para a segunda fase. Ocorria, portanto, a *litis contestatio*, que consistia em um contrato celebrado entre as partes, no qual acordavam se submeter à decisão do órgão julgador eleito por elas ou nomeado pelo magistrado. A *litis contestatio* marcava o fim da primeira fase processual, havendo a extinção *ipso iure* do direito do demandante e a criação de um novo em seu benefício, o que impossibilitava o reexame do direito já deduzido, mesmo que ainda não julgado pelo juiz privado (PETIT, 2003, p. 825). Nesse sentido, dispõem Tucci e Azevedo (1996) acerca do efeito proveniente da *litis contestatio*:

> Dentre os importantíssimos efeitos decorrentes da *litis contestatio*, a *novatio necessaria* ensejava a extinção da relação de direito

---

mais primitivo processo romano é pois, inteiramente estranha a adiministração estatal da justiça.

Esse exame da origem das legis actiones, que, como dissemos, em cada uma das actiones dita sua relação com o direito material, considerado genericamente irá ditar um dos sentidos da actio.

Por curioso que possa parecer, a reconstituição do procedimento das legis actiones encontra a melhor fonte em Gaio, que é da época do per formulas, escrevendo, na verdade, historicamente, sobre as legis actiones, não obstante ninguém o tenha superado na tradução da mecânica daquele procedimento, uma vez que o considera genuinamente, à guisa de origem, matriz e justificativa do per fórmulas. Ele que, escrevendo sobre a litiscontestatio, chamou-a de actio, certamente por colocar a mátria acima da forma (ou da fórmula), ao inverso de Celso. Vê-se a equiparação da litiscontestatio à actio em Gaio, IV, § 11 (in actione vites nominaret) e em IV, 26 (legis actio per pignoris capionem, sendo sua fonte o costume).

As legis actiones compreendiam declarações perante o magistrado, revestidas de solenidade, a respeito do objeto da querela. Não havia exposição de fundamentos de fato ou causa petendi. O magistrado cingia-se a verificar se os atos das partes eram legais e tentar conciliá-las por meio dos pacta. Não lograsse sucesso a sua tentativa, cumpria-lhe remeter os contendores a um juiz, cuja escolha ficaria a cargo das partes.

> material (obrigação originária) deduzida em juízo, dando origem a uma nova relação (obrigação processual derivada), o que vedava, por força da regra *bis de eadem re ne sit actio*, o ajuizamento de outra ação lastreada na mesma relação jurídica substancial. (TUCCI; AZEVEDO, 1996, p. 103)

Surgia ao demandado uma obrigação, qual seja, submeter-se à condenação, extinguindo o direito do autor, pois já havia sido deduzido. Ademais, a regra *bis de eadem re ne sit actio*, também denominada *bis in idem*, consistia em um óbice à rediscussão acerca do mesmo litígio.

Na segunda fase, *apud iudicem*, a presidência cabia ao juiz privado, que tinha a função de solucionar o litígio após examinar as provas apresentadas, condenando ou absolvendo o demandado na prolatação da sentença. O período relativo às *legis actiones* era marcado pelo formalismo exarcebado. Não podiam os litigantes expor suas pretensões empregando palavras próprias. Uma troca de palavras nesse sistema poderia implicar a perda do processo. Tal formalismo extremado, com o passar o tempo, acabou por torná-las odiosas, tendo sido abolidas pela *Lex Aebutia*, e, mais tarde, pelas leis Júlias (TUCCI; AZEVEDO, 1996, p. 40).

Durante esse período, o Estado não era munido de atividade jurisdicional, sendo um mero ordenador do exercício da Justiça Privada. Os litígios eram submetidos ao conhecimento de um magistrado (pretor), que apenas declarava se o demandante era ou não titular do direito, não sendo, portanto, incumbido de solucionar tais conflitos, cujo dever era de um particular (*iudex*). Tratava-se de um procedimento reservado aos cidadãos romanos, de caráter privado, ficando limitada a participação da autoridade estatal (magistrado) a uma função fiscalizatória, determinando que modalidade de direito deveria ser aplicada ao caso concreto.

Nesse período, não se poderia falar na autonomia da ciência processual em relação ao direito material (LEAL, 1999, p. 37-38). A *actio* era definida como o direito de alguém perseguir, mediante um processo (*iudicio*), aquilo que lhe é devido. Nas palavras de Tucci e Azevedo (1996),

> Configurava-se o direito subjetivo não pelo aspecto de seu conteúdo substancial, mas sim pela ótica da ação com a qual o titular podia tutelá-lo contra possíveis ofensas. Os romanos não diziam: "eu tenho um direito" (e, por via de conseqüência, uma ação para tutelá-lo), mas diziam simplesmente: "eu tenho uma ação". (TUCCI; AZEVEDO, 1996, p. 45)

A Coisa Julgada no Direito Romano e Canônico

Nesse período romano, a ação correspondia a uma atuação material, vale dizer, a uma atitude, um agir perante o magistrado, que não poderia ser unilateral, devendo efetivar-se oralmente por ambos os litigantes (TUCCI; AZEVEDO, 1996, p. 46). Segundo informa Talamini (2005), tecendo comentários sobre a estabilidade das decisões:

> [...] não há notícias mais precisas sobre qual era a estabilidade conferida aos atos processuais no período mais remoto das ações da lei. É de supor que já se conferisse força preclusiva ao processo – seja porque o mesmo traço estava presente no direito de outras civilizações ainda mais antigas, seja em vista das origens taliônicas do direito e do processo romano. (TALAMINI, 2005, p. 198-199)

Contudo, verifica-se que, nessa fase, não se fala em preclusão do julgamento, a não ser para indicar um ato que não poderia, absolutamente, conduzir ao resultado pretendido pelo autor e que, assim, seria inútil (*rem actam agere*).

> Empregavam-se também as expressões *res acta est ou actum est* para designar algo irremediavelmente encerrado ou definitivo. Desse modo, atribuía-se ao *agere* das partes um "efeito preclusivo", equiparável, moderadamente, à função negativa da coisa julgada. (TALAMINI, 2005, p. 199)

Ainda segundo este autor, ao que tudo indica, esse efeito advinha do simples desenvolvimento do processo, e não de seu resultado final: quando foi formulada a regra em questão, tinha-se em vista não a sentença, a *res iudicata*, mas, particularmente, o *agere rem*, que, na essência, constituía-se pela atividade das partes perante o pretor e tinha na *litis contestatio* o seu ponto culminante (TALAMINI, 2005, p. 199).

Murga Gener (1989), analisando a força preclusiva dos atos processuais, afirma que tal procedimento encontra explicação em época remotíssima, nos primórdios da ordem jurídica romana, quando vigorava, ainda, um sistema de defesa de direitos baseado na força e na vingança privada. O rudimentar direito de então consistia, precisamente, em estabelecer condições, parâmetros e limites à vingança privada: cuidava-se para que a vingança guardasse alguma relação de proporção com o dano.

Impedia-se que a vingança ultrapassasse os limites estabelecidos; rejeitava-se que, tendo sido exercitada a vingança, o ofendido pretendesse, simplesmente, retomar, na íntegra, o seu direito lesado. O direito vulnerado era substituído pela vingança regrada. Iniciada a vingança, não se podia voltar atrás. Quando se passou do rito ordálico ao processo primitivo, o *agere* tinha o exato mesmo papel da antiga vingança e, assim, se submetia à mesma regra preclusiva (MURGA GENER, 1989, p. 293-294).

No período formular, as regras do procedimento se tornam menos rígidas e sacramentais. O processo formulário surgiu da necessidade de dirimir litígios ainda não previstos no *ius civile*, quais sejam, os ocorridos entre cidadãos e peregrinos ou entre peregrinos. Diferentemente do que ocorria no âmbito das ações da lei, no qual o juiz encontrava-se vinculado ao resultado da prova, no processo formular vigorava a regra da livre convicção. O julgador, nos limites da fórmula, possuía certa discricionariedade para formar a *radio decidendi* (TUCCI; AZEVEDO, 1996, p. 126).

Vieira (2002) afirma que

> Afirmar-se-á por exato que o processo *per formula* iniciava-se – como o das *legis actiones*- pela *in ius vocatio*. Se essa cadeia lógica é repetitiva, certo será dizer que as *legis actiones* tenham inspirado a evolução. Ora, se a evolução revela, a partir desse aspecto, modificações; uma das interpretações, autêntica, seria, ao menos em parte, o espírito do *per formula*, nas *legis actiones*. (VIEIRA, 2002, p. 6)

A *lex Aebutia* (149-126 a.C.) foi a responsável pela abolição das *legis actiones*, instituindo as fórmulas escritas que se consolidaram, mais tarde, pelas leis Júlias (17 a.C. – direito romano clássico). Esta lei caracterizou, definitivamente, a consolidação do período formular e o fim do período anterior. Nesta segunda fase do período formular (fase clássica), o pretor (servidor público) passou "ele mesmo, a nomear o árbitro e instruí-lo, *per formulas*, sobre como deveria conduzir as demandas e proferir as sentenças" (LEAL, 1999, p. 39).

O *agere per formulas*, assim como o *legis actiones*, apresentava duas fases: *in iure* e *apud iudiciem*. Na fase *in iure*, o demandante expunha sua pretensão e designava qual ação desejava interpor, pedindo que lhe fosse entregue a fórmula. Uma vez concedida, tornava-se imutável, devendo o autor em juízo comunicá-la ao demandado para que a aceitasse e, assim o fazendo, esse acordo punha fim à primeira fase processual.

Nesse momento, dava-se a *litis contestatio*, que era o compromisso das partes quanto a participarem do juízo *apud iudiciem* e de se submeterem à decisão do juiz privado. O principal efeito da *litis contestatio* era a transformação do direito originário do demandante, pois criava uma nova obrigação entre as partes, na qual o réu se comprometia a tolerar o andamento do feito e a submeter-se à decisão do juiz (PETIT, 2003, p. 848). Desse modo, exauria-se o direito do autor, que não podia fazê-lo objeto de um novo processo.

Segundo informa Talamini (2005),

> A *litis contestatio* – e não mais, genericamente, o *agere* – extinguiu a relação jurídica controvertida. A extinção poderia ocorrer de dois modos diferentes, a depender do tipo da ação. O primeiro dizia respeito ao *iudicium legitimum*, que era o processo que cumpria os pressupostos das anteriores *legis actiones* (cidadania romana de ambas as partes, desenvolvimento do processo em Roma e nomeação de um *iudex* romano). O segundo concernia ao *iudicium império continues*, que, por não atender a esses requisitos, era regido pelo direito pretoriano. Nas ações *in ius* (nos *iudicia legitima*) atinentes a direitos obrigacionais, a *litis contestatio* implicava a extinção *ipso iure* da relação objeto da controvérsia. O vínculo processual absorvia o direito controvertido. A *litis contestatio* implicava uma nova relação entre os litigantes, que se substituía à anterior: eis a *novatio necessária*. Já nos casos sujeitos ao *ius honorarium*, não se punha automaticamente semelhante efeito. Mas razões de conveniência pública e eqüidade levaram o pretor a passar a conceder uma exceção ao réu, que lhe permitia extinguir o segundo processo que se formasse com o mesmo objeto e entre as mesmas partes. Era a *exceptio in iudicium deducta vel de re iudicata,* que haveria de ser inserida na fórmula do segundo processo. No primeiro caso, tinha-se a extinção *consumptiva* (ou "consumativa") da relação controvertida; no segundo, uma extinção preclusiva mediante o exercício *da exceção*. (TALAMINI, 2005, p. 200-201)

O efeito extintivo da *litis contestatio* impossibilitava a propositura de uma nova ação fundada na mesma relação jurídica e baseava-se na regra *bis de eadem re ne sit actio*. O óbice à propositura de nova ação era declarado de ofício pelo magistrado através da *denegatio actionis*, mediante simples prova pelo demandado de que a mesma relação de direito material já havia sido trazida a juízo. Ademais, o réu também poderia introduzir na fórmula a *exceptio rei iudicata vel in iudicio deducta* (PETIT, 2003, p. 849), que consistia em uma forma de defesa utilizada pela parte para argüir a anterior dedução da lide, como ocorria na *actio in rem*.

A segunda fase, *apud iudiciem*, ocorria perante um juiz privado, cuja função era julgar com base na fórmula e nas provas apresentadas pelas partes, aplicando os princípios do direito. Portanto, quando suficientemente esclarecido o litígio, exauria o processo com uma sentença, que, no procedimento formular, se apresentava como mais do que mera opinião de um juiz privado, pois era dotada de força de comando, com respaldo na fórmula. Esse período é o início da estatização do processo romano.

No entender de Talamini (2005), a sentença veiculava um pronunciamento do *iudex* que, pondo fim à controvérsia, estabelecia uma nova relação jurídica entre as partes: é a *res iudicata*. No direito romano clássico, a coisa julgada era compreendida como o próprio resultado, o estado jurídico advindo da sentença. A *res iudicata*, o próprio nome o diz, era a situação em que se encontrava a "coisa" (o bem de vida, objeto do litígio) uma vez julgada. A coisa julgada não era, assim, um dos efeitos do julgamento, nem qualidade desses efeitos ou algo que o valha. A coisa julgada era o próprio e único efeito do julgamento.

Tinha-se, pois, uma sucessão de transformações na própria relação material: a *litis contestatio* já funcionava como "novação", depois substituída pela coisa julgada, sendo que os três aspectos punham-se em um mesmo nível. O *iudicatum* ou impunha ao réu uma (nova) obrigação, idêntica a qualquer outra *obligatio*, ou, se de improcedência, liberava-o da relação que se havia estabelecido com a *litis contestatio*.

Essa perspectiva, obviamente, era uma decorrência da concepção "imanentista" da ação e do processo, que confundia esses institutos com o direito material. A ação era vista como o próprio exercício do direito material; o processo, mediante a *litis contestatio*, como uma nova relação que sucedia aquela que fora substrato do litígio – e assim por diante.

Mais ainda: como não cabiam recursos, a simples existência da sentença configurava esse resultado – de modo que nem se concebia qualquer distinção entre o *iudicatum*, seus efeitos e sua estabilidade (TALAMINI, 2005, p. 201-202). Ademais, enquanto era dado às partes compor-se ainda depois da *litis contestatio*, havia regra determinando a "nulidade" da transação *post rem iudicatam*; o julgado já havia extinguido o objeto da composição pretendida, qual seja a *res dúbia*. (TALAMINI, 2005, p. 202-203)

É importante ressaltar que houve um progressivo fortalecimento dos efeitos da *res iudicata* (e o valor de sua respectiva exceção) em face daqueles advindos da *litis contestatio* (e da *exceptio rei in iudicium deductae*). Ao que tudo indica, concebeu-se, originalmente, uma única *exceptio rei in iudicium deductae vel rei iudicatae*. Com o tempo, à medida que ganharam força os efeitos extintivos e inovadores da coisa julgada, a *excep tio rei iudicatae* foi se destacando e assumindo maior relevo. A *exceptio rei in iudicium deductae* acabava por ter serventia autônoma apenas nos casos em que a fase *apud iudicem* não se concluísse com uma sentença (TALAMINI, 2005, p. 204).

Com a decadência do império romano e a necessidade de o poder público se impor aos particulares, de modo a recuperar a unidade nacional, adveio, como única fonte do direito, a vontade do imperador, vedando-se, no final do século III d.C., a arbitragem privada. O conhecimento e julgamento das ações, como exposto supra, davam-se, então, diretamente pelos pretores, o que caracteriza a finalização total da transição da justiça privada para a justiça pública (ARAÚJO, 2005, p. 103).

No sistema da *cognitio extraordinaria cognitio*, desapareu a figura do juiz privado, bem como a bipartição do procedimento nas fases: *in iure* e *apud iudiciem*. O magistrado, então, além de declarar se o demandante era o titular do direito ou não, passou a ter também a função de julgar.

O sistema da *cognitio extra ordinem* vigeu no Principado de Otaviano Augusto (JUSTO, 2000, p. 264), no período pós-clássico. O magistrado, dotado de *múnus publico*, passou a analisar os fatos e editar a sentença, preponderando a intervenção estatal e consagrando, por fim, a Justiça Pública. A partir de então, segundo Sidou (1955, p. 107), "[...] a justiça pôr-se-á em caráter definitivo sob a égide do Estado, e a sua administração converter-se-á numa função deste".

Conforme afirmam Tucci e Azevedo (1996), o mais importante, nesse período, foi a unificação das instâncias. O procedimento, até então obrigatoriamente bipartido, passa a desenrolar-se, desde sua instauração até o final, diante de uma única autoridade estatal (magistrado-funcionário). A decisão do magistrado, no novo sistema processual, não mais corresponderá a um parecer jurídico (*sententia*) de um simples cidadão autorizado pelas leis, mas, sim, a um comando vinculante de um órgão estatal (TUCCI; AZEVEDO, 1996, p. 48).

Na afirmação de Cretella Júnior (1986),

> O processo romano perde aos poucos seus traços privatísticos, caminhando num sentido publicístico. É a estatização do processo. Desaparece a antiga divisão da instância romana em duas fases, não se fala mais na *ordo judiciorum privatorum*, esquecem-se as regras de competência, de lugar e de dia, ligadas à noção de dias fastos e nefastos. Agora, o mesmo titular reúne os atributos de magistrado e juiz, antes repartidos entre duas pessoas que atuavam, respectivamente, na primeira e na segunda fases processuais. (CRETELLA JÚNIOR, 1986, p. 426; MACHADO, 2004)

Ressalte-se que a principal característica do processo romano, nesse período, é, justamente, com relação à sentença, pois esta deixa de ser um ato privado e passa a constituir um ato estatal, que encerra uma demanda, de caráter imperativo e vinculante. A publicização do processo civil romano e da sentença tornou-se um marco histórico da evolução das técnicas de resolução de conflito.

A *res iudicata*, no processo da extraordinária *cognitio*, ocorria quando do julgamento não mais cabia recurso. Assim, não havendo impugnação, a sentença era confirmada, tornando-se imutável. Todavia, se a parte recorresse, a eficácia do caso julgado ocorreria quanto ao segundo julgamento no juízo *ad quem*.

Nesse sentido, afirma Neves (1971):

> Enquanto a coisa julgada, no período clássico, é a *res,* a questão sobre que versa o *iudicatum* e que permite falar-se de uma *res de qua agitur*, de uma *res in iudicium deducta* e, conseqüentemente, de uma *res iudicata*, no processo *extra ordinem* esta última expressão, paralelamente ao conceito novo de *sententia* [...] passa a significar a força legal desse ato do magistrado. (NEVES, 1971, p. 28)

A *res iudicatae* correspondia ao efeito da sentença, apresentando um aspecto positivo e outro negativo. O positivo consistia no fato de que o julgado apenas operava entre as partes, fazendo-se lei; e o negativo, na impossibilidade de instaurar nova ação em torno de um mesmo objeto. Dessa forma, alcançando a decisão a autoridade de caso julgado, esta se fazia verdade, devendo ser cumprida, não cabendo posterior rediscussão do litígio.

Já para Talamini (2005),

> A coisa julgada mantinha-se com a dupla função preclusiva (impeditiva de novo exame da mesma *res*) e prejudicial (ou positiva: em causa seguinte, que pressupusesse a relação ou situação objeto da decisão anterior, essa teria de ser necessariamente observada). Aliás, foi durante a *extraordinaria cognitio* que se generalizou o emprego da máxima ***res iudicata pro veritate accipitur.*** A rigor, a fórmula havia siso cunhada em época anterior, por Ulpiano, examinando um caso concreto. Tratando da proibição de casamento entre pessoas da classe senatorial e libertos, Ulpiano expunha que se revestia da condição de ingênuo não apenas aquele que nasceu livre de mãe livre, "mas também aquele que foi declarado ingênuo por uma sentença, conquanto fosse liberto, já que a *res iudicata* ocupa o lugar da *veritas"*. "Vale como verdade", ou melhor, em lugar da verdade. O exame desenvolvido por Ulpiano não se punha no âmbito probatório. Ele não pretendia qualificar a sentença em questão como prova da ingenuidade. Ulpiano pretendia era ressaltar a indiscutibilidade da sentença e sua força vinculante. E essa é a maior demonstração de que a fórmula não se destinava a atribuir à *res iudicata* caráter probatório. Afinal, nem quando Ulpiano a formulou, nem quando ela foi generalizada, não se concebiam "provas legais", vinculantes no direito romano. (TALAMINI, 2005, p. 207-208)

A autoridade da coisa julgada era assegurada pela *exceptio rei iudicatae vel iudicio deductae* (CHAMOUN, 1957, p. 150). Concebia-se, então, a nulidade (TALAMINI, 2005, p. 210)[3] como sendo a falta de elementos

---

[3] Conforme Eduardo Talamini, na obra "Coisa Julgada e sua Revisão": De início, as causas que conduziam à inexistência da sentença eram todas vinculadas a aspectos processuais. Assim, no processo formular, Pugliese menciona, exemplificativamente, a falta de jurisdição e a incompetência do magistrado como motivos para a sententia nulla. Enquadram-se nessas categorias outros exemplos apresentados pela doutrina: incapacidade do juiz; a ausência de correspondência entre a sentença e as instruções do magistrado ditadas na fórmula; a "nulidade" da própria fórmula em que se baseou a sentença, etc. [...] Posteriormente, o rol de motivos conducentes à nullitatis foi sendo ampliado. O mais significativo acréscimo – inclusive pela influência que exerceu e ainda exerce nos sistemas jurídicos posteriores – foi o da sentença contrária à norma do direito objetivo. Assim, na

constitutivos, de pressupostos essenciais para o negócio jurídico ou a sentença. Nesse caso, a pronúncia do juiz, a despeito de existir como elemento de fato, não produzia nenhuma conseqüência no mundo jurídico, em face do qual era inexistente. O sistema caracterizava-se por extrema simplicidade classificatória: não se cogitava de anulabilidade, nulidade absoluta, relativa, irregularidade, etc. Ou bem o ato existia e era válido; ou, se eivado de defeitos que atingissem seus aspectos essenciais, ele não existia para o direito.

Conforme já dito, isso se aplicava às sentenças. A *nulla sentencia* significava sentença nenhuma, sentença inexistente – portanto, insuscetível de constituir *res iudicata*. Em célebre estudo sobre o tema, Talamini cita várias expressões extraídas de fontes romanas que confirmam esse sentido: *non tenet, non valet, nihilegit, vires non habet, irrita est, nullus momenti est, nullam vim obtinet* (TALAMINI, 2005, p. 208-209).

O Direito Romano admitia que a coisa julgada, *res judicata,* depois de passar por todas as instâncias possíveis, era a expressão da verdade *pro veritate habetur,* não podendo mais o autor intentar uma nova ação com as mesmas provas e sobre a mesma matéria, como acontecia nos sistemas anteriores com a *litis contestatio*, na qual ela podia ser invocada (ANDREOTTI NETO, 1971, p. 250).

Os romanos, segundo Marinoni e Arenhart (2001), confundiam o fenômeno da coisa julgada com a verdade. Assim, pondo fim ao processo e esgotando definitivamente a função jurisdicional, presumia-se que a sentença transitada em julgado transparecia a realidade dos fatos e o ideário de justiça. Daí a presunção da verdade, que obstaculizava atacar o julgado (MARINONI; ARENHART, 2001, p. 674).

Também existia a presença da distinção entre coisa julgada formal e material. A coisa julgada formal impossibilitava a revisão da sentença, mas permitia o reexame do mesmo litígio em nova demanda; a coisa julgada material inviabilizava o conhecimento de nova demanda através de novo processo.

época da cognitio extraordinaria, a violação do direito objetivo passou a ser causa de "nulidade": num primeiro momento, a ofensa a constituições imperiais; depois, a inobservância de qualquer norma de direito positivo. A afronta à lei que acarretava a nullitatis era a diretamente advinda da simples desconsideração do direito em tese, e não aquela derivada da indevida reconstrução dos fatos.

A *res iudicata*, ao longo do processo civil romano, desempenhou um papel fundamental, assegurando a estabilidade das decisões judiciais. A coisa julgada sempre esteve fortemente atrelada à atividade estatal; logo, os seus efeitos apenas eram provenientes de ato emanado do Estado. Verifica-se que a coisa julgada surgiu da necessidade social de preservar a harmonia e a paz social, dirimindo os litígios e evitando a perpetuação destes na esfera judicial, bem como garantindo o resultado do processo.

Chiovenda (2000, p. 447) assim discorre sobre a finalidade desse instituto:

> Essa é a autoridade da coisa julgada. Os romanos a justificaram com razões inteiramente práticas, de utilidade social. Para que a vida social se desenvolva o mais possível segura e pacífica, é necessário imprimir certeza ao gozo dos bens de vida, e garantir o resultado do processo [...]. Explicação tão simples, realística e chã, guarda perfeita coerência com a própria concepção romana do escopo processual e da coisa julgada, que difusamente analisamos nas observações históricas (n.º 32). Entendido o processo como instituto público destinado à atuação da vontade da lei em relação aos bens da vida por ela garantidos, culminante na emanação de um ato de vontade (a *pronuntiatio iudicis)* que condena ou absolva, ou seja, reconhece ou desconhece um bem da vida a uma das partes, a explicação da coisa julgada só pode divisar na exigência social "da segurança no gozo dos bens.

Enfim, procurou-se apresentar o entendimento dado pelos romanos ao instituto da coisa julgada, que se constituía de uma idéia eminentemente prática, não desvinculada do ramo do direito material. Buscava-se apenas, com esse instituto, evitar a eternização das demandas e a implementação da insegurança jurídica, não colocando, necessariamente, um fim às divergências colocadas em discussão.

A sentença, que adquiria a autoridade de coisa julgada e, conseqüentemente, encerrava a presunção de verdade, obrigava o vencido a cumprir o determinado pelo juiz, pois fazia lei entre as partes. Após o trânsito em julgado, ensejava o fim da relação processual, tornando a decisão imutável. Dessa forma, o vencido devia cumpri-la, não podendo se eximir ou fazer alegações com esse fim.

2.2 A coisa julgada no direito canônico

O direito canônico é o conjunto das normas que regulam a vida na comunidade eclesial. Na prática, o direito canônico está integralmente condensado no Código Canônico (*Codex Iuris Canonici*). Neste diploma legal, encontram-se regras de direito material e de direito processual. O atual Código Canônico foi promulgado pelo papa João Paulo II, no ano de 1983.

Insta observar que o direito material e processual canônico serve para a proteção jurídica dos fiéis e que, portanto, possui sempre um conteúdo espiritual e sobrenatural, que incide sobre as suas manifestações externas. O instituto da coisa julgada apresenta-se, no Direito Processual Canônico, como um atributo próprio da função jurisdicional, cuja finalidade se enquadra na atribuição de certeza e segurança a uma dada relação litigiosa.

Reforça Talamini:

> [...] talvez nenhum instituto no direito processual da Igreja revista-se de tantas peculiaridades, em contraste com os modelos processuais laicos, como a coisa julgada. Existem significativas particularidades no que tange: (a) ao universo de causas em relação às quais é possível a formação da coisa julgada: prevalece o princípio da "não-passagem em julgado" das sentenças que decidam causas sobre o estado das pessoas (Código de Direito Canônico de 1983, e, 1643); (b) ao mecanismo de estabilização da sentença (com ou sem formação de coisa julgada, conforme o caso); vigora a norma da *duplex sententia conformis* (C. Dir. Canônico, c. 1641, 1, e 1682); (c) à abrangência dos instrumentos de impugnação do resultado já revestido pela coisa julgada, se comparados com os vigentes na maioria dos ordenamentos estatais: trata-se da *restitutio in integrum* (c. 1645, 2) e do exercício de competência correcional pelo Supremo Tribunal da Assinatura Apostólica (c. 1445, § 3.°, 1.°). Ademais, é previsto o instituto da *querella nullitatis* (c. 1619 e seguintes) que, conforme a perspectiva adotada, pode ser enquadrado em "a" ou "c", acima. (TALAMINI, 2005, p. 220)

A Coisa Julgada no Direito Romano e Canônico
37

O Código Canônico[4] estabelece, no Cân. 1.641 (BRASIL. Código de Direito Canônico, 2003, p. 390), as quatro hipóteses em que haverá a formação da coisa julgada canônica.

A **primeira** hipótese de coisa julgada canônica (Cân. 1641, n.° 1) ocorre quando existir duas sentenças conformes (*duplex sententia conformis*) entre os mesmos litigantes, sobre a mesma petição e sobre a mesma causa da demanda. Afirmam Tucci e Azevedo (2001) que

> A imposição da *duplex conformis,* segundo abalizada doutrina, foi inicialmente introduzida nas ações de nulidade de casamento pelo Papa Benedito XIV (1740-1758), em 1741, com finalidade de coibir graves abusos advindos da irresponsável facilidade e excessiva precipitação com que muitos juízes dissolviam o matrimônio. (TUCCI; AZEVEDO, 2001, p. 142)

Para a formação da coisa julgada no direito canônico, é necessário, nessa primeira hipótese, que haja a reapreciação do julgamento da demanda e que o resultado desse reexame não venha a contradizer ou alterar dispositivos da decisão inicial. Para isso, é preciso que os elementos presentes na decisão de primeira instância sejam observados também na segunda instância revisora. A partir daí, não mais se admite nem se tem por necessário uma terceira avaliação para a lide, não se admitindo qualquer via de recurso.

A **segunda** hipótese de configuração da coisa julgada canônica (Cân. 1641, n.° 2) ocorre quando não tiver sido interposta apelação contra a sentença dentro do tempo útil (BRASIL. Código de Dreito Canônico, 2003, p. 390). O prazo para a interposição do recurso de apelação, segundo o Cân. 1630, é de 15 dias. Tal prazo configura-se de caráter peremptório. A não apresentação do recurso no prazo de apelação devido acarreta a preclusão temporal, não sendo mais possível a rediscussão da demanda.

A **terceira** hipótese de configuração da coisa julgada canônica (Cân. 1641, n.° 3) ocorre quando, em grau de apelação, a instância se tiver

---

[4] Código de Direito Canônico publicado em 25 de janeiro de 1983.

tornado perempta, ou se tiver havido renúncia a ela. A perempção, segundo o Cân. 1520[5] constitui uma punição à parte negligente que deixa o processo, já em grau de apelação, parado por seis meses. Detectada a perempção, a decisão se torna imutável, revestida do fenômeno da coisa julgada. Já a renúncia, segundo dispõe o Cân. 1524[6], ocorre quando as partes manifestam, por escrito, a intenção de não mais praticar alguns atos processuais ou todos.

A **quarta** hipótese de coisa julgada canônica (Can.1641, n.° 4) ocorre quando for proferida sentença definitiva, contra a qual não se admite apelação. Os casos em que não se admitem apelação são taxativos e estão previstos no Cân. 1629[7].

Existem também, no Código Canônico, as sentenças que nunca formam coisa julgada. Tais sentenças, segundo disposto no Cân. 1.643, derivam de causas relativas ao estado das pessoas (sagrada ordenação, matrimônio e profissão religiosa), incluindo as de separação dos cônjuges. Com efeito, nas questões de estado, pode-se recorrer ao tribunal de apelação, apresentando novas e graves provas ou argumentos (*novis gravibus probationibus vel argumentis*), no prazo de 30 dias, para buscar reformar a decisão.

Argumentam, ainda, Tucci e Azevedo (2001) que:

> As sentenças proferidas nas ações de estado da pessoa em nada se diferenciam daquelas proferidas em demandas de outra natureza.

---

[5] Cân. 1520 – Não havendo nenhum impedimento, se nenhum ato processual for praticado pelas partes durante seis meses, dá-se a perempção da instância. A lei particular pode estabelecer outros prazos de perempção.

[6] Cân. 1524 – §1. O autor pode renunciar à instância em qualquer estado e grau do juízo; igualmente, tanto o autor como a parte demandada podem renunciar a todos ou a alguns atos do processo. [...] §3. A renúncia, para ser válida, deve ser feita por escrito e assinada pela parte ou por seu procurador, munido de mandato especial; deve ser comunicada à outra parte e por ela aceita ou, ao menos, não impugnada, e deve ser admitida pelo juiz.

[7] Cân. 1629 – Não há lugar para apelação: 1.° de uma sentença do próprio Romano Pontífice ou da Assinatura Apostólica; 2.° de uma sentença viciada de nulidade, a não ser que se faça junto com a querela de nulidade, de acordo com o cân. 1625; 3.° de uma sentença passada em julgado; 4.° de um decreto ou sentença interlocutória, que não tenham valor de sentença definitiva; 5.° de uma sentença ou de um decreto numa causa que o direito determina que deve ser decidida com a máxima rapidez.

> A bem da verdade, tais decisões também transitam em julgado, possi-
> bilitada, contudo, a "revisão" do julgado quando houver nova *causa
> petendi* a justificar o ajuizamento de nova ação. (TUCCI; AZEVEDO,
> 2001, p. 143)

É possível, ainda, no direito canônico, que a sentença que formou a coisa julgada possa ser revista em sua totalidade (*in integrum*), desde que haja manifesta injustiça do julgado. Tal revisão está prevista no Cân. 1645, §1. No campo da *querella nullitatis* reside outra das mais importantes contribuições do direito canônico, a cujo processo coube a significativa ampliação das hipóteses de "nulidade" da sentença.

As hipóteses de injustiça da sentença estão previstas no § 2, do mesmo cânone indicado acima, e podem ser citadas como: 1) existência de provas falsas que sirvam de base para a parte dispositiva; 2) descoberta de documentos novos que sirvam de prova para fundamentar uma decisão diversa da que foi dada; 3) existência de uma sentença originada por dolo de uma parte e em dano a outra; 4) verificação da prescrição; 5) existência de uma sentença que contradiz uma decisão precedente que tenha passado em julgado.

A revisão *in integrum* da sentença deve ser requerida ao mesmo juízo que prolatou a sentença original, dentro do prazo de três meses, a contar do momento em que se teve conhecimento dos motivos ensejadores da injustiça. Tal revisão possui, em regra, efeito suspensivo da exigibilidade da sentença. Todavia, verificando o juiz que a revisão tem o objetivo apenas de atrasar a execução, pode determinar seu processamento, fornecendo ao requerente da revisão as garantias necessárias para o caso de se conceder a revisão. É o que estabelece o Cân 1646, §1.

Informa Talamini (2005) que não era clara a distinção entre as hipóteses de revisão da sentença com suporte na *ratio preccati* e as hipóteses de "nulidade" que poderiam estar presentes em qualquer sentença e que a tornavam írrita, impedindo-a de passar em julgado. Prova disso estava nos motivos freqüentemente apresentados para justificar a revisão da sentença, muitos dos quais ensejadores da *querella nullitatis*, e na própria indicação da *querella* como um dos instrumentos de reexame da causa de natureza espiritual (TALAMINI, 2005, p. 224).

Tal confusão conceitual é explicável pelo simples fato de que, além do aspecto técnico-processual, deve-se levar em consideração também o fundamento teológico. Assim, havendo conflito entre a segurança jurídica e a justiça, tende-se para o lado da justiça como elemento necessário para atingir a verdade divina.

Nesse sentido, foi apresentado, em linhas gerais, o instituto da coisa julgada no direito canônico, ressalvando que, apesar de grande similitude com o direito processual civil contemporâneo – especificamente, o brasileiro –, deste se afasta quando da possibilidade de revisão da coisa julgada no intuito de realizar a justiça divina. Todo o processo civil canônico é pautado sob a perspectiva da doutrina católica e questões extraprocessuais advindas da religiosidade servem de fundamento para permitir abalar as disposições sobre a coisa julgada.

Percebe-se que a intenção do direito material e processual canônico é, sem sombra de dúvida, a busca pela justiça e a verdade divina e, no momento em que questões de ordem processual, especificamente a coisa julgada, se contrapõem a esse ideal, devem ser modificadas.

3. ESTUDOS SOBRE A COISA JULGADA

A coisa julgada foi objeto de estudo de vários autores. Dentre estes, merecem enfoque especial as idéias desenvolvidas por Chiovenda, Canelutti, Couture, Allorio e Fazzalari, na doutrina internacional, assim como Liebman e Lopes da Costa na doutrina brasileira, autores que muito influenciaram o direito processual brasileiro.

O primeiro a ser analisado é Giuseppe Chiovenda, um expoente processualista italiano. Sua carreira docente transcorreu nas Universidades de Parma, Bolonha, Nápoles e Roma, como professor ordinário de Direito Processual Civil. Advogado e acadêmico, Chiovenda interveio nas reformas das leis processuais italianas. Foi fundador e diretor da primeira revista italiana de Direito Processual. Suas idéias sobre processo civil contribuíram muito para a evolução do Direito Processual e ainda são úteis para possibilitar uma compreensão sobre o instituto da coisa julgada, que correlaciona com o instituto da preclusão.

Outro autor que merece referência em qualquer estudo sobre o processo civil e, especialmente, sobre a coisa julgada é o também italiano Francesco Carnelutti. Seus estudos, em que desenvolve várias críticas à Chiovenda, permitiram superar as idéias até então defendidas de que o processo servia apenas para a aplicação do direito material, buscando estabelecer que a finalidade do processo era, justamente, a justa composição da lide.

Allorio, também processualista italiano, é de fundamental importância para o direito processual e o instituto da coisa julgada. Talvez seja este autor quem mais enalteceu a coisa julgada e seus efeitos. Torna-se, então, de suma importância o conhecimento de suas principais idéias. Allorio (1992) defende a tese de que a essência do ato jurisdicional está justamente em sua aptidão para a formação da coisa julgada. Ou seja, o que diferencia o ato jurisdicional dos demais atos normativos é, justamente, a formação da coisa julgada.

No entanto, quem mais influenciou o direito processual civil brasileiro foi o jurista italiano Liebman, que acabou por encontrar, no Brasil, um local seguro e tranqüilo para desenvolver suas idéias sobre o processo civil e sobre a coisa julgada. A obra de Liebman intitulada "Eficácia e autoridade da sentença" (1981) reflete, até hoje, o principal pensamento dos doutrinadores brasileiros sobre o instituto da coisa julgada. Pode-se afirmar, sem medo de errar, que suas idéias sobre o processo civil ainda direcionam os principais processualistas brasileiros, especialmente os pertencentes à "Escola Paulista de Processo".

Outro autor que merece destaque neste estudo sobre a coisa julgada é o professor uruguaio Eduardo Couture. Como eminente representante do processualismo latino-americano, Couture formulou interessantes considerações sobre a coisa julgada, que permitiram uma visão mais sistematizada sobre o tema. O autor foi um dos primeiros a desenvolver a idéia de "sentença injusta", possibilitando, posteriormente, a compreensão desse tema no cenário jurídico contemporâneo. O estudo de Eduardo Couture revela-se indispensável na pretensão de desenvolver uma teoria constitucional da coisa julgada.

Também não se poderia deixar de citar, como notável processualista brasileiro, o mineiro – professor de Direito Processual Civil – Alfredo Araújo Lopes da Costa. A referência a esse autor tem sentido por dois motivos. Primeiro, ele foi um dos maiores expoentes em Direito Processual Civil que o Brasil conheceu. Segundo, porque, de forma clara e com linguagem simples, Lopes da Costa (1941) consegue expressar a sistematicidade e dificuldade sobre o tema referente à coisa julgada. Seu trabalho possibilitou, inclusive, que as idéias defendidas por Liebman fossem mais amplamente difundidas, uma vez que, quase sempre, suas considerações são confrontadas com as idéias defendidas por esse autor.

Por fim, necessário se faz mencionar o entendimento de Fazzalari sobre a coisa julgada. Também jurista italiano e professor da Universidade de Roma, suas idéias possibilitaram o desenvolvimento da "teoria do processo como procedimento em contraditório". Tal teoria permitiu que fosse possível diferenciar o conceito de "processo" e "procedimento" em bases lógicas. A inclusão do elemento "contraditório" para caracterizar o conceito de processo é o que vai servir como fundamento de toda a teoria da coisa julgada constitucional aqui defendida. Daí a importância desse autor para o estudo do Direito Processual Civil e, principalmente, para os objetivos deste livro.

Introdução 43

Na seqüência, serão apresentadas as principais idéias dos citados autores sobre o instituto da coisa julgada. Apenas uma ressalva. Serão evitadas, neste primeiro momento, críticas mais acirradas aos autores sob comento, uma vez que, como foi dito, a intenção deste capítulo é, justamente, apontar as principais idéias sobre o assunto. O comentário crítico ficará para o capítulo próprio, quando será desenvolvida a teoria constitucional da coisa julgada, objeto deste trabalho.

3.1 As idéias de Chiovenda sobre coisa julgada

Chiovenda (2000) trabalha a questão do direito subjetivo como sendo a vontade coletiva e geral, destinada a regular a atividade dos cidadãos ou dos órgãos públicos. Assim, "direito subjetivo seria a expectativa de um bem da vida, garantido pela vontade da lei" (CHIOVENDA, 2000, p. 17). Ação é o direito potestativo e se origina do fato de que aquele que deveria conformar-se com uma vontade concreta da lei, que assegurava um bem da vida, a transgrediu; daí, procura-se sua atuação, independentemente da vontade do devedor.

"Ação" não se assemelha à "obrigação" e nem se constitui de meio para a atuação da obrigação. Trata-se de um direito distinto e autônomo, que surge e pode extinguir-se independente da obrigação. Ação e obrigação são direitos subjetivos distintos, somente a "união" desses dois direitos irá preencher plenamente a "vontade concreta da lei". Ação é direito autônomo. Isso significa que se depreende do direito subjetivo (real ou pessoal) oriundo daquela vontade de lei.

> A vontade concreta de lei correspondente a toda obrigação e é muito mais ampla e compreensiva do que a obrigação em si, ainda que originária de uma livre manifestação de vontade dos indivíduos; ao passo que a obrigação, por si, empenha o devedor em adjudicar ao credor um bem da vida mediante a própria prestação, a vontade concreta de lei compreende e assegura ao credor, desde que a prestação falte o conseguimento daquilo que é objeto da obrigação, por todos os meios possíveis. Enquanto, pois, o direito de obrigação, mesmo depois do inadimplemento, conserva sua direção para a prestação do

devedor, o direito de ação aspira conseguir o bem garantido pela lei, por todos os meios possíveis; não se destina a obter o adimplemento da obrigação, mas, sim, o conseguimento do bem garantido pela lei com os meios possíveis alheios à obrigação, que se revelou instrumento insuficiente. (CHIOVENDA, 2000, p. 43)

A categoria dos direitos potestativos surge no plano jurídico processual como sendo o poder de alguém influir, com sua manifestação de vontade, sobre a condição jurídica de outro, sem a participação deste (Ação). Ação é um poder que assiste à parte em face do adversário, em relação a quem se produz o efeito jurídico da atuação da lei. O adversário não é obrigado a coisa alguma diante desse poder: simplesmente lhe está sujeito. Com seu próprio exercício, exaure-se a ação, sem que o adversário nada possa fazer, quer para impedi-la, quer para satisfazê-la.

O Processo Civil constitui-se de um complexo de atos coordenados ao objetivo da atuação da vontade da lei (com respeito a um bem que se pretende garantido por ela), por parte dos órgãos da jurisdição ordinária (CHIOVENDA, 2000, p. 57). A atividade judiciária aponta para dois objetivos: exame da norma como vontade abstrata de lei (questão de direito); exame dos fatos que transformam em concreta a vontade da lei (questão de fato). O resultado de sua atividade é a atuação da vontade concreta da lei, excluindo-se qualquer criação ou determinação dessa vontade.

A sentença é sempre atuação da lei, seja a demanda fundada ou infundada. Admitindo ou rejeitando uma demanda, afirma a sentença uma vontade positiva ou negativa da lei. O autor apresenta críticas às concepções de processo, argumentando que:

> São igualmente inaceitáveis, como unilaterais, outras concepções de processo, dominantes no passado. Assim, aquela que se exprimia asseverando que o processo é um modo de definir controvérsias fora do processo (arbitramento), e pode haver processo sem controvérsia (julgamento à revelia, reconhecimento imediato do pedido por parte do réu) e sem definição de controvérsias (execução por títulos diferentes da sentença). Assim também as que se exprimiam sustentando que o prcesso é um meio de coação ao adimplemento dos deveres, quando pode haver processo sem coação alguma (sentença de denegação do pedido). Ou, finalmente, as que advertiam o processo como um modo de dirimir conflitos de vontades ou de ativi-

dades não circunscreviam, exatamente, o processo, porque semelhantes conflitos também fora do processo se dirimem (agente que
impede um ladrão de furtar; prefeito que ordena a demolição de uma
obra contrária aos regulamentos municipais). Todas essas concepções
se eivam de um defeito comum, a saber, o de confundir a finalidade
atual, imediata, constante da atividade processual, com seus resultados remotos e possíveis, ou mesmo necessários. (CHIOVENDA,
2000, p. 66)

E prossegue afirmando:

> Igual observação se pode fazer à doutrina mais recente (Carne-
> lutti) que concede o objetivo processual como a justa composição da
> lide (entendida a "lide" como pretensão contrastada, porque contra-
> dita ou porque não satisfeita). Mesmo quando entre as partes existe
> um contraste, não é objetivo imediato do processo compô-lo, mas
> dizer e atuar a vontade da lei; se com a coisa julgada, se com atos
> executivos úteis o contraste pode cessar, isto é conseqüência e resul-
> tado da atuação da lei. Na realidade, o contraste pode não cessar efe-
> tivamente; mesmo porque, quando cessa, tal não depende do fato de
> que se compôs o contraste (o processo é até a antítese de composição,
> nem o juiz ou o órgão da execução cuidam minimamente de compor
> um conflito), mas do fato de que a coisa julgada reduz a contradição
> à importância, e do fato de que os atos executivos úteis, satisfazendo
> por outra via a pretensão do credor, despojam de importância a insa-
> tisfação por parte do devedor. Enfim, se por "justa" composição se
> entende a que é conforme a lei, resolve-se na atuação da vontade
> da lei; se, porém, se entende uma composição qualquer que seja, con-
> tanto qe ponha termo à lide, deve-se, radicalmente, repudiar uma
> doutrina que volveria o processo moderno, inteiramente inspirado em
> alto ideal de justiça, ao processo embrionário dos tempos primi-
> tivos, só concebido para impor a paz, a todo custo, aos litigantes.
> (CHIOVENDA, 2000, p. 66-67)

A vontade concreta da lei é, juridicamente, aquilo que o juiz afirma
ser a vontade concreta da lei. O erro eventual do juiz não autoriza nem
a sustentar que o direito efetivo, mas desconhecido, sobreviva ao estado
de obrigação natural (o que equivaleria a destruir a coisa julgada), nem

a afirmar, de modo geral, que, antes do processo, não exista direito (CHIOVENDA, 2000, p. 64).

O erro do juiz tem um corretivo nos limites da autoridade da coisa julgada. Declara o juiz como indiscutível a vontade concreta da lei, mas não declara como efetivamente existentes os fatos que a tornaram concreta: os fatos são o que são, e o Estado não pode pretender acreditá-los verdadeiros; não existe uma lógica de Estado.

A sentença vale como expressão de uma vontade do Estado, e não por suas premissas lógicas: estas, deve o juiz desenvolvê-las nos "motivos", para garantia dos cidadãos, mas não passam em julgado. A "coisa julgada'" consiste em que o bem imediatamente ou potencialmente conseguido em virtude da sentença não deve, de modo algum, ser prejudicado: resta livre, portanto, a discussão dos fatos declarados pelo juiz, desde que não vise a diminuir ou tolher aquele bem (CHIOVENDA, 2000, p. 65).

A sentença é a provisão do juiz que, recebendo ou rejeitando a demanda do autor, requer que se verifique a existência de uma vontade concreta de lei que lhe garanta um bem, ou a inexistência de uma vontade concreta de lei que garanta um bem ao réu, com as eventuais disposições resultantes.

Na esteira do Direito Romano, Chiovenda entende que a coisa julgada significa "o bem julgado" (CHIOVENDA, 2000, p. 447), o bem reconhecido ou desconhecido pelo juiz; e apenas substituiu a alternativa do texto romano (sentença de condenação ou de absolvição) pela alternativa mais abrangente (porque compreende também as sentenças declaratórias) de sentença de recebimento ou de rejeição. E esse "bem julgado" torna-se incontestável (*finem controversiarum accipit*).

Para este autor,

> Receber a demanda do autor significa atuar a lei a seu favor, segundo os casos, de modo positivo ou negativo, isto é, afirmando a existência de uma vontade de lei que garanta um bem ao autor ou negando a existência de uma vontade de lei que garanta um bem ao réu. Semelhantemente, rejeitar a demanda significa atuar a lei a favor do réu, segundo os casos, de modo positivo ou negativo, ou negando a existência de uma vontade de lei que garanta um bem ao autor ou afirmando a existência de uma vontade de lei que garanta um bem ao réu. (CHIOVENDA, 2000, p. 198)

A incontestabilidade da coisa julgada realiza-se mediante a preclusão de todas as questões que se suscitaram e de todas as questões que se poderiam suscitar em torno da vontade concreta da lei. "A preclusão é um instituto geral com freqüentes aplicações no processo e consistente na perda duma faculdade processual por se haverem tocado os extremos fixados pela lei para o exercício dessa faculdade no processo ou numa fase do processo." (CHIOVENDA, 2000, p. 450)

A preclusão é a base da eficácia do julgado, que impede que o bem da vida reconhecido ou negado possa ser questionado em futuros processos. A preclusão age em dois momentos: a) **antes da sentença**, por meio da prefixação de um ponto até o qual é possível e além do qual não é mais possível introduzir novos elementos de cognição, propor novos pedidos e exceções; b) **depois da sentença**, por meio de prefixação de um termo às impugnações admitidas contra aquela (coisa julgada em sentido formal) (CHIOVENDA, 2000, p. 450). A coisa julgada em sentido formal é pressuposto para a coisa julgada em sentido substancial (obrigatoriedade imposta aos juízes de observância do julgado em processos futuros).

Chiovenda (2000, p. 452) afirma, ainda, que

> A relação, portanto, entre coisa julgada e preclusão de questões pode, assim, formular-se: a coisa julgada é um bem da vida reconhecido ou negado pelo juiz; a preclusão de questões é o expediente de que se serve o direito para garantir o vencedor no gozo do resultado do processo (ou seja, o gozo do bem reconhecido ao autor vitorioso, a liberação da pretensão adversária ao réu vencedor). (CHIOVENDA, 2000, p. 452)

Assim, a autoridade da coisa julgada é, justamente, determinar a impossibilidade de a parte à qual se denegou o bem da vida poder reclamar, bem como garantir à parte a quem se reconheceu o bem da vida não apenas o direito de consegui-lo, mas, ainda, de não sofrer ulteriores contestações a esse direito e esse gozo.

O limite objetivo da coisa julgada consiste em não admitir que o juiz, num futuro processo, possa, de qualquer maneira, desconhecer ou diminuir o bem reconhecido no julgado anterior. O que determina os limites objetivos da coisa julgada é a demanda de mérito da parte autora. Os fatos e os motivos da sentença estão excluídos dos limites da coisa julgada.

O autor ainda acrescenta:

> [...] objeto do julgado é a conclusão última do raciocínio do juiz, e não as premissas; o último e imediato resultado da decisão, e não a série dos fatos, das relações ou dos estados jurídicos que, no espírito do juiz, constituíram os pressupostos de tal resultado. (CHIOVENDA, 2000, p. 495)

O limite subjetivo da coisa julgada consiste em observar a obrigatoriedade da decisão entre as partes. No entanto, é de se ressaltar que a sentença existe e vale para todos. Assim, afirma Chiovenda que: "todos, pois, são obrigados a reconhecer o julgado entre as partes; não podem, porém, ser prejudicados" (CHIOVENDA, 2000, p. 500). Por prejuízo não se compreende um prejuízo de mero fato, e sim um prejuízo jurídico. Essas são as principais idéias defendidas pelo processualista italiano sobre a coisa julgada.

3.2 As idéias de Carnelutti sobre a coisa julgada

Francesco Carnelutti, importante e tradicional processualista italiano, ao estudar o instituto da coisa julgada em sua obra "Sistema de Direito Processual", apresenta importante contribuição para o tema. Antes de passar para sua análise da coisa julgada, necessário se faz informar que o autor sob comento estabelece uma diferença entre a função processual e a função jurisdicional. A primeira constitui o gênero, enquanto a segunda representa a espécie. Assim, nem todo processo implicaria o exercício de jurisdição.

A jurisdição, para o autor, consiste na "justa composição da lide" mediante sentença de natureza declarativa, por meio da qual o juiz *dicit ius*; daí porque, segundo ele, não haveria jurisdição no processo executivo (SILVA, 2002, p. 67). A jurisdição pressupõe um conflito de interesses, qualificado pela pretensão de um indivíduo e a resistência de outro.

Nas palavras de Silva (2002. p. 68)

> Há a necessidade, para haver processo jurisdicional, da prévia existência de uma pretensão, conceito este que, na doutrina de

Carnelutti, é entendido como a existência de subordinação de um interesse alheio ao interesse próprio de quem pretende.

Para Carnelutti, o conceito de "interesse" é fundamental tanto para o estudo do processo quanto para o do Direito. Interesse seria a posição do homem, ou, mais precisamente, "a posição favorável à satisfação de uma necessidade, que se realiza através dos bens" (CARNELUTTI, 2000. p. 53). Portanto, o homem, na qualidade de sujeito, e o bem, na posição de objeto, são dois termos da relação denominada interesse.

Dinamarco (2002b), sintetizando a doutrina carneluttiana, afirma que as principais idéias do autor sobre a composição do litígio são: "[...] (a) da inaptidão da lei para reger as relações entre pessoas, (b) da necessidade de outra atividade complementar de produção jurídica, (c) do direito que nasce [...]" (DINAMARCO, 2002b, p. 49). Assim, o efeito da sentença é tornar concreto ou particular o preceito genérico contido na norma legal; o comando abstrato é representado por um arco, o qual só se fecha em círculo quando houver o comando suplementar; este residiria na sentença (não dispositiva) e no negócio jurídico (DINAMARCO, 2002b, p. 49).

Para Carnelutti, o processo consiste em levar o litígio perante o juiz ou, também, em desenvolvê-lo na sua presença. Essa assertiva conduz, muitas vezes, à mesclagem dos conceitos de processo e litígio. "Processo não é litígio, e, sim, o que o reproduz ou o representa perante o juiz, ou, em geral, perante o órgão judicial. Litígio não é processo, mas está no processo; tem de estar no processo, tem de servir para compô-lo" (CARNELUTTI, 2000, p. 23).

O litígio é pressuposto do processo. O conflito de interesse é um litígio e ocorre sempre que uma das duas pessoas envolvidas formular contra outra uma pretensão e esta lhe opuser resistência. O litígio não consiste num conflito de interesses, mas, sim, num conflito juridicamente qualificado.

O processo de cognição conclui-se sempre com um juízo. O juízo em que se resolve o processo constitui a solução das questões que se apresentam no processo. Coisa julgada significa, portanto, para Carnelutti, a decisão de mérito que se obtém por meio do processo cognitivo. *Res iudicata* é, na realidade, o "litígio julgado", ou seja, o "litígio depois da decisão" (CARNELUTTI, 2000, p. 406).

No entender de Pacheco, Magalhães e Fonseca (2004),

> Os caracteres normais da coisa julgada são, precisamente, a complementariedade, a particularidade ou singularidade:
> - Quando se diz que a coisa julgada consiste em um mandado complementar, entende-se que, já que o processo é normamente declarativo, portanto, o mandado em que se resolve o juízo do juiz não cria, mas declara uma certa relação jurídica preexistente;
> - Quando se diz que a coisa julgada consiste em um mandado particular, entende-se que, tendo em vista o caráter imperativo do juízo, depois dele a relação jurídica existe como se a própria lei a tivesse estatuído singularmente;
> - Quando se diz que a coisa julgada consiste em um mandado singular, entende-se, precisamente, que o juízo do juiz concerne a um caso singular (a uma ou mais relações jurídicas), não a uma série de casos (de relações jurídicas). (PACHECO, MAGALHÃES, FONSECA, 2004, p. 145)

O princípio que expressa a eficácia da coisa julgada é: "a coisa julgada faz (vale como) lei no que se refere à relação jurídica deduzida no ofício" (CARNELUTTI, 2000, p. 187).

O autor assevera que a autoridade da coisa julgada não intervirá, a não ser com respeito ao que tenha formado a matéria da sentença, ou seja, às questões resolvidas. Isso não quer dizer que a coisa julgada se limite às questões que encontrem, na decisão, uma solução expressa; não se pode esquecer que a decisão é uma declaração como as demais, na qual muitas coisas se subentendem logicamente, sem necessidade de dizê-las.

A eficácia da decisão se expressa, antes de tudo, com a "imperatividade" (CARNELUTTI, 2000, p. 412). A eficácia interna é sua imperatividade, que representa tão-somente a projeção da vontade do juiz. A eficácia é externa quando compreender não mais o efeito querido pelo juiz, como qualquer outro efeito que uma norma extraia de ter pronunciado ele a decisão.

Acrescenta Carnelutti que a eficácia ou autoridade da coisa julgada tem caráter material no sentido de que se manifesta ou se expande fora do processo, resolvendo-se na declaração de certeza ou na constituição de uma relação jurídica. Ela se manifesta em relação a todos, não somente em relação às partes "no sentido de que em relação a todos se fixa aquela relação" (CARNELUTTI, 2000, p. 188).

Já que a intensidade ou imperatividade do mandato deriva das sanções, isto se traduz na afirmação de que, em caso de transgressão da sentença, atuarão as sanções como se a sentença estivesse se estabelecido pela lei (CARNELUTTI, 2000, p. 415). A eficácia da decisão se exercita, na realidade, sobre o litígio, mais do que sobre o processo; basta diferenciar estes dois termos para que desapareçam as dúvidas (CARNELUTTI, 2000, p. 417).

Quando terceiros são sujeitos de relações conexas com a relação definitiva do processo, a coisa julgada, por reflexo, desenvolve sua eficácia também em relação a elas. Assim, Carnelutti distingue a eficácia direta, que só diz respeito às partes, da eficácia reflexa, que só diz respeito a terceiros:

> A tal eficácia reflexa traduz-se em um benefício ou em um prejuízo prático unicamente se os terceiros são sujeitos de relações jurídicas conexas com as definitivas no juízo, pelo que, ainda quanto à eficácia reflexa do julgado, costumam se dividir os terceiros em terceiros juridicamente indiferentes e terceiros juridicamente interessados. O protótipo do terceiro juridicamente interessado, em relação ao qual a sentença exerce sua eficácia, é sucessor a título particular na relação jurídica litigiosa. (CARNELUTTI, 2000, p. 189)

Da eficácia material da coisa julgada, que atua fora do processo, deve-se distinguir a eficácia processual, que se desenvolve no próprio processo. Assim, a imperatividade do juízo na coisa julgada não exclui que esta possa ser modificada. A imperatividade do juízo é um efeito do direito material; a imutabilidade é um efeito de direito processual e consiste na impossibilidade de se julgar novamente o que já tenha sido julgado.

Nessa linha de pensamento, Carnelutti, define que a coisa julgada material refere-se à imperatividade do julgado; e a coisa julgada formal refere-se à imutabilidade do julgado (CARNELUTTI, 2000, p. 190). Coisa julgada material e coisa julgada formal não são, na opinião de Carneulutti, duas faces, mas duas fases do julgamento, até o ponto em que pode haver imperatividade sem imutabilidade e, ainda, antes desta. Isso não exclui que, praticamente, a eficácia da sentença imperativa e, portanto, o benefício que dela deriva para a composição do litígio, seja tão menor quanto maiores forem as possibilidades de sua mudança (CARNELUTTI, 2000, p. 426).

A imutabilidade da sentença se traduz em uma proibição ao juiz de voltar a decidir o litígio já decidido (*ne bis in idem*) (CARNELUTTI, 2000, p. 445). Isso quer dizer que a "coisa julgada formal" é o efeito da preclusão do direito a provocar a mudança da decisão, ou seja, a impugná-la (CARNELUTTI, 2000, p. 445). O que não tem, pelo contrário, nada a ver com a preclusão é a coisa julgada material. Portanto, a distinção deve se estabelecer, mais que entre coisa julgada e preclusão, entre esta e coisa julgada material, ou seja, em definitivo, entre imperatividade e imutabilidade (CARNELUTTI, 2000, p. 445).

A imutabilidade da decisão, se bem que satisfaça a necessidade de certeza, encontra-se em conflito com a necessidade de justiça, porque, por muito cuidado que se tenha, a decisão pode não ser justa. Por isso, a solução consiste em que, para satisfazer a necessidade de justiça, a lei consinta "até um determinado momento" que a decisão mude; mas, depois, e a fim de satisfazer a necessidade de certeza, feche a possibilidade de mudança (CARNELUTTI, 2000, p. 446).

Verificar-se-á que, antes de alcançar firmeza, a decisão adquire força executiva. Assim sendo, se imperatividade e executoriedade da decisão são, assim mesmo, duas formas diversas de sua eficácia, seria absurdo admitir que a possibilidade de reforma privasse a decisão da primeira, quando proíbe a segunda (CARNELUTTI, 2000, p. 425).

Vale registro a solução proposta por Carnelutti para justificar a ausência de relação entre a validade da coisa julgada e sua "imutabilidade". Deixa claro o processualista italiano que não existe relação entre a "validade" da coisa julgada e sua "imutabilidade". Afirma que "Se uma decisão não é válida, isso quer dizer que não é eficaz, e se sua eficácia consiste na coisa julgada, isto significa que não produz coisa julgada. À primeira vista, pois, a validade da sentença aparece como um pressuposto da coisa julgada" (CARNELUTTI, 2000, p. 418).

Portanto, para o autor, se a coisa julgada for nula é porque se considera que a mesma não é justa. Contudo, se, apesar disso, for possível demonstrar sua justiça, então a dúvida acerca de sua validade perde todo o valor.

> Esta é a via lógica, através da qual a questão da validade da decisão fica absorvida pela questão de sua justiça. Daí que, se existirem os pressupostos para reputá-la justa, não há razão para não considerar sanada qualquer nulidade sua. Eis aqui porque a

> validade da sentença não pode ser considerada como um pressuposto da coisa julgada. A falta de determinados requisitos, mesmo quando consignados sob pena de nulidade, pode ser sempre sanada com os meios empregados para verificar sua justiça. (CARNELUTTI, 2000, p. 419)

Por conseguinte, o que é um pressuposto da coisa julgada, no sentido agora explicado, é a existência jurídica da decisão, e não sua validade. Em resumo, conclui Carnelutti que "é melhor encerrar o litígio com uma decisão cuja justiça não tenha sido ainda inteiramente consolidada do que deixá-lo indeciso" (CARNELUTTI, 2000, p. 425).

Não pode uma decisão ser convertida em imutável, fazendo coisa julgada formal, sem que estejam presentes certas garantias elementares de justiça. "[...] Então o que falta não é a coisa julgada material, e sim a coisa julgada formal; a decisão não perde a sua imperatividade, mas pode ser modificada, ou seja, não se encerra a possibilidade do reexame" (CARNELUTTI, 2000, p. 447-448). O pressuposto da revisão da coisa julgada formal é a mudança da situação sobre a qual se desenvolveu o juízo; quando tal mudança se produzir, cessa a coisa julgada formal. Cláusula *rebus sic stantibus* (CARNELUTTI, 2000, p. 449-450).

Assim se apresentam, em linhas gerais, as principais idéias desenvolvidas por Carnelutti sobre a coisa julgada, em sua obra "Sistema de Direito Processual Civil" (2000). Tais idéias, sobretudo com relação à possibilidade de revisão da coisa julgada formal, são imprescindíveis e servem como fundamentação para os doutrinadores brasileiros justificarem a possibilidade de relativização da coisa julgada.

Não por acaso, seus conceitos sobre justiça nas decisões e sobre a questão da validade da coisa julgada estão presentes, de forma incisiva, na doutrina brasileira, fator que justifica a relevância de estudar este autor, que esteve à frente de seu tempo, permitindo aos processualistas modernos uma visão avançada do Direito Processual Civil.

3.3 As idéias de Allorio sobre a coisa julgada

A análise de Enrico Allorio sobre a coisa julgada, é de fundamental impotância para a compreensão do tema a respeito dos efeitos **reflexos**

para o terceiro, sobretudo, porque Allorio coloca que a essência do ato jurisdicional está na aptidão de produzir a coisa julgada.

Foi somente com a publicação da obra *La Cosa Giudicata Rispetto ai Terzi,* de Nicolo Trocker (TROCKER, 2001, p. 340) que as idéias desenvolvidas por Allorio adquiriram maiores proporções. Nesta obra, o autor reconstrói e sistematiza o complexo problema da autoridade da coisa julgada para o terceiro, com base em dois princípios fundamentais, quais sejam: a "reflexão" e o "alargamento da coisa julgada para o terceiro".

A posição de Enrico Allorio quanto à natureza da coisa julgada parte da idéia de uma doutrina substancialista da coisa julgada. Isso significa afirmar que a coisa julgada "é fator constitutivo de um novo vínculo de direito material". (SILVA, Ovídio, 1983, p. 497) A sentença transitada em julgado "determina uma nova regulamentação da relação substancial, modificando o estado do direito preexistente" (ALLORIO, 1992, p. 53-54).

No entendimento de Tucci (2006), ao encarar a sentença como um fator constitutivo de um novo vínculo de direito material, Allorio deixa de realizar a distinção entre **eficácia da sentença** e **autoridade da sentença**, pois, quando se afirma que a sentença vale em relação a terceiros, refere-se, de qualquer modo, à incontestabilidade da decisão (TUCCI, 2006, p. 76-77).

Para Tucci, é inútil falar em limites subjetivos da coisa julgada. Ao invés da utilização da máxima "a sentença é eficaz entre as partes e não deve nem prejudicar nem beneficiar terceiros", prefere o autor dizer que a sentença regula a relação decidida, mas, pela sua natureza, não disciplina – diretamente – outras relações, nem das próprias partes e tampouco dos terceiros.

Para Allorio, existem situações em que a coisa julgada projeta "efeitos reflexos" sobre sujeitos estranhos ao processo (terceiros). Tais reflexos constituem "fenômeno regular e natural, inspirado por exigência puramente lógica", não havendo qualquer norma legal específica que discipline a sua respectiva extensão (ALLORIO, 1992, p. 122). Segundo essa teoria, os efeitos reflexos da coisa julgada sobre terceiros é resolvida através de uma relação jurídica de "prejudicialidade-dependência".

Em tais casos, conforme explica Tucci, "uma determinada relação jurídica interfere na estrutura de outra relação, com diferentes sujeitos; daí por que a existência (ou inexistência) da primeira é condição para o nascimento e, às vezes, até da permanência, da segunda" (TUCCI, 2006, p. 79). Tal relação de prejudicialidade–depedência é justificada pela compreensão de que a coisa julgada constitui uma nova fonte de direito material, interferindo diretamente em relações jurídicas de terceiros.

Segundo informa Tucci (2006, p. 79-80):

> Esse nexo de prejudicialidade-dependência ocorre, assim, quando uma relação jurídica constitui pressuposto de outra relação. Se a sentença transitada em julgado declara inexistente a relação prejudicial, a coisa julgada reflete-se sobre a relação dependente, certificando, igualmente, a sua inexistência, simplesmente porque esta não pode subsistir quando lhe falta um elemento essencial; mas, se, por outro lado, a sentença reconhece a existência da relação prejudicial, a coisa julgada projeta sua eficácia sobre a relação dependente: *L'accertamento del rapporto pregiudiziale influisce sul rapporto dipendente, che è costituita dal rapporto pregiuziale, resta fissata secondo lê linee tracciate nella sentenza.* Por exemplo: a relação jurídica entre o credor e o devedor e o fiador, a segunda depende da primeira; a relação do proprietário e do Poder Público em caso de expropriação de um imóvel é prejudicial quanto à relação jurídica do proprietário e do credor hipotecário. (Tucci, 2006, p. 79-80)

Allorio[8] sustenta que a coisa julgada é um atributo específico da jurisdição, pois só o ato jurisdicional tem eficácia vinculativa plena. Portanto, jurisdicionalmente, apenas a atividade do julgador, é que se tornaria imutável, isto é, imunizável (Rodrigues *et. al, In:* Leal, 2007, p. 130). Assim, "a coisa julgada é o sinal inequívoco da verdadeira e própria jurisdição" (Allorio, 1992, p. 65). Não há que se falar em coisa julgada na jurisdição voluntária.

Conforme afirmam Silva, Machado, Gessinger e Gomes (1983):

> Allorio parte de uma premissa devida a Kelsen e aos demais filósofos normativistas, segundo os quais as funções do Estado não podem ser catalogadas e definidas por seus fins, e sim por suas for-

---

8 Ensaio apresentado em 1948. A partir desse ensaio, Enrico Allorio sintetizou sua compreensão, partindo "de uma premissa normativista, que a atividade jurisdicional se realiza mediante um processo declarativo e litigioso. Define, então, a jurisdição como a aptidão em produzir a coisa julgada e exclui de seu conceito a chamada 'jurisdição voluntária', por ser uma atividade meramente administrativa." (Cf. Paula, 2002, p. 55).

mas. De nada valerá, segundo ele, afirmar que a jurisdição, como afirmam os partidários das teorias objetivas sobre a jurisdição, tem por finalidade a realização do direito objetivo. Tal proposição, em verdade, define. O ordenamento jurídico pode ser atuado ou realizado pelas mais diversas formas, seja através dos particulares quando estes se comportem em conformidade com a norma, realizando atos e negócios jurídicos, seja através dos órgãos do Poder Executivo, ou seja, dos administradores que, igualmente, realizam o ordenamento jurí-dico estatal.

Sendo assim, conclui Allorio que "o efeito declaratório, ou seja, a coisa julgada é o sinal inequívoco da verdadeira e própria jurisdição". Em verdade, diz o ensaísta, "a forma do processo declaratório, mais a coisa julgada como seu resultado, definem a jurisdicionalidade do processo; não havendo coisa julgada, como na jurisdição voluntária, não há verdadeira jurisdição" (SILVA *et. al*, 1983, p. 40).

Para Allorio, somente a sentença com efeito declarativo poderia levar à coisa julgada, sendo considerada jurisdicional tão somente a parte que declara o direito. Então, "a coisa julgada se constitui na essência da atuação jurisdicional, que se dá sob a forma declarativa" (BUTTENBENDER, 2004, p. 58).

> A coisa julgada é a eficácia normativa da declaração de certeza jurisdicional; a coisa julgada supõe e tem inúteis discussões acerca da justiça ou injustiça. Do pronunciamento; a coisa julgada vincula as partes e a todo o juiz futuro; em virtude da coisa julgada, o que está decidido é direito. Todas estas propocisões traduzem em distintas formas a mesma verdade que com intencionada insistência verbal expressam conhecidos brocardos latinos: que a coisa julgada é um vínculo [...] (ALLORIO, 1963, p. 130-131)[9]

---

[9] La cosa juzgada es la eficácia normativa de la declaración de certeza juris-diccional; la cosa juzgada trunca y hace inútiles las discusiones acerca de la justicia o injusticia Del pronunciamiente; la cosa juzgada vincula a las partes y a todo juez futuro; em virtud de la cosa juzgada, lo que está decidido es derecho. Todas estas proposiciones traducen em distintas formas la misma verdad que com intencionada insistência verbal expresan conocidos brocados latinos: que la cosa juzgada es um vínculo [...]

É bom ressaltar que, quando Allorio se refere à coisa julgada, ele quer se referir à coisa julgada material, ou seja, à sentença que julga o direito material, declarando a existência ou não de determinado direito. As sentenças formais que fazem coisa julgada não possuem os efeitos da coisa julgada, sendo consideradas inalteráveis apenas dentro de seu respectivo processo, não estabelecendo um vínculo jurídico substancial entre as partes e terceiros.

O autor busca, através de sua teoria substancial da coisa julgada, entender também o problema da sentença injusta. Segundo o autor, a sentença injusta tem eficácia constitutiva, mas tal eficácia não é a coisa julgada.

> Aqui, verdadeiramente, a sentença (injusta) tem eficácia constitutiva, mas tal eficácia constitutiva não é a coisa julgada, cuja última é, ao invés, identificada com a eficácia de regulamentar as relações que dizem respeito a todas as sentenças. Em outras palavras: a eficácia constitutiva da decisão injusta não é coisa julgada enquanto constitutiva. Seria coisa julgada se, ao invés, confirmativa de regra precedente. (ALLORIO, 1992, p. 15)[10] (tradução livre)

Quando se trabalha com a concepção desenvolvida por Allorio a respeito de coisa julgada, fica claro que as sentenças injustas não fazem coisa julgada. No entanto, após o trânsito em julgado da sentença tida como injusta, esta adquire eficácia modificadora do estado de direito preexistente (LEAL, 2007, p. 148).

Para Allorio, a coisa julgada não seria um efeito da sentença, "mas uma qualidade dos efeitos da sentença, ou seja, a imutabilidade destes efeitos" (ALLORIO, 1992, p. 38). A imutabilidade seria referida não somente à eficácia da sentença como acertamento; mas também a sua eficácia constitutiva. Desse modo, para o agente julgador, a "estabilidade dos efeitos da sentença" consiste em "sua posição que não lhe permite

---

[10] Qui, veramente, la sentenza (ingiusta) ha efficacia costitutiva: ma tale efficacia costitutiva non è la cosa giudicata, la quale ultima è, invece, da identificarse con l'efficacia regolatrice di rapport spettante a tutte le sentenze. In autri termini: l'efficacia costitutiva della decisione ingiusta non è cosa giudicata in quanto costitutiva. Sarebbe cosa giudicata anche se, invece, confermativa della regola precedente.

mudar a situação das relações de direito material submetidas ao seu juízo". Noutro norte, "às partes, os efeitos jurídicos produzidos pela sentença não escapam às mudanças que estão no âmbito de sua livre disponibilidade" (NEVES, 1971, p. 414).

"A sentença, pelos seus efeitos, não é imutável, mas imutável é a própria sentença, coisa julgada em sentido formal". A verdade é que imutáveis não são os efeitos da sentença; imutável é a própria sentença. Mas a imutabilidade da sentença não é a coisa julgada: ou melhor, é, somente, a coisa julgada em sentido formal (NEVES, 1971, p. 414).

Ovídio Araújo Baptista da Silva (1983) apresenta as seguintes objeções quanto à teoria exposta:

> 1.°) Considerando-se como ato jurisdicional apenas o processo chamado declarativo, onde houver produção de coisa julgada, ficariam excluídos da jurisdição todo o processo executivo e a jurisdição voluntária. E, embora quanto a esta última haja predominância de opiniões que a consideram atividade de natureza administrativa, quanto ao processo de execução há consenso geral sobre sua jurisdicionalidade;
>
> 2.°) Além destas limitações, que, por si só, já seriam capazes de invalidar a doutrina, ainda poderíamos lembrar que, no próprio processo declaratório, poderiam ter lugar formas procedimentais em que não ocorre o fenômeno da coisa julgada, além da ausência da *res iudicata* no processo cautelar, cuja jurisdicionalidade ninguém discute. (SILVA *et. al*, 1983, p. 41)

Ao definir a jurisdição pelo efeito de produzir a coisa julgada, exclui dela os que não se encaixam dentro do processo declaratório, ou seja, o elemento distintivo da jurisdição, para o autor, é o efeito declaratório de decisão judicial, bem como a coisa julgada. A declaração da certeza é o momento típico da jurisdição (LEAL, 2007, p. 139).

Seguindo essa mesma linha, conforme entendimento de Aragão (1992), o Código de Processo Civil brasileiro acabou por acolher, em parte, a teoria de Allorio, quando estabelece a impossibilidade de o juiz conhecer da causa que já se encontra transitada em julgado:

Conjugadas essas disposições, verifica-se que o Código acolhe a tese que Allorio denomina "teoria processual radical", de nenhum juiz poder julgar de novo (nem que seja no mesmo sentido) causa já composta por sentença passada em julgado, pois, se tornar a julgá-la, irá ofender a coisa julgada. A ofensa, portanto, consiste em, simplesmente, pronunciar-se. Desde que o faça, com isso ofende a coisa julgada, sendo irrelevante que o novo julgamento coincida ou não com o anterior. (ARAGÃO, 1992, p. 215)

Quanto à eficácia ultraparte da coisa julgada, afirma Allorio que "questo transferirse della cosa giudicata incapo a un terzo è giustificato dalla presenza d'un nesso di pregiudizialità tra raportti" (ALLORIO, 1992, p. 84).[11] Portanto, a sentença regula situação decidida e tem eficácia para as partes, mas não cria outras situações para as partes nem para terceiros. Vale dizer que a sentença não deve "prejudicar nem beneficiar terceiros" (NEVES, 1971, p. 416-417).

3.4 As idéias de Liebman sobre coisa julgada

Enrico Túllio Liebman é o maior expoente do Direito Processual Civil Brasileiro, tendo influenciado, de forma direta, o pensamento processual do século XX. As bases de sua doutrina estão centradas na teoria do processo como relação jurídica. Segundo afirma, "[...] a jurisdição como a atividade dos órgãos do Estado, destinada a formular e atuar praticamente a regra jurídica concreta, que, segundo o direito vigente, disciplina determinada situação jurídica." (LIEBMAN, 1985, p. 3)

Verifica-se que a jurisdição somente ocorrerá quando o julgador analisar o mérito da causa, acolhendo ou rejeitando o pedido do autor, ou que reconheça a satisfação do credor no processo de execução. Assim, a juridição estaria relacionada à formação da coisa julgada material. Liebman explica que existe diferença entre a eficácia natural da sentença e a autoridade da coisa julgada. Não é a coisa julgada um efeito da sentença.

---

[11] "Este transferir-se da coisa julgada frente a um terceiro é justificado pela presença de um nexo de prejudicialidade entre relações". (tradução livre)

A coisa julgada (*rechtskraft*) consiste na força vinculante da declaração, quer se apresente esta por si só na sentença, quer seja acompanhada de efeito constitutivo da espécie indicada; este efeito constitutivo, pois, nada tem que ver com a coisa julgada, absolutamente desnecessária para que ele se possa produzir. O termo tradicional de "coisa julgada" *(rechtskraft)* poderia e deveria então substituir-se pelo mais preciso de "eficácia de declaração" (*feststellungswirkung*), que indicaria, pois, o efeito constante de todas as sentenças com o qual podem apresentar-se juntos, eventualmente, também o efeito constitutivo ou o executório, conforme o tipo de sentença que se considere. (LIEBMAN, 1981, p. 18)

Uma coisa é os efeitos da sentença (declaratória ou constitutiva); outra é verificar se eles se produzem de modo mais ou menos perene e imutável. A coisa julgada é qualquer coisa mais que se ajunta para aumentar-lhes a estabilidade, e isso vale, igualmente, para todos os efeitos possíveis das sentenças. Identificar a declaração produzida pela sentença com a coisa julgada significa, portanto, confundir o efeito com um elemento novo que o qualifica.

Ressalta o autor que:

Indicando na coisa julgada um efeito da sentença e distinguindo-lhe o eventual efeito constitutivo ou condenatório, exclui ela da autoridade do julgado estes últimos efeitos e os torna independentes desta, o que quer dizer que a despoja daquela característica intangibilidade de que a lei quis muni-los quando conferiu a autoridade da coisa julgada, indistintamente, a todas as sentenças que decidem a demanda. (LIEBMAN, 1981, p. 20)

Não é a coisa julgada absoluta. Fatos supervenientes podem modificá-la. Se o devedor pagar a soma devida, perde a condenação todo o valor. Tratando-se de uma relação que se prolonga no tempo, e dizendo a decisão ser determinada pelas circunstâncias concretas do caso, a mudança deste justifica, sem mais, uma correspondente adaptação da determinação feita precedentemente, o que será uma aplicação, e nunca uma derrogação dos princípios gerais e nenhum obstáculo encontrará na coisa julgada.

Esta, pelo contrário, fará sentir toda a sua força, neste como em todos os outros casos, no excluir totalmente uma apreciação diversa do caso, enquanto permaneça inalterado. O que há de diverso nestes casos não é a rigidez menor da coisa julgada, mas a natureza da relação jurídica, que continua a viver no tempo, com conteúdo ou medida determinados por elementos essencialmente variáveis, de maneira que os fatos que sobrevenham podem influir nela, não só no sentido de extingui-la, fazendo por isso extinguir o valor da sentença, mas também no sentido de exigir mudança na determinação feita anteriormente (LIEBMAN, 1981).

Constitui erro de lógica definir a autoridade da coisa julgada como efeito da sentença. A lei confere efeitos à sentença ainda antes que passe em julgado; mesmo prescindindo da possibilidade da execução provisória que o juiz pode atribuir à sentença de primeira instância.

> Deve-se reconhecer, logicamente, que o efeito declaratório ou constitutivo que uma sentença pode produzir é coisa bem diversa da maior ou menor possibilidade de que ele, uma vez produzido, possa ser contestado, infirmado ou revogado. A incontestabilidade é um caráter, logicamente, não necessário, que pode conferir-se ao próprio efeito sem lhe modificar a sua própria natureza íntima. (LIEBMAN, 1981, p. 38)

Nesse sentido, Liebman esclarece que:

> [...] não se pode, pois, duvidar de que a eficácia jurídica da sentença se possa e deva distinguir da autoridade da coisa julgada; e, nesse sentido, certamente, há que se acolher a distinção formulada por Carnelutti entre a imperatividade e imutabilidade da sentença; porque é esta imperativa e produz todos os seus efeitos ainda antes e independentemente do fato da sua passagem em julgado. (LIEBMAN, 1981, p. 39-40)

A autoridade da coisa julgada não é efeito da sentença, mas, sim, modo de manifestar-se e produzir-se dos efeitos da própria sentença, algo que a esses efeitos se acrescenta para qualificá-los e reforçá-los em sentido bem determinado. Não se identifica ela, simplesmente, com a definitividade e intangibilidade do ato que pronuncia o comando; é, pelo contrário, uma qualidade mais intensa e mais profunda que reveste o ato também em seu conteúdo, tornando, assim, imutáveis, além do ato em sua existência formal, os efeitos, quaisquer que sejam, do próprio ato.

De fato, levando-se em conta a lógica de suas premissas, conclui-se que julgado material e julgado formal não são duas faces, mas duas fases do julgado, de modo que a imperatividade se pode ter sem a imutabilidade e antes desta (LIEBMAN, 1981, p. 48). A autoridade da coisa julgada, porém, não consiste, tampouco, na imutabilidade da sentença, a qual significa somente preclusão dos recursos, isto é, "proibição a qualquer juiz de instância superior de decidir a lide já decidida". Protege, conseqüentemente, a sentença na sua existência meramente formal de ato, que ela torna não mais recorrível no decurso do mesmo processo, diante de um juiz de instância superior, e, por isso, não mais exposto ao perigo de ser anulado ou reformado (LIEBMAN, 1981, p. 49).

> Verdade é que, no primeiro caso [coisa julgada formal], tem a sentença efeito meramente interno no processo no qual foi prolatada, e perderá toda a importância com o término do mesmo processo; no segundo [coisa julgada material], porém, a sentença, decidindo sobre a relação deduzida em juízo, destina-se a projetar a sua eficácia também e, sobretudo, fora do processo e a sobreviver a este. Mas a diferença está toda no comando contido na sentença e nos seus efeitos, não na coisa julgada, que permanece sempre a mesma. (LIEBMAN, 1981, p. 57)

Verifica-se que, para o autor, a coisa julgada é uma opção política, podendo sofrer abrandamentos pela lei sem que isso seja considerado uma mitigação de sua autoridade.

> Não se quer dizer com isso, naturalmente, que a lei não possa, de modo expresso, modificar o direito também para as relações já decididas com sentença passada em julgado; pode a lei, certamente, fazer também isso, mas uma disposição sua em tal sentido teria a significação de uma ab-rogação implícita – na medida correspondente – da norma que sancionou o princípio da autoridade da coisa julgada. Isto é, uma lei nova pode, excepcionalmente e com norma expressa, ter não só eficácia retroativa, mas também aplicação às relações já decididas com sentenças passadas em julgado; isso, porém, não significaria um grau maior de retroatividade, e sim, antes, uma abolição parcial da autoridade da coisa julgada acerca das mesmas sentenças, cujo comando, perdendo o atributo da imutabilidade, cairia

Estudos Sobre a Coisa Julgada 63

em face das novas regras dispostas pela lei para as relações já decididas (LIEBMAN, 1981, p. 54-55).

Portanto, os limites objetivos da coisa julgada estariam restritos à parte dispositiva da sentença. A atividade lógica do juiz exercida para preparar e justificar a decisão não integra os limites da coisa julgada. Quanto aos limites subjetivos da coisa julgada, estariam estes restritos às partes. A distinção entre eficácia da sentença e autoridade da coisa julgada é importante para explicar a extensão dos efeitos da decisão a terceiros, sem que isso signifique o alargamento da coisa julgada. Não sendo a coisa julgada um efeito da sentença para as próprias partes, não poderá existir efeito reflexo para terceiros.

Afirma, ainda, Liebman que

> [...] se a sentença não produz para as partes o efeito da coisa julgada, não poderá, tampouco, estender aos terceiros os afirmados efeitos reflexos da coisa julgada. A eficácia da sentença – já se viu – consiste, propriamente, na emanação de um comando, que declara ou modifica as relações jurídicas ou condena o devedor; se se produz essa eficácia também para os terceiros, é coisa que se examinará a seu tempo. A coisa julgada, contudo, assim como não é para as partes um efeito da sentença, *a fortiori* não pode sê-lo para os terceiros, nem por via direta nem por via reflexa (LIEBMAN, 1981, p. 86).

Ao solicitarem uma sentença, as partes podem ter em mira, propriamente, os efeitos que esta tiver contra um terceiro, o que poderia fazer concluir que este seja o objetivo direto e principal. Assim também, na realidade, o círculo de relações e de pessoas em que operará o comando contido numa sentença não pode ser e não é, preventivamente, determinado em abstrato. Depende do uso que, em concreto, fizerem as partes da sentença, e da qualidade e do número das controvérsias que poderão surgir no futuro, tendo por condição certo modo de ser das relações jurídicas, bem como o nexo e o grau de ligações entre elas existentes. A sentença destina-se a operar, e operará, sobre todas as relações e sobre todas as pessoas que se encontrem em sua esfera de influência.

Todos os efeitos produzidos por uma sentença, sobre as partes ou sobre terceiros, produzem-se sempre e unicamente porque quer a lei que se verifiquem. Parece sem base teórica e sem significação prática toda tentativa de instituir uma gradação, em vista dos destinatários que deles se ressintam na série abstratamente ilimitada de efeitos que pode a sentença ter.

Em termos mais precisos, pode-se dizer que todo efeito que a sentença produzir, tomado em si e separadamente, permanece único e sempre o mesmo, qualquer que seja o número das pessoas que sofram suas conseqüências. Não existe uma declaração para as partes e outra para os terceiros, mas um só ato, que produz determinado efeito declaratório único em sua natureza e em sua essência, quer quando se produz para as partes, quer quando se produz para terceiros.

> Isso é verdadeiro tanto se se tiver em vista o conceito da sentença, como se se considerar, praticamente, o ato da sua prolação: no momento em que a sentença é pronunciada, nem as partes nem o órgão jurisdicional sabem (e não interessa que o saibam) em quais e em quantos processos, nem a respeito de que pessoas poderá ela ser invocada. Operará em todos os casos nos quais um magistrado (ou ainda outro órgão do Estado) for chamado a pronunciar-se "sobre o que formou o objeto da sentença" (art. 1.351 do Cód. Civil italiano), quer constitua ainda o objeto do novo juízo, quer se apresente como questão prejudicial, quer as partes sejam as mesmas, quer (nos limites em que o for possível) sejam diversas. (LIEBMAN, 1981, p. 89-90)

A coisa julgada não pode, pois, de modo algum, influir sobre o terceiro, senão enquanto prejudique um pressuposto da relação de que o terceiro é titular, a saber, a modo de eficácia reflexa. A eficácia direta da coisa julgada não se sujeita a nenhuma limitação subjetiva, e é só pela eficácia reflexa que a lei fixa o limite da identidade das partes.

Já a sentença, como ato autoritário ditado por um órgão do Estado, reivindica, naturalmente, perante todos, seu ofício de formular qual seja o comando concreto da lei ou, mais genericamente, a vontade do Estado para um caso determinado. As partes, como sujeitos da relação a que se refere a decisão, são, certamente, as primeiras que sofrem a sua eficácia, mas não há motivo que exima os terceiros de sofrê-la igualmente.

> O juiz que, na plenitude de seus poderes e com todas as garantias outorgadas pela lei, cumpre sua função, declarando, resolvendo ou modificando uma relação jurídica, exerce essa atividade (e não é

Estudos Sobre a Coisa Julgada

possível pensar diversamente) para um escopo que outra coisa não é senão a rigorosa e imparcial aplicação e atuação da lei; e não se compreenderia como esse resultado todo objetivo e de interesse geral pudesse ser válido e eficaz só para determinados destinatários e limitado a eles. Concepção assim restrita dos efeitos da sentença podia ser lógica quando tinha o processo caráter de atividade privada, e o fundamento da eficácia da sentença era um contrato ou quase-contrato pelo qual se submetiam as partes, mais ou menos voluntária e livremente ao *iudicium* e à sentença que se devia prolatar. Mas, desde que recebe a sentença a sua eficácia do poder soberano da autoridade em cujo nome é pronunciada, da qualidade pública e estatal do órgão que a prolata (visto que já se logrou a plena consciência desta verdade), seria, de todo e em todo, inexplicável que valesse ela só para um, e não para todos, como formulação da vontade do Estado no caso concreto. Por outro lado, não é o processo uma tutela do direito subjetivo, concedida pessoalmente ao seu titular, mas tutela, atuação e garantia do direito objetivo, exercida para satisfazer um interesse público e geral; e desenvolve-se nos modos e com as providências que mais se afigurem oportunas para assegurar o descobrimento da verdade e o triunfo da justiça. Nessa finalidade, inspira-se também o princípio dispositivo que, na medida em que limita os poderes do juiz, não se considera como reconhecimento de um direito, inexistente, das partes a dispor do resultado do processo, mas somente como o melhor meio que se lhe oferece para investigar e conhecer as circunstâncias de fato de caso em caso, em consideração da "impossibilidade de serem as relações privadas perscrutadas policialmente pelo Estado" e "das maiores garantias que apresenta a defesa dos direitos deixada aos cidadãos, em vista dos maiores meios de defesa que lhes dá o conhecimento dos seus interesses"; mas aberta às exceções, desde que seja a presunção banida pelas circunstâncias do fato concreto. (LIEBMAN, 1981, p. 123-124)

Se a sentença tem conteúdo imperativo e constitui, em suma, um comando que se dirige a determinados sujeitos, prescrevendo-lhes dado comportamento, a atuação dessa vontade, justificada pela existência das condições legalmente requeridas, impõe-se à generalidade das pessoas sujeitas ao poder do órgão judicante como válido exercício da sua função.

A natureza dessa sujeição é para todos, partes ou terceiros, a mesma; a medida da sujeição determina-se, ao revés, pela relação de cada um com o objeto da decisão. Entre partes e terceiros, só há esta grande diferença: que para as partes, quando a sentença passa em julgado, os seus efeitos se tornam imutáveis, ao passo que para os terceiros isso não acontece. (LIEBMAN, 1981, p. 126)

A eficácia geral da sentença decorre tão singela e naturalmente do caráter público universalmente reconhecido à administração da justiça que não há necessidade de nenhuma norma especial que, expressamente, a sancione. Por certo, seria errôneo pretender inferir uma limitação subjetiva dos efeitos da sentença da limitação subjetiva da autoridade da coisa julgada, o que suporia demonstrada a identidade da eficácia e da autoridade da sentença, que são, pelo contrário, coisas absolutamente distintas.

Não produz a sentença, para os terceiros, efeitos especiais e exclusivamente particulares, mas efeitos de natureza igual aos que produz para as partes; em outros termos, os terceiros, simplesmente, participam, assim como as partes, da eficácia natural da sentença. Ainda conforme sustenta Liebman,

A capital característica da sentença, que é capaz de qualificá-la como ato jurisdicional, consiste, justamente, no fato de que ela adquire a autoridade da coisa julgada. Espoliada dessa característica, apresenta-se a sentença, ao nosso exame, como ato emanado de um órgão do Estado que, todavia, nenhuma nota particular e importante pode bem distinguir, quanto ao modo de seu valimento, de todos os atos do Estado de outro tipo ou de outra categoria. Uma consideração mais acurada da sentença do ponto de vista dessa qualidade de ato do Estado e uma comparação com as outras formas típicas de atividade jurídica do Estado permitem, pois, dar algum resultado útil para a solução da questão proposta. A unificação em categoria superior das diversas formas de atividade dos poderes públicos deveria permitir individualizar certa nota comum, certo caráter constante, suscetível de encontrar-se, do mesmo modo, em todos eles, sem que venha faltar, naturalmente, a existência de outras características particulares próprias a cada uma delas e, por isso, aptas a justificar a costumada ulterior subdistinção (LIEBMAN, 1981, p. 134).

Para a legitimidade e validade da sentença e, ainda, para que gere seus efeitos como ato emanado pelo poder público, é necessário que este ato esteja em conformidade com a lei. Esta conformidade se presume e só uma efetiva demonstração impede a sentença de produzir, em concreto, o seu efeito natural e normal. Até que se demonstre a contrariedade com o direito, deve a sentença reconhecer-se como aplicação válida do poder jurisdicional.

O autor assevera que:

> A sentença pode ser contrária à lei por motivos muito diferentes. Antes de tudo, o juiz lhe pode ter violado as disposições, no cumprimento de sua atividade, o que se verifica, entre outras coisas, quando a tenha pronunciado, não obstante a falta dos pressupostos processuais; além disso, pode ter deixado de observar as prescrições de forma relativas à própria sentença (arts. 360 e 361 do Cód. de Proc. Civil italiano). Em todos esses casos ocorre nulidade da sentença. (LIEBMAN, 1981, p. 142)

Mas pode a sentença ser contrária à lei quanto ao conteúdo, o que produz a sua injustiça. Sustenta, ainda, Liebman:

> A nulidade infirma a sentença como ato final do processo e, em conseqüência – salvo o caso de ser o vício tão grave que produza uma nulidade radical e absoluta – só se pode fazer valer no mesmo processo com os recursos estabelecidos pela lei, unicamente pelas partes, que são os sujeitos da relação processual, e, portanto, as únicas pessoas lesadas pela nulidade e interessadas em obter a reparação.
>
> A injustiça, pelo contrário, diz respeito à sentença como julgamento, e pode depender tanto do erro de direito como do erro de fato. Em todo caso, é a vontade concreta do Estado diversa da declarada, e pode a sentença, por isso, prejudicar injustamente a terceiro, cujo direito seja, de qualquer modo, conexo com a relação decidida. Quanto tal se verifica, compete ao terceiro a faculdade de fazer valer e demonstrar o erro que vicia a decisão, a fim de repelir o efeito danoso para ele. (LIEBMAN, 1981, p. 142-143)

68   *Coisa Julgada Constitucional*

Assim, a sentença produz, normalmente, efeitos também para os terceiros, mas com intensidade menor que para as partes; porque, para estas, os efeitos se tornam imutáveis pela autoridade da coisa julgada, ao passo que, para os terceiros, podem ser combatidos com a demonstração da injustiça da sentença. Para as partes, a sentença tem eficácia de presunção *iuris et de iure;* para os terceiros, pelo contrário, de presunção *iuris tantum.*

Desse modo, foram aqui apresentadas as principais idéias do autor, que refletiram na elaboração do Código de Processo Civil brasileiro e que, até hoje, influenciam importantes juristas nacionais.

3.5 As idéias de Eduardo Couture sobre a coisa julgada

Também muito importante é a reflexão sobre coisa julgada desenvolvida pelo processualista uruguaio Eduardo Couture. O autor é um dos principais estudiosos da América Latina em Direito Processual, sendo suas obras de relevante interesse e significativo aprofundamento teórico, de modo a justificar uma análise mais detalhada de suas idéias.

Sustenta o autor que é a coisa julgada um objeto que tenha sido motivo de um juízo (COUTURE, 1993, p. 400). A autoridade desse juízo não pode ser confundida com o próprio juízo, pois, como atributo que lhe é inerente, essa autoridade não se encontra em qualquer juízo, mas somente naqueles emanados de um órgão jurisdicional, daí que, para se elucidar o aspecto da autoridade na coisa julgada, importa desvendar a sua natureza (CARVALHO, 2007, p. 189).

Fundamenta o autor que a natureza da coisa julgada não está na presunção de verdade, nem na ficção jurídica e nem mesmo na verdade formal. Em suas palavras,

> Para falar a natureza mesma da coisa julgada, o que é necessário analisar é outra coisa. Deve-se explicar se a coisa julgada é o mesmo direito substancial que existia antes do processo, transformando-se em indiscutível e em executável coercitivamente, ou se, pelo contrário, a coisa julgada é outro direito, independentemente do ante-

rior, nacido em função do processo e da sentença.[12] (COUTURE, 1993, p. 404) (tradução livre)

Para Couture, a autoridade da coisa julgada é a qualidade, atributo da própria sentença que emana de um órgão jurisdicional quando haja adquirido caráter definitivo (COUTURE, 1993, p. 401). Já a eficácia da coisa julgada se apresenta sob três aspectos, quais sejam: a impugnabilidade, a inimutabilidade e a coercibilidade:

> A coisa julgada é inimpugnavel, enquanto a lei impede todo ataque posterior tendente a obter a revisão da mesma matéria: *non bis in eadem.*
>
> A imodificabilidade da sentença consiste em que, em nenhum caso, de ofício ou a pedido da parte, outra autoridade poderá alterar os termos de uma sentença passada em julgado.
>
> A coercibilidde consiste na eventualidade de execução forçada. (COUTURE, 1993, p. 402)[13] (tradução livre)

Após indicar as principais características da coisa julgada, aponta Couture que, embora seja a coisa julgada muito vigorosa, é, ao mesmo tempo, tão frágil que pode ser modificada com um simples acordo de vontades dos particulares, no que diz respeito aos direitos e obrigações nela contidos (COUTURE, 1993, p. 402).

Entende Couture que a necessidade de certeza do direito é imperiosa. Uma maneira de não existir o direito seria admitir que a discussão sobre o

---

[12] Para hallar la naturaleza misma de la cosa juzgada, lo que es necesario analizar es otra cosa. Debe explicarse si la cosa juzgada es el mismo derecho sustancial que existia antes del proceso, transformado en indiscutible y en ejecutable coercitivamente; o si por el contrario, la cosa juzgada es otro derecho, independiente del anterior, nacido en función del proceso y de la sentencia. (COUTURE, 1993, p. 404).

[13] La cosa juzgada es inimpugnable, en cuanto la ley impide todo ataque ulterior tendiente a obtener la revisión de la misma materia: non bis in eadem.

La inmodificabilidad de la sentencia consiste en que, en ningún caso, de oficio o a petición de parte, otra autoridad podrá alterar los términos de una sentencia pasada en cosa juzgada

La coercibilidad consise en la eventualidad de ejecución forzada. (COUTURE, 1993, p. 402)

direito nunca se findasse e que os meios de impugnação se eternizassem. Contudo, adverte que a coisa julgada não possui uma razão natural; pelo contrário, a verdade deve prevalecer sobre a certeza do direito, possibilitando a revisão sempre que esteja presente uma nova prova ou um novo fato antes desconhecido para restabelecer o império da justiça (COUTURE, 1993, p. 406).

Verifica-se, portanto, que, para o autor, a coisa julgada é uma exigência política, e não propriamente jurídica (COUTURE, 1993, p. 407). Isso significa que, em determinadas hipóteses, é possível a alteração da coisa julgada para atender ao critério da Justiça. A relação entre o processo e coisa julgada levou Couture a afirmar que onde não existisse coisa julgada, não existiria processo, mas somente procedimento (COUTURE, 1993, p. 411). O fim do processo é a formação da coisa julgada (COUTURE, 1993, p. 411).

"Entre proceso y cosa juzgada existe la misma relación que entre medio y fin; entre el destino final del derecho, de obtener la justicia, la paz, la seguridad en la convivencia, y el instrumento idóneo para obtenerlos" (COUTURE, 1993, p. 411).

Nesse sentido, Couture chega a afirmar que "sem processo não há coisa julgada; mas sem coisa julgada nenhum processo atinge seu fim" (COUTURE, 1993, p. 411). A coisa julgada é, para tanto, um atributo da jurisdição. Nenhuma outra atividade da ordem jurídica reúne em um só instituto as características de irreversibilidade, coercibilidade e imutabilidade. O autor considera a coisa julgada como de ordem substancial. Isso significa que a coisa julgada, uma vez produzida, integra o ordenamento jurídico, em sentido normativo, em grau de generalidade decrescente.

A constituição se desenvolve na legislação: a legislação se desenvolve na coisa julgada. Esta é, como foi dito, não somente a lei do caso concreto, senão a justiça prometida na Constituição. (COUTURE, 1993, p. 412).

A distinção entre coisa julgada formal e coisa julgada material, no entender do autor, é fundamental para a compreensão dos limites objetivos e subjetivos da coisa julgada. Coisa Julgada formal é o esgotamento das vias recursais, constituindo-se de uma eficácia meramente transitória. São obrigatórias somente em relação ao processo em que foram formadas, mas não obstam que, em procedimento posterior, modificados os fatos, a coisa julgada possa ser modificada (COUTURE, 1993, p. 416). Assim, ele cita como exemplo a ação de alimentos.

> No juízo de alimentos, fixa a sentença certa pensão em benefí-
> cio do credor; o direito positivo estabelece que, em alguns casos, essa
> não admite apelação[14]. Existe, pois, a este respeito, coisa julgada no
> sentido de inipugnabilidade da sentença, a que não poderá ser atacada
> na via dos procedimentos sumários próprios dos juízos de alimen-
> tos, senão num procedimento posterior. (COUTURE, 1993, p. 416)[15]
> (tradução livre)

Nos casos de coisa julgada formal, somente se adquire uma única característica da coisa julgada, qual seja, a inimpugnabilidade, mas carece de imutabilidade. A coisa julgada formal é eficaz somente com relação ao juízo concreto em que foi produzido ou com relação ao estado da coisa (pessoas, objeto, causa). Nada impede que a questão possa ser rediscutida, desde que os fatos que motivaram a decisão tenham sido modificados (COUTURE, 1993, p. 418).

Já a coisa julgada material se caracteriza quando a condição de inimpugnabilidade se une à inimutabilidade, não permitindo mais que a questão se renove no juízo (COUTURE, 1993, p. 418). De certo modo, a coisa julgada formal é pressuposto para a coisa julgada material. Pode existir coisa julgada formal sem que haja coisa julgada material, mas o contrário não é possível.

Para Couture, o elemento diferenciador da coisa julgada material é, justamente, a impossibilidade de modificação do julgado em processo posterior.

> Hoje, pode-se determinar, com relativa precisão, que, quando
> uma sentença não pode ser objeto de recurso algum, ainda admite
> a possibilidade de modificação num procedimento posterior, se está
> na presenta de uma situação de coisa julgada formal. (COUTURE,
> 1993, p. 421)
> [...]

---

[14] No Brasil é admissível o recurso de apelação contra as decisões proferidas em juízo de alimentos, contudo será recebido apenas no efeito devolutivo.

[15] *En el juicio de alimentos se fija por la sentencia cierta pensión en beneficio del acreedor; el derecho positivo establece en algunos casos que se fallo no admite apelación. Existe, pues, a este respecto, cosa juzgada en el sentido de inimpugnabilidad de la sentencia, la que no podrá ya ser atacada en la vía de los procedimientos sumarios propios del juicio de alimentos, sino en un procedimiento posterior.* (COUTURE, 1993, p. 416).

E, quando à condição de inimpugnação mediante recurso se agrega a condição de imodificabilidade em qualquer outro procedimento posterior, diz-se que existe coisa julgada material, já que, então, nenhuma autoridade poderá modificar, definitivamente, o resultado.[16] (COUTURE, 1993, p. 422) (tradução livre)

Quanto aos seus limites subjetivos, Couture sustenta que, em regra, a coisa julgada alcança somente as partes (COUTURE, 1993, p. 422).

A aplicação da regra de que a a coisa julgada alcança a quem tenha sido parte no juízo impõe a conclusão de que seus efeitos consideram-se indistintamente, desde que o autor do primeiro juízo atue como demandado no segundo e vice-versa; a troca de posição não altera o efeito da coisa julgada. (COUTURE, 1993, p. 423) (tradução livre)

O problema da identidade das partes não se refere, como se vê, á identidade física, senão a sua identidade jurídica. Não há identidade se se atua como mandatário em um juízo e por direito próprio em outro, como herdeiro beneficiário em um juízo e como credor hipotecário em outro, etc. (COUTURE, 1993, p. 424-425).[17] (tradução livre)

---

[16] *Hoy puede determinarse con relativa precisión que, cuando una sentencia no puede ser ya objeto de recurso alguno, pero admite la posibilidad de modificación en un procedimiento posterior, se está en presencia de una situación de cosa juzgada formal* (COUTURE, 1993, p. 421).

[...]

Y cuando a la condición de inimpugnable mediante recurso, se agrega la condición de inmodificable en cualquier otro procedimiento posterior, se dice que existe cosa juzgada sustancial, ya que entonces ninguna autoridad podrá modificar, definitivamente, lo resuelto (COUTURE, 1993, p. 422).

[17] *La aplicación de la regla de que la cosa juzgada alcanza a quienes han sido partes en el juicio, impone la conclusión de que sus efectos se consideran indistintamente según que el actor del primer juicio actúe como demandado en el segundo y viceversa; el cambio de posición no altera el efecto de la cosa juzgada* (COUTURE, 1993, p. 423).

El problema de la identidad de partes no se refiere, como se ve, a la identidad física, sino a su identidad jurídica. No hay identidad si se actúa como mandatario en un juicio y por derecho propio en otro; como heredero beneficiario en un juicio y como acreedor hipotecario en otro; etc. (COUTURE, 1993, p. 424-425).

O limite objetivo da coisa julgada liga-se à questão de saber qual parte da sentença recebe o atributo da imutabilidade. O autor defende que os motivos da sentença devem compor com a parte dispositiva, perfazendo, pois, em muitos casos, um todo lógico e harmônico (LEAL, 2007, p. 196).

Os motivos ou fundamentos da sentença podem ser utilizados amplamente como elemento de interpretação pouco claros da parte dispositiva da sentença. Ressalta Couture que tal utilização não se trata de interpretação autêntica, mas sim de um antecedente lógico da decisão, devendo reinar entre a parte dispositiva e a motivação uma harmonia, para evitar a obscuridade (COUTURE, 1993, p. 428-429).

> Nesse sentido, a partir de um ponto de vista estritamente interpretativo, os antecedentes lógicos da decisão têm uma eficacia semelhante aos antecedentes de todos os atos jurídicos: ao debate parlamentar para interpretar a lei, aos fundamentos do ato administrativo, aos atos dos contratantes em negócios bilaterais; às declarações prévias do testamenteiro no ato de disposiçlão de última vontade; etc. (COUTURE, 1993, p. 429)[18] (tradução livre)

Também é possível vislumbrar, nos apontamentos de Couture, a possibilidade de revisão de sentenças transitadas em julgado. Sua análise, no entanto, restringiu-se apenas à hipótese de "revogação da coisa julgada", caso "obtida mediante fraude ou conluio", ocasionando prejuízos a litigante ou terceiros (LEAL, 2007, p. 227). Assim se traduzem, em linhas gerais, as idéias centrais de Eduardo Couture sobre o instituto da coisa julgada.

---

18 En este sentido, desde un punto de vista estrictamente interpretativo, los antecedentes lógicos de la decisión tienen una eficacia semejante a los antecedentes de todos los actos jurídicos: al debate parlamentario para interpretar la ley; a los fundamentos del acto administrativo; a los actos de los contratantes en los negocios bilaterales; a las aclaraciones previas del testador en el acto de disposición de última voluntad; etc. (COUTURE, 1993, p. 429)

3.6 As idéias de Lopes da Costa sobre a coisa julgada

Alfredo Araújo Lopes da Costa, ilustre processualista, foi um dos maiores estudiosos do direito processual civil brasileiro. Preocupou-se com vários temas dessa área do direito, entre os quais podemos citar, em apertada síntese: "Da citação do processo civil" (1927); "Da responsabilidade do herdeiro e dos direitos do credor da herança" (1928); "Da intervenção de terceiros no processo" (1930); "Direito Processual Civil Brasileiro" (1941); "Manual Elementar de Direito Processual Civil" (1956).

Também foi motivo de preocupação do jurista Lopes da Costa o tema coisa julgada, que foi sistematicamente trabalhado em seu livro "Direito Processual Civil Brasileiro"(1941). Sustenta o autor que a coisa julgada possui como fundamento o direito público, em clara evidência de filiação às premissas do direito romano, em que se pode perceber a existência de um decreto do século I que prescreve: "*Cum pro utilitate publica rebus iudicatis stare coneniat*" (COSTA, 1941, p. 426).

O fundamento da coisa julgada é político no sentido de garantir a imutabilidade das decisões judiciais. Conforme afirma Lopes da Costa. seria impossível ocorrer a estabilização da ordem jurídica se os conflitos entre os cidadãos se pudessem eternizar (COSTA, 1982, p. 218).

O interesse público da coisa julgada obriga os juízes e outras autoridades que tenham de aplicar o direito, evitando um inútil desperdício de tempo e de esforço (COSTA, 1941, p. 426). A coisa julgada rege-se pela regra do *ne bis in idem*, impedindo não somente que a questão já decidida seja de novo trazida a juízo como objeto de pedido, mas também que se discuta como questão prejudicial (COSTA, 1941, p. 426).

É interessante perceber que Lopes da Costa não admite transação sobre a coisa julgada e nem renúncia. "O que se pode renunciar é ao direito fixado pela coisa julgada, se ele for renunciável" (COSTA, 1941, p. 427). Mantém o mesmo entendimento sobre a possibilidade de transação.

Preocupado com a análise sistemática da coisa julgada, o autor estabelece a diferença entre coisa julgada formal e a coisa julgada material. Para ele, a "coisa julgada formal nada mais é que a preclusão, isto é, a impossibilidade de modificar a decisão, desde que ela nasceu, por ser irrecorrível ou, sendo recorrível, desde que se esgotou o prazo do recurso" (COSTA, 1941, p. 423). Já a coisa julgada material é uma propriedade da sentença. Essa propriedade não restringe os seus efeitos ao âmbito processual, mas age também fora deste.

Para Lopes da Costa, "a autoridade da coisa julgada seria a autoridade, a lei. A lei é uma norma abstrata, um plano inacabado, um ente possível. A sentença é que a concretiza, que a completa, que a transforma num ente real. A sentença é a lei. A lei entre as partes" (COSTA, 1941, p. 424--425). O limite objetivo da coisa julgada abrange a decisão do juiz sobre o pedido. É o que também estabelecia o antigo artigo 287 do Código de Processo Civil brasileiro que assim afirmava: "A sentença que decidir total ou parcialmente a lide terá força de lei no limite das **questões decididas**" (COSTA, 1941, p. 431).

Portanto, apenas sobre o pedido e sobre as questões decidas é que recai a autoridade da coisa julgada. Segundo informa Lopes da Costa "o pedido se define por seu objeto e por seu fundamento" (COSTA, 1941, p. 431). A coisa julgada encontra-se na parte dispositiva da sentença, isto é, na parte em que o juiz se manifesta sobre o pedido. Isso impede que a mesma questão seja de novo discutida em juízo de modo principal, mas também de modo incidente, como prejudicial (COSTA, 1941, p. 435).

Já o limite subjetivo da coisa julgada abrange apenas a relação jurídica entre as partes controvertidas (COSTA, 1941, p. 441). Não pode, de regra, ter efeitos jurídicos prejudiciais a terceiro. Filiando-se à doutrina romana, cita Lopes da Costa: "*Exceptio rei iudicatae obstat, quoties inter easdem personas eadem quaestio revocatur, vel alio genere iudicii*[19] *(Digesto de exceptione rei iudicatae, 44, 2, 7)*" (COSTA, 1941, p. 441).

Contudo, de forma casuísta, Lopes da Costa admite que, em alguns casos, a sentença pode alcançar diretamente o terceiro. Tais casos são:

> *a)* a proferida contra ou a favor do substituto processual prejudica o substituído;
> *b)* contra o afiançado, executa-se contra o fiador judicial (Cód. de Proc. Civil, art. 887);
> *c)* em ação real, executa-se contra o adquirente da coisa litigiosa;
> *d)* contra a sociedade, executa-se no patrimônio do sócio solidário. (COSTA, 1941, p. 442-443)

---

[19] A exceção de coisa julgada impede que entre as mesmas partes se discuta novamente a mesma questão, mesmo que de espécie diversa seja a nova causa.

Admite, ainda, o autor, que, em outros casos, a sentença pode prejudicar o terceiro *indiretamente* (COSTA, 1941, p. 443). Isto se verifica em várias circunstâncias, entre as quais Lopes da Costa elege como exemplos para ratificar sua afirmação:

> O direito do terceiro foi adquirido de uma das partes, imediatamente ou mediatamente, numa cadeia de transmissões. O primitivo vendedor da coisa propõe ação de nulidade do contrato contra o primitivo comprador. Anulada a venda, estarão *ipso facto* resolvidas as transmissões posteriores. *Resoluto iure concedentis resolvitur ius concessum.* Rescindida a locação, estará desfeita a sublocação. O direito do usufrutuário e o do titular de servidão dependem do direito de domínio de quem os constituiu. (COSTA, 1941, p. 443)

No mesmo entendimento de Liebman, acredita Lopes da Costa que não é possível estender a coisa julgada para o terceiro. O que pode sofrer o terceiro é apenas os efeitos da decisão. Para o autor, não é justo que o terceiro fique prejudicado em seus direitos numa relação jurídica processual da qual não participou. Assim, sustenta que, se uma sentença constituir uma situação fática nova para o terceiro, este pode buscar desfazê-la, necessitando para tanto comprovar, em ação autônoma, o seu direito. Nas palavras de Lopes da Costa, isso seria "uma inversão do ônus de prova" (COSTA, 1941, p. 445).

Lopes da Costa também discutiu a questão da coisa julgada quando o processo for nulo ou for injusta a sentença. Sustenta o autor que, quando isso ocorrer e não couber mais nenhum recurso cabível, ou findo o prazo de sua interposição, o processo terá alcançado o seu objetivo final. Nada mais se pode fazer. *Roma locuta est.* "O mau resultado das operações processuais irá para a partida de lucros e perdas da falibilidade da justiça dos homens" (COSTA, 1941, p. 447). A autoridade da coisa julgada coloca, daí em diante, um obstáculo à revisão do julgado.

Fica clara a opção do processualista sob comento pela adoção de uma política de imutabilidade da decisão revestida sobre a autoridade da coisa julgada, em nome da garantia e da efetividade do pronunciamento jurisdicional. A segurança jurídica é colocada num plano superior à lei para que não possa permitir a discussão da causa por um tempo infindável. No entanto, admite o autor que, em determinadas hipóteses, dependendo da nulidade ou da injustiça da sentença, a lei fornece um "remédio extraordinário" (COSTA, 1941, p. 447). Tal remédio extraordinário seria um misto entre um recurso e uma ação, que, no Brasil, recebeu o nome de "ação rescisória".

Em seu livro "Direito Processual Civil Brasileiro" (1941), o professor Lopes da Costa não trás nenhuma idéia sobre a possibilidade ou não de relativização da coisa julgada. Isso se explica pelo simples fato de que o autor é, declaradamente, um defensor do princípio da segurança jurídica como sendo um elemento garantidor da normatividade e da pacificação social e processual. Para ele, o instituto da coisa julgada é elemento que, a um só tempo, garante a integridade do ordenamento e permite a perpetuação das discussões. Admitir que, em determinados casos, a coisa julgada possa ser modificada, após ultrapassar o prazo para a ação rescisória, seria permitir a quebra da integridade normativa e da segurança jurídica.

Por fim, também foi objeto de interessante análise de Lopes da Costa a influência que a coisa julgada criminal poderia ter sobre o processo civil. Procura o autor afirmar que a jurisdição penal e civil são independentes, não havendo vinculação e nem subordinação entre elas. Ocorre que, em certas situações, a discussão que se trava no processo criminal pode ter influência no processo civil, e a coisa julgada criminal pode interferir diretamente no processo cível, impedindo a realização da jurisdição.

Para evitar contradições lógicas entre as decisões cíveis e criminais, quando apreciarem a existência do fato, origem do pedido e a sua autoria, é que os doutrinadores e legisladores dão maior prevalência à jurisdição penal, permitindo que o julgado criminal influencie diretamente o processo cível. Contudo, sustenta Lopes da Costa que:

> A ciência moderna, porém, fez justiça a este modo de pensar, reconhecendo entre o processo penal e o processo civil nada mais que uma diferença de método para alcançar a verdade: a vinculação do juiz às afirmações da parte e às regras legais da prova não resultam de um desinteresse pela verdade, mas da convicção de que, para a esta chegar, é este o caminho mais seguro. De outro lado, tendo em conta como um e outro regime cooperam na realidade, uma supervalorização do processo penal em face do processo civil seria claramente arriscada, de sorte que vincular o juiz civil ou administrativo aos fatos fixados pelo juiz criminal não auxilia, praticamente, a investigação da verdade. (COSTA, 1941, p. 468-469)

Portanto, o art. 63 do Código de Processo Penal brasileiro, que estabelece a possibilidade de ajuizamento de execução cível após o trânsito em julgado da sentença condenatória penal, não é, especificamente, uma hipótese de prevalência da coisa julgada criminal perante o processo civil. Nas palavras do autor: "a sentença criminal não declarou a existência da responsabilidade do réu por dano algum; nem, muito menos, o condenou à reparação. Para efeitos civis, ela apenas declarou a existência de um ato ilícito e sua autoria."

Nesse sentido, a coisa julgada criminal vincula, exclusivamente, o processo civil, na medida do reconhecimento da autoria e dos fatos que comprovarem a antijuridicidade da conduta praticada pelo réu. A existência do dano terá que ser comprovada no processo civil, pois, ainda que restasse constatado o ilícito penal, poder-se-ia verificar que dano algum houve a autorizar uma indenização.

Diferente foi a solução proposta por Lopes da Costa para quando se tratar de decisão criminal absolutória e sua influência sobre o processo civil. Verifica-se que o réu, quando absolvido no processo criminal, pode ter como reconhecidas algumas das causas de excludência de ilicitude (estado de necessidade, legítima defesa e estrito cumprimento do dever legal). Ou alguma causa de exclusão de responsabilidade (menor de 18 de anos), ou, ainda, uma causa de extinção da punibilidade (prescrição ou decadência). Não pode o processo civil impor ao réu o dever de indenizar. Portanto, nesses casos, a reparação do dano fica obstada pela coisa julgada criminal.

No entanto, ressalta Lopes da Costa que isso não significa que a absolvição por legítima defesa não isenta o réu da responsabilidade do dano causado a terceiro por *aberratio ictus* (COSTA, 1941, p. 470). O interessante na afirmativa de Lopes da Costa sobre a possibilidade ou não da sentença criminal absolutória influir no processo civil é, justamente, a diferenciação apresentada por ele sobre a questão de "não ter sido provada a existência do fato ilícito" e "ficar provada a inexistência do fato ilícito".

Segundo afirma o autor, "o fato pode não ter sido admitido porque dele não se deu prova suficiente, que levasse o juiz à certeza". Então, ter-se-á que aplicar a velha regra *"in dúbio, pro reo"*. A inexistência de provas que comprovam o ato ilícito autoriza a absolvição no processo penal. Ao contrário, se não ficar comprovada a inexistência do fato ilícito praticado pelo réu, este pode sofrer a imposição do juízo cível para buscar receber a reparação dos danos causados. No entanto, tais afirmativas apresentadas pelo autor carecem de uma maior reflexão que, infelizmente, não foram apresentadas na obra em estudo.

Assim, foi apresentado um breve apanhado sobre as principais idéias do ilustre processualista brasileiro a respeito do instituto da coisa julgada, no qual se pode verificar a busca de fundamentação de suas bases processuais no direito romano, em Chiovenda e em Liebman. Ao que parece, não pretende o autor, em seus textos, desenvolver algo de novo sobre a coisa julgada; procura, apenas, sistematizar as idéias apresentadas pelos autores acima. No entanto, é bom que se diga, o mérito de Lopes da Costa está, justamente, em conseguir, em linguagem simples, sem perder o tecnicismo processual, expor e explicar o instituto da coisa julgada, facilitando a compreensão desse intricado instituto.

3.7 As idéias de Fazzalari sobre a coisa julgada

Elio Fazzalari, italiano, professor emérito da Universidade de Roma *La Sapienza*, é um ícone do direito processual em nível internacional. Escreveu, em 1975, sua teoria geral do processo, que foi atualizada e revista durante os anos até 1996. Nessa obra, o autor procura criticar os processualistas que possuem dificuldade em definir conceitualmente o termo "processo" e permanecem ainda ligados ao velho e inadequado clichê pandetístico da "relação jurídica processual"[20].

Em sua teoria geral do processo, Fazzalari (1992) procura definir o conceito de "processo" e "procedimento" utilizando, para tanto, um critério lógico.

---

[20] Elio Fazzalari faz críticas aos processualistas que defendem as idéias de Oscar Von Bülow e sua teoria das exceções processuais e dos pressupostos processuais publicadas no ano de 1868. Cf. CINTRA; GRINOVER; DINAMARCO, 1998, p. 278, ressaltam que: "o grande mérito de Bülow foi a sistematização, não a intuição da existência da relação jurídica, ordenadora da conduta dos sujeitos do processo em suas ligações recíprocas. Deu bastante realce à existência de dois planos de relações: a de direito material, que se discute no processo, e a de direito processual, que é o continente em que se coloca a discussão sobre aquela. Observou também que a relação jurídica processual se distingue da de direito material por três aspectos: a) pelos seus sujeitos (autor, réu e Estado); b) pelo seu objeto (a prestação jurisdicional); c) pelos seus pressupostos (os pressupostos processuais)."

> Pelo critério lógico, as características do procedimento e do processo não devem ser investigadas em razão de elementos finalísticos, mas devem ser investigadas dentro do próprio sistema jurídico que os disciplina. E o sistema normativo revela que, antes de "distinção", há entre eles uma relação de inclusão, porque o processo é uma espécie do gênero procedimento, e, se pode ser dele separado, é por uma diferença específica, uma escala em que pode haver distinção entre gênero e espécie. A diferença específica entre o procedimento em geral, que pode ou não se desenvolver como processo, e o procedimento que é processo é a presença neste do elemento que o especifica: o contraditório. (GONÇALVES, 1992, p. 68)

O "processo", para Fazzalari, é um procedimento do qual participam aqueles em cuja esfera jurídica o ato final é destinado a desenvolver efeitos: em contraditório.

> Tal estrutura consiste na participação dos destinatários dos efeitos do ato final em sua fase preparatória; na simétrica paridade das suas posições; na mútua implicação das suas atividades (destinadas, respectivamente, a promover e impedir a emanação do provimento); na relevância das mesmas para o autor do provimento; de modo que cada contraditor possa exercitar um conjunto – conspícuo ou modesto, não importa – de escolhas, de reações, de controles, e deva sofrer os controles e as reações dos outros, e que o autor do ato deva prestar contas dos resultados. (FAZZALARI, 2006, p. 119-120)

Já o "procedimento" é visto como uma série de "faculdades", "poderes", "deveres", quantas e quais sejam as posições subjetivas possíveis de serem extraídas das normas em discurso e que resultam também elas necessariamente ligadas, de modo que, por exemplo, um poder dirigido a um sujeito depois que um dever tenha sido cumprido, por ele ou por outros, e, por sua vez, o exercício daquele poder constitua o pressuposto para o insurgir-se de um outro poder (ou faculdade ou dever) (FAZZALARI, 2006, p. 114).

> No que concerne aos atos processuais do juiz e dos seus auxiliares, eles são sempre qualificados pelas normas que lhes disciplinam, como atos "de dever". [...] Os atos das partes são, ao

invés, qualificados como "lícitos" ou como "devidos"; constituem por isso, ou "poderes" (se consistem em declarações de vontade), ou "faculdades" (se consistem em meros atos), ou "deveres". (FAZZALARI, 2006, p. 497-499)

No mesmo sentido, Macedo (2001), citando o conceito de procedimento desenvolvido por Leal, afirma que o procedimento é

> [...] uma estrutura técnica de atos jurídicos seqüenciais, numa relação espácio-temporal segundo o modelo normativo em que o ato inicial é pressuposto (condição) do ato conseguinte e este extensão do ato antecedente, e assim sucessivamente até o ato final (provimento). (MACEDO, 2001, p. 56)

O contraditório não é apenas "a participação dos sujeitos do processo". O contraditório é a garantia de participação, em simétrica paridade, das partes, daqueles a quem se destinam os efeitos da sentença, daqueles que são "interessados", ou seja, aqueles sujeitos do processo que suportarão os efeitos do provimento e da medida jurisdicional que ele vier a impor (GONÇALVES, 1992, p. 120-124).

> O contraditório não é o "dizer" e o "contradizer" sobre matéria controvertida, não é a discussão que se trava no processo sobre a relação de direito material, não é a polêmica que se desenvolve em torno dos interesses divergentes sobre o conteúdo do ato final. Constitui-se, necessariamente, **da igualdade de oportunidade no processo**, é a igual oportunidade de tratamento, que se funda na liberdade de todos perante a lei. É essa igualdade que compõe a essência do contraditório enquanto garantia de simétrica paridade de participação no processo (GONÇALVES, 1992, p. 127).

Nesse sentido, afirma Fazzalari que

> O objeto do contraditório é constituído por "questões" relativas às próprias atividades processuais: se são admissíveis (*rectius*, direitos ou obrigações), pertinentes, úteis, um ou mais atos a desenvolver (por exemplo, no processo jurisdicional civil, a questão da ordem de integração do contraditório; a admissão de uma prova; a declaração

de invalidade de ato processual; a da renovação). Também as questões chamadas "de mérito" concernem no cumprimento de um ato processual: precisamente, do ato final, do provimento (ainda, no processo civil, questão "de mérito" culminante é se o juiz deva emitir o provimento requerido, ou recusá-lo) (FAZZALARI, 2006, p. 125).

Fazzalari caracteriza a estrutura do contraditório com os seguintes elementos: a) participação dos destinatários do ato final na fase preparatória do mesmo; b) simétrica paridade desses interessados; c) mútua implicação de seus atos; relevância de tais para o ato final (FAZZALARI, 1992, p. 82). E tal participação das partes não significa que tem que ser atual, mas uma participação potencial, convertendo, assim, o direito em ônus.

> [...] na ausência do exercício de uma faculdade ou de um poder, a lei processual conecta conseqüências prejudiciais para o titular daquela faculdade ou daquele poder – no sentido que regula uma sucessiva atividade de modo que ela realize uma situação desfavorável para aquele titular. (FAZZALARI, 2006, p. 499)

Tanto é assim que Galuppo (2003) lembra a possibilidade de o interessado na produção do provimento deixar de participar, por vontade própria, da formação desse ato. Bem como o fato de não se exigir a existência de controvérsia, sendo possível, por exemplo, que o réu (contrainteressado) concorde com a pretensão do autor.

Alías, o próprio direito brasileiro prevê e estimula tal possibilidade, ao tornar obrigatória, na maioria dos processos, a tentativa de conciliação por parte do juiz. Pode-se mesmo afirmar que a nova sistemática brasileira erige, como primeiro dever do juiz, a tentativa de, na qualidade de "mediador", fazer com que se restabeleça racionalmente, no âmbito de uma comunidade real de comunicação, o diálogo, ou seja, o discurso entre autor e réu (GALUPPO, 2003).

Como bem indicado por Nanci de Melo e Silva (2002), o princípio do contraditório como princípio de participação tem como principal objetivo não a defesa, entendida como oposição ou resistência, mas como "direito ou possibilidade de incidir ativamente sobre o desenvolvimento e sobre o resultado do processo" (SILVA, 2002, p. 139).

É interessante ressaltar que Dinamarco (2002a), processualista brasileiro, importante defensor da teoria da relação jurídica, assume publicamente, em sua obra "A Instrumentalidade do Processo" a importância do contraditório para caracterizar o processo. Afirma este autor que:

> O que caracteriza, fundamentalmente, o processo é a celebração contraditória do procedimento, assegurada a participação dos interessados mediante exercício das faculdades e poderes integrantes da relação jurídica processual. A observância do procedimento em si próprio e dos níveis constitucionais satisfatórios de participação efetiva e equilibrada, segundo generosa cláusula ***due process of law***, *é* que legitima o ato final do processo, vinculativo dos participantes. (DINAMARCO, 2002a, p. 79)

O "provimento", para Fazzalari, é um ato emanado da estrutura orgânica do Estado (ato legislativo, administrativo ou judiciário), inserido nos respectivos âmbitos de competência e dotado de disposições imperativas, consistindo em uma conclusão do procedimento como um ato final (FAZZALARI, 1992, p. 7). A situação que legitima o juiz a emanar o provimento jurisdicional (e legitima as partes a recebê-lo) é constituída não somente pela "situação substancial" – em sede civil: dever, direito e lesão – mas também, e previamente, pela regularidade do procedimental com a observância do contraditório.

Para se chegar ao provimento (ato final), há a necessidade prévia de um procedimento previsto em lei. A falta de atos preparatórios previstos em lei (procedimentos) retira a validade e eficácia do provimento. É necessário, ainda, que a participação dos interessados nos atos preparatórios esteja em contraditório para a obtenção do provimento.

Verifica-se que o provimento, assim como os demais atos processuais, uma vez completo, não pode mais perder sua eficácia. A eficácia permanece pelo tempo necessário para o desenvolvimento do seu conteúdo.

> Tal princípio descende do seguinte: o sujeito (aqui a parte, o juiz, o auxiliar) é munido do poder (ou dever) de cumprir o ato; tal poder (ou dever) se consome no cumprimento do ato e não compreende a possibilidade de retornar sobre o que já foi feito, e, para retornar, é preciso um novo poder (ou dever) apropriado, concedido pela lei, e, em regra, a lei processual não concede réplica de poder (ou dever) *"ne bis in idem"*. (FAZZALARI, 2006, p. 535)

Os recursos constituem um meio de impugnação dos provimentos que impedem que a sentença desenvolva a sua eficácia, ou, se acolhidos, tolhem a eficácia da sentença. No entanto, o provimento jurisdicional, mesmo existindo meios de impugnação, podem ser tornar **irretratáveis**: seja quando aquela nova faculdade (impugnação/recurso) ou poder ou dever não é exercitada em tempo (e, portanto, se perde por efeito da "preclusão"), seja quando o poder de promover a retratação é exercitado (e se "consuma" por meio do exercício), mas sem êxito: isto é, quando a retratação não sobrevenha (por exemplo, o recurso para a cassação é denegado), não sendo o ato e a sua eficácia retirados de cena.

Afirma Fazzalari que:

> [...] a irretratabilidade depende do exaurimento – por efeito da preclusão, isto é, da falta do exercício, ou por efeito da consumação, isto é, pela ocorrência do exercício, mas com resultado desfavorável – das faculdades, dos poderes das partes e, correlativamente, dos deveres (de ofício) atinentes aos recursos ordinários. (FAZZALARI, 2006, p. 539)

Essa situação processual, imposta pela exigência de colocar fim à lide, envolve: a) que a sentença se torne **"incontestável"** em juízo por obra das partes, dado, justamente, a sua carência de outros poderes processuais para prosseguir o processo ou para instaurar um novo sobre o mesmo objeto, obliterando a sentença já emitida (e não mais impugnável); b) que, por conseguinte, se torne **"intocável"** por assim dizer, por parte do juiz que a emitiu e por qualquer outro juiz, ainda que não por causa de uma proibição, mas pela simples falta de poderes (*rectius:* deveres): nemo *iudex sine actore*. São essas as duas faces da irretratabilidade da sentença em sede judiciária.

Não há relação entre irretrabilidade da sentença (coisa julgada) e eficácia da sentença. Para Fazzalari, a eficácia da sentença se projeta no patrimônio das partes por força própria. A sentença civil desenvolve sua eficácia antes de transitar em julgado[21], isto é, quando ela é ainda discutível em sede de impugnação ordinária.

---

[21] Cf. FAZZALARI, 2006, p. 545: "Trânsito em julgado significa carência de poderes para discutir qualquer adendo à sentença".

> [...] a coisa julgada é um fenômeno simplesmente processual, consistindo no exaurimento dos poderes da parte e dos deveres do juiz, produzindo o mesmo resultado "a irretratabilidade dos efeitos da sentença em sede judiciária" digam eles respeito ao rito ou ao mérito (FAZZALARI, 2006, p. 543).
>
> Daí que, não obstante a "coisa julgada" tenha, como componentes lógicos, a sentença, *rectius:* a sua eficácia ("coisa"), e a sua irretratabilidade ("julgada", "transitada em julgado"), o *proprium* da noção é constituído pela irretratabilidade, ou seja, pelo fenômeno processual que a produz. (FAZZALARI, 2006, p. 543)

A "coisa julgada", exatamente porque consiste na irretratabilidade da sentença pela mão do juiz, não exclui que os efeitos do provimento de mérito possam incidir e/ou sair do processo – enquanto "disponíveis" no plano substancial – em virtude de fatos e/ou de atos com que a lei substancial imediatamente reconhece novos comandos e permissões incompatíveis com aqueles efeitos, ou mesmo negativos em relação a eles.

Assim, por exemplo, o cumprimento extingue os efeitos da condenação; as partes e/ou o seu adversário na causa podem, depois do trânsito em julgado da sentença, dar um novo caráter aos seus relacionamentos (por exemplo, o beneficiário da condenação pode muito bem perdoar o débito do condenado; a nova situação "substancial" criada pela sentença reentra, obviamente, no âmbito do poder dispositivo dos sujeitos privados) (FAZZALARI, 2006, p. 544).

A conclusão análoga chega Fazzalari em relação aos efeitos da sentença que condena ao pagamento de alimentos.

> Assim, a qualquer hora, as condições do alimentante ou aquelas do alimentado mudem, um novo e diferente comando da lei substancial dispara, adequado às novas condições, substituindo o precedente comando emanado pelo juiz: não é a nova sentença do juiz (que não é necessária se o obrigado espontaneamente cumpre) que modifica a situação estabelecida pela precedente sentença e, portanto, não se encontra aí uma exceção ao princípio da "coisa julgada". (FAZZALARI, 2006, p. 544-545)

Quanto aos "limites objetivos do julgado", a coisa julgada cobre tanto o "**comando**" ou os "**comandos**", contidos no dispositivo, quanto o

"juízo" contido na motivação. Isso significa que a coisa julgada potencializa a eficácia, no sentido de tornar incontestável e irretratável tanto o comando (ou comandos) quanto o juízo, mas não no sentido de projetar--lhes na esfera substancial, mas por força própria.

> Em outras palavras, como ressaltado, o "dispositivo" da sentença de mérito – o comando – produz a própria eficácia externa ou substancial; a "motivação", o juízo que ela contém, exaure a eficácia no processo – eficácia interna – tornando devido um determinado dispositivo (constituindo, assim, salvaguarda contra comandos arbitrários). O trânsito em julgado da sentença não inova o caráter de tais eficácias: importa somente que elas – cada uma nos seus limites – não sejam passíveis de controvérsias (FAZZALARI, 2006, p. 546).
>
> No que concerne à eficácia do "juízo", tal eficácia – premissa necessária e causa eficiente do "comando" – não pode mais, após o transito em julgado, ser colocada em discussão: não é admitido outro processo para rediscutir respostas a questões que sustentam o comando, a fim de esvaziá-lo. Assim, em virtude do trânsito em julgado, não é passível de controvérsia a eficácia interna ao processo, a resposta à questão de mérito final, bem como a repota dada *incidenter tantum* a questões preliminares sem que surja uma extensão da eficácia para fora do processo. (FAZZALARI, 2006, p. 546-547)

Quanto aos "limites subjetivos do julgado", a sentença é "incontestável" não somente por obra das partes, mas também por obra dos "terceiros" herdeiros ou vencidos na causa das partes (FAZZALARI, 2006, p. 550).

> Que as partes, destinatárias da eficácia direta (ou eficácia *tout court*) daquela sentença e, portanto, já legitimadas a participar do seu procedimento de formação, fiquem, no processo findo, sem poderes processuais e, não havendo, posteriores e/ou novos, não podem "rediscutir" a sentença (a sua eficácia) perante o juiz, é fenômeno óbvio; e é isso que, [...] constitui a "coisa julgada" (considerada pelo ângulo dos litigantes). (FAZZALARI, 2006, p. 550-551)

O mesmo pode ser afirmado por quem se torna herdeiro de uma das partes na pendência do processo. Assume o herdeiro o lugar da parte e, portanto, sofre os efeitos (diretos) da sentença. Também, o terceiro que intervém no processo é reconhecido pela lei processual como parte, no sentido de que a lei, depois de tê-lo habilitado à intervenção, não lhe fornece, no processo findo, outros poderes para "contestar" a sentença.

Por fim, Fazzalari entende que a relatividade da coisa julgada se constitui na possibilidade de impugnações extraordinárias previstas em lei, quais sejam, no processo civil (revogação e oposição de terceiros) e no processo penal (revisão).

> A propósito do "trânsito em julgado", a lei traça, porém, uma linha de demarcação. De um lado, como se ressaltou, deve considerar-se "passado em julgado" e, portanto, munida da "autoridade de julgado" (isto é, "irretratável") a sentença não mais sujeita a impugnações ordinárias. Por outro lado, também a sentença passada em julgado e, portanto, predicada como "irretratável" permanece sujeita a outras impugnações (mediante as quais, obviamente, a lei permite rediscutir a sentença): assim, a sentença civil permanece sujeita à revogação e à oposição de terceiro; a penal, à revisão. A demarcação se explica com a exigência de se satisfazerem duas necessidades também devidas e contrastantes: de um lado, aquele de "bloquear" o processo e os seus resultados (de modo que as partes e todos os sujeitos coligados encontrem um aspecto definitivo, não mais discutível perante o juiz); por outro lado, aquele de não precluir, malgrado o fim do processo, a sanção de vícios de particular gravidade que sucessivamente emergem. (FAZZALARI, 2006, p. 557-558)

Em síntese, assim se apresentam as principais idéias de Fazzalari sobre os conceitos de processo, procedimento, contraditório, sentença e coisa julgada. Ressalte-se apenas que, para o jurista, o contraditório era entendido como uma qualidade no processo, e não como direito fundamental previsto na constituição, somente assumindo tal característica no paradigma democrático[22].

---

22 Cf. LEAL, 1999, p. 81: "Ao distinguir Processo e procedimento pelo atributo do contraditório, conferindo, portanto, ao procedimento realizado pela oportunidade de contraditório a qualidade de Processo, não fê-lo originariamente pela reflexão constitucional das democracias, o contraditório é instituto do Direito Constitucional, e não mais uma

Coisa Julgada Constitucional

qualidade que devesse ser incorporada por parâmetros doutrinais ou fenomênicos ao procedimento pela atividade jurisdicional. É o contraditório conquista histórica juridicamente constitucionalizada em **direito-garantia** que se impõe como **instituto** legitimador da atividade jurisdicional no Processo. Evidentemente que não se poderia exigir de insigne pensador e processualista italiano, na época inicial de suas lúcidas e contributivas cogitações sobre a escola processual que, brilhantemente, criou inserções no movimento constitucionalista que só se afirmou, em paradigmas democráticos avançados, recentemente por estudos de Carpizo, Pizzorusso, Baracho e Canotilho."

4. **COISA JULGADA NO DIREITO COMPARADO**

O estudo do direito comparado é de fundamental importância neste livro. Como restará evidenciado, no direito brasileiro, a busca pela compreensão do tema a respeito da coisa julgada, além de se espelhar no direito romano e canônico, também sofreu influência do direito processual português e francês e vem sofrendo muito influência do direito norte--americano.

Serão apresentadas, a seguir, as principais idéias desenvolvidas e positivadas do direito português, buscando ressaltar suas similaridades com o direito processual brasileiro. Os mesmos princípios adotados para a coisa julgada (caso julgado) no direito português podem ser percebidos no direito brasileiro. O estudo do caso julgado no direito português irá possibilitar uma compreensão geral do instituto, que se revela de fundamental importância para o desenvolvimento da tese sobre o "Caso julgado inconstitucional", apresentada pelo jurista Paulo Otero.

Também se faz indispensável, para uma boa compreensão da coisa julgada, o estudo do direito processual francês. Apesar de o direito processual francês não dar maior importância ao direito processual e nem à coisa julgada, é importante conhecer, em linhas gerais, a perspectiva desenvolvida pelos franceses, que trabalham a concepção de coisa julgada como instituto voltado para o direito material. Isso possibilita oferecer respostas diversas do modelo processual brasileiro a respeito da possibilidade de modificação da coisa julgada.

Outrossim, para finalizar, será também analisado o instituto da coisa julgada no direito norte-americano. A importância das reflexões contempladas neste item reside no fato de servirem de parâmetro para verificar como uma diferente perspectiva do direito (*Common law*) oferece respostas para o problema da coisa julgada em seu ordenamento jurídico.

Ressalte-se que se abriu mão de uma análise específica do direito processual civil italiano no que tange à coisa julgada pelo simples fato de que, ao apresentar as principais idéias sobre o assunto em autores italianos de renome (Chiovenda, Carnelutti, Liebman e Fazzalari), este trabalho, ainda que indiretamente, demonstrou a perspectiva e o direcionamento do Direito na Itália, entendendo-se como desnecessária uma nova abordagem do tema.

4.1 A coisa julgada no direito português

Muito similar ao que adota o Direito brasileiro é o instituto da coisa julgada no Direito português. No entanto, o Direito português utiliza a expressão "**caso julgado**" para se referir à coisa julgada. Tal opção terminológica se justifica como forma de ressaltar o encerramento e a impossibilidade de revisão de decisões jurídicas transitadas em julgado.

Também na doutrina processual portuguesa, apresenta-se o caso julgado como sendo uma exigência da boa administração da justiça, da funcionalidade dos tribunais e da salvaguarda da paz social. Também serve para evitar que uma mesma ação seja instaurada várias vezes, obsta que sobre a mesma situação recaiam soluções contraditórias e garante a resolução definitiva dos litígios que os tribunais são chamados a dirimir. Assim, é o caso julgado, no Direito português, um instituto de natureza processual que expressa um valor de segurança e certeza jurídica.

O caso julgado nas decisões judiciais é uma conseqüência da caracterização dos tribunais como órgãos de soberania (art. 113.°, n.° 1, Constituição da República Portuguesa – CRP). Neste enquadramento, o art. 208.°, n.° 2, CRP estabelece que as decisões dos tribunais são obrigatórias para todas as entidades públicas e privadas, prevalecendo, por isso, sobre as de quaisquer outras entidades.

Segundo afirma Sousa (1997):

> O caso julgado traduz-se na inadmissibilidade da substituição ou modificação da decisão por qualquer tribunal (incluindo aquele que a proferiu) em conseqüência da insusceptibilidade da sua impugnação por reclamação ou recurso ordinário. O caso julgado torna

indiscutível o resultado da aplicação do direito ao caso concreto, que é realizada pelo tribunal, ou seja, o conteúdo da decisão deste órgão. (SOUSA, 1997, p. 567)

Estabelece o artigo 677.°, do Código Processual Civil Português (CPCP), que o trânsito em julgado da decisão decorre da insusceptibilidade de interposição de recurso ordinário ou de reclamação. Esse trânsito pode resultar da inadmissibilidade de recurso ordinário (atendendo ao art. 678.°, n.° 1, CPCP); ao decurso do prazo de interposição (art. 685.°, n.° 1, CPCP) e à renúncia ao recurso pelas partes da acção ou pela parte vencida (art. 681.°, n.ºs 1, 2 e 3, CPCP); da insusceptibilidade de reclamação da decisão com fundamento na sua nulidade (arts. 677.° e 668.° CPCP) ou para retificação de erros materiais, esclarecimento ou reforma quanto a custas ou a lapsos manifestos (arts. 677.°, 666.°, n.° 3, 667.° e 669.°, CPCP).

A importância concedida ao caso julgado no Direito Processual Português pode ser percebida na possibilidade de interposição de recurso ordinário, qualquer que seja o valor da causa, quando tenha por fundamento a ofensa de caso julgado (art. 678.°, n.° 2, CPCP). Tal autorização ressalta o valor jurídico-constitucional desse instituto processual.

No entanto, a relevância constitucional do caso julgado não autoriza a retroatividade das decisões jurídicas que se basearam em normas declaradas inconstitucionais pelo Tribunal Constitucional Português. É o que determina o art. 282.°, n.° 3, da Constituição da República Portuguesa, transcrito abaixo:

ARTIGO 282.°
**(Efeitos da declaração de inconstitucionalidade
ou de ilegalidade)**

1. A declaração de inconstitucionalidade ou de ilegalidade com força obrigatória geral produz efeitos desde a entrada em vigor da norma declarada inconstitucional ou ilegal e determina a repristinação(???) das normas que ela, eventualmente, haja revogado.

2. Tratando-se, porém, de inconstitucionalidade ou de ilegalidade por infracção(???) de norma constitucional ou legal posterior, a declaração só produz efeitos desde a entrada em vigor desta última.

3. Ficam ressalvados os casos julgados, salvo decisão em contrário do Tribunal Constitucional, quando a norma respeitar a matéria penal, disciplinar ou de ilícito de mera ordenação social e for de conteúdo menos favorável ao arguido. (grifos nossos)

4. Quando a segurança jurídica, razões de equidade ou interesse público de excepcional relevo, que deverá ser fundamentado, o exigirem, poderá o Tribunal Constitucional fixar os efeitos da inconstitucionalidade ou da ilegalidade, com alcance mais restrito do que o previsto nos n.os 1 e 2.

Comentando esse artigo da Constituição Portuguesa, afirma Sousa (1997) que:

> O art. 282.º, n.º 3, CRP, determina que, em princípio, ficam ressalvados os casos julgados produzidos durante a vigência da norma declarada inconstitucional ou ilegal, o que significa que, no ordenamento jurídico português, não é constitucional uma retroactividade extrema, isto é, uma retroactividade que destrua o valor do caso julgado de uma decisão. Identicamente, a lei interpretativa, que é dotada de uma retroactividade menos forte do que a da declaração da inconstitucionalidade ou ilegalidade, também deve respeitar os casos julgados formados durante a vigência anterior da lei interpretada. (art. 13.º, n.º 1, CC) (SOUSA, 1997, p. 568-569)

O caso julgado pode ser formal ou material. O critério da distinção ajusta-se ao âmbito da sua eficácia. O caso julgado formal só tem um valor intraprocessual, ou seja, só é vinculativo no próprio processo em que a decisão foi proferida. É o que dispõe o art. 672.º do Código de Processo Civil Português, transcrito abaixo:

ARTIGO 672.º
(Caso julgado formal)

> Os despachos, bem como as sentenças que recaiam unicamente sobre a relação processual, têm força obrigatória dentro do processo, salvo se, por sua natureza, não admitirem o recurso de agravo.

Ao contrário, o caso julgado material, além de uma eficácia intraprocessual, é susceptível de valer num processo distinto daquele em que foi proferida a decisão transitada. É o que dispõe o art. 671.º, n.º 1 do CPCP:

ARTIGO 671.°
(Valor da sentença transitada em julgado)

Transitada em julgado a sentença, a decisão sobre a relação material controvertida fica tendo força obrigatória dentro do processo e fora dele, nos limites fixados pelos artigos 497 e seguintes, sem prejuízo do que vai disposto sobre os recursos de revisão e de oposição de terceiro. "Têm o mesmo valor que esta decisão os despachos que recaiam sobre o mérito da causa."

[...]

Isto significa que tanto as decisões de forma, como as decisões de mérito, são, quando transitadas, vinculativas no próprio processo em que foram proferidas, mas que só as decisões de mérito podem ser obrigatórias num outro processo. Esta diferença de eficácia, segundo afirma Sousa (1997), pode ser explicada pelo seu próprio objeto do processo. Segundo o autor,

> As decisões de forma recaem sobre aspectos processuais (como, por exemplo, a apreciação de um pressuposto processual ou a admissibilidade de um meio de prova), a sua eficácia restringe-se ao processo onde foram proferidas; pelo contrário, as decisões de mérito confirmam ou constituem situações jurídicas, que podem ser relevantes para a apreciação ou constituição de outras situações (numa hipótese de relação de prejudicialidade) e não podem ser contrariadas ou negadas noutro processo. (SOUSA, 1997, p. 570)

Verificando o Tribunal que existe ação que pretende rediscutir uma matéria que já possui decisão transitada em julgado, ele pode, *ex officio*, argüir a "excepção peremptória do caso julgado", que está prevista no art. 496.°, do CPCP[23]. As partes não possuem autorização para modificar processualmente o caso julgado. Todavia, podem regular de forma diferente do disposto na decisão transitada uma situação jurídica que se encontre na sua disponibilidade.

---

[23] Artigo 496.° do Código de Processo Civil Português – (Conhecimento de excepções peremptórias) – O tribunal conhece oficiosamente das excepções peremptórias cuja invocação a lei não torne dependente da vontade do interessado.

Após o pronunciamento da decisão judicial de 1.º Grau, a atividade jurisdicional encerra-se, não sendo mais possível que o juiz possa voltar a pronunciar sobre a matéria apreciada (art. 666.º, n.os 1 e 3 do CPCP[24]). Dessa extinção decorrem dois efeitos: – um efeito negativo, que é a impossibilidade de o próprio juízo que proferiu a decisão tomar a iniciativa de modificá-la ou revogá-la; e um efeito positivo, que é a vinculação desse tribunal à decisão por ele proferida (SOUSA, 1997, p. 572). Esses efeitos característicos do caso julgado são os seus efeitos processuais.

Pode acontecer que os efeitos processuais (negativo e positivo) não venham a ser respeitados, ocorrendo decisões judiciais contraditórias. Nesse sentido, ocorrendo decisões conflitantes, vale aquela que primeiramente transitou em julgado, segundo o que estabelece o art. 675.º, n.º 1 do CPCP[25]. Por isso, se tiver sido interposto recurso da segunda decisão, o mesmo tem necessariamente de improceder, dada a vinculação do tribunal e das partes ao caso julgado na primeira decisão.

É interessante perceber que, no Direito Processual português, o critério adotado para solução de decisões contraditórias permite o entendimento de que é possível uma segunda ação idêntica à primeira ter sua decisão judicial passada em julgado em data anterior à decisão judicial da primeira ação, em virtude da ausência de interposição de recurso. Por disposição legal, essa é que valerá para fins de cumprimento da sentença.

Quanto aos efeitos substantivos do caso julgado material, estes podem ser diferenciados consoante a situação jurídica a que se refere a decisão transitada. São duas as espécies de efeitos: o "efeito confirmativo" e o "efeito constitutivo". Segundo informa Sousa (1997):

---

[24] Artigo 666.º do Código de Processo Civil Português – (Extinção do poder jurisdicional e suas limitações) – 1. Proferida a sentença, fica imediatamente esgotado o poder jurisdicional do juiz quanto à matéria da causa. 2. É lícito, porém, ao juiz rectificar erros materiais, suprir nulidades, esclarecer dúvidas existentes na sentença e reformá-la, nos termos dos artigos seguintes. 3. O disposto nos números anteriores, bem como nos artigos subsequentes, aplica-se, até onde seja possível, aos próprios despachos.

[25] Artigo 675.º do Código de Processo Civil Português – (Casos julgados contraditórios) – 1. Havendo duas decisões contraditórias sobre a mesma pretensão, cumprir-se-á a que passou em julgado em primeiro lugar. 2. É aplicável o mesmo princípio à contradição existente entre duas decisões que, dentro do processo, versem sobre a mesma questão concreta da relação processual.

Coisa Julgada no Direito Comparado

95

O caso julgado pode realizar um efeito confirmativo de uma situação jurídica preexistente: nesta hipótese, o caso julgado fornece apenas um novo título para essa situação (como, por exemplo, um direito de crédito resultante de um mútuo ou um direito de propriedade proveniente de uma compra e venda). Mas o caso julgado também pode manifestar-se num efeito constitutivo (*latu sensu*), nas acções constitutivas, isto é, quando, através da acção, se exerce um direito potestativo, o caso julgado da respectiva decisão constitui uma nova situação ou modifica ou extingue uma situação preexistente. (SOUSA, 1997, p. 573)

Também, o caso julgado gera um efeito normativo quando integra a previsão de uma norma jurídica da qual decorrem certas conseqüências jurídicas. Assim, por exemplo, o caso julgado material levanta a interrupção da prescrição decorrente da citação do réu[26] e sujeita o direito reconhecido ao prazo ordinário de prescrição[27]; o caso julgado da sentença que decreta a separação judicial de bens implica que o regime de bens do casal passa a ser o de separação[28]; o caso julgado da sentença de divórcio marca o momento da dissolução do casamento[29]. O caso julgado abrange a parte decisória do despacho, sentença ou acórdão, isto é, a conclusão extraída dos seus fundamentos[30]. Ressalta Sousa (1997) que:

Reconhecer que a decisão está abrangida pelo caso julgado não significa que ela valha, com esse valor, por si mesma e independente dos respectivos fundamentos. Não é a decisão, enquanto conclusão do silogismo judiciário, que adquire o valor de caso julgado, mas o próprio silogismo considerado no seu todo: o caso julgado incide

---

[26] Artigo 323.°, n.° 1, e 327.°, n.° 1 ambos do Código Civil Português.

[27] Artigo 311.°, n.° 1 do Código Civil Português.

[28] Artigo 1770.° do Código Civil Português.

[29] Artigo 1789.°, n.° 1, do Código Civil Português.

[30] Artigo 673.° do Código de Processo Civil Português – (Alcance do caso julgado) – A sentença constitui caso julgado nos precisos limites e termos em que julga: se a parte decaiu por não estar verificada uma condição, por não ter decorrido um prazo ou por não ter sido praticado determinado facto, a sentença não obsta a que o pedido se renove quando a condição se verifique, o prazo se preencha ou o facto se pratique.

sobre a decisão como conclusão de certos fundamentos e atinge estes fundamentos enquanto pressupostos daquela decisão. (SOUSA, 1997, p. 578-579)

O caso julgado incide sobre uma decisão que deve considerar a matéria de fato, tal como ela se apresenta no momento do encerramento da discussão. Os fatos que podiam ter sido alegados nos articulados normais ficam igualmente precludidos, assim como os fatos que o podiam ter sido em articulado superveniente ou de que o tribunal podia ter conhecimento até o encerramento da discussão.

No entanto, o âmbito da preclusão é substancialmente distinto para o autor e para o réu. Quanto ao autor, a preclusão é definida, exclusivamente, pelo caso julgado: só ficam precludidos os fatos que se referem ao objeto apreciado e decidido na sentença transitada. Quanto ao âmbito da preclusão que afeta o réu, considera-se que lhe incumbe o ônus de apresentar toda a defesa na contestação, pelo que a preclusão que o atinge é independente do caso julgado. Ficam precludidos todos os fatos que podiam ter sido invocados como fundamento dessa contestação, tenham ou não qualquer relação com a defesa apresentada e, por isso, com aquela que foi apreciada pelo tribunal (SOUSA, 1997, p. 585-586).

O caso julgado apenas vincula, em regra, as partes da ação, não podendo, também em regra, afetar terceiros. Assim, os terceiros não podem ser prejudicados nem beneficiados pelo caso julgado de uma decisão proferida numa ação em que não participaram, nem foram chamados a intervir.

Além da eficácia *inter partes*, o caso julgado também pode atingir terceiros. Tal sucede através de uma de duas situações: a "eficácia reflexa do caso julgado" e a "extensão do caso julgado a terceiros". Segundo afirma Sousa (1997), a eficácia reflexa

> [...] verifica-se quando a acção decorreu entre todos os interessados directos (quer activos, quer passivos) e, portanto, esgotou os sujeitos com legitimidade para discutir a tutela judicial de uma situação jurídica, pelo que aquilo que ficou definido entre os legítimos contraditores (na expressão do art. 2503.°, § único, CC/1867) deve ser aceite por qualquer terceiro. Pelo contrário, a extensão do caso julgado a terceiros justifica-se quando, mesmo que a presença de todos os interessados directos permita a produção do efeito reflexo, importa

abranger pelo caso julgado os terceiros para os quais ele implica a constituição, modificação ou extinção de uma situação jurídica. (SOUSA, 1997, p. 590)

Assim, em visão sintética, foram apresentadas as principais idéias sobre o caso julgado no Direito Português. Contudo, mesmo com a previsão legal e constitucional de proteção ao caso julgado, ainda sim, podem ocorrer violações e, portanto, é necessário que haja mecanismos processuais que viabilizem o controle de constitucionalidade das decisões transitadas em julgado.

Antes que a sentença transite em julgado, o Direito Português prevê a possibilidade de revisão de suas decisões através dos chamados "recursos ordinários". Após o trânsito em julgado da decisão, só é possível realizar a revisão das decisões judiciais através dos "recursos extraordinários".

Os recursos ordinários são: a apelação, a revista e o agravo. Os recursos extraordinários são: a revisão e a oposição de terceiro, conforme dispõe o art. 676.° do Código de Processo Civil Português[31].

Os recursos extraordinários possibilitam a impugnação das decisões que se encontrem afetadas por vícios cuja gravidade justifica que se sacrifique a "segurança jurídica" em favor da "justiça nas decisões". Estes recursos comportam-se como verdadeiras ações, com um duplo objetivo: o primeiro é o de verificar a existência de algum vício na decisão transitada ou no processo a ela conducente (juízo rescindente); o segundo é o de substituir a decisão proferida através da repetição da instrução e julgamento da ação (juízo rescisório) (SOUSA, 1997, p. 597-598).

O recurso de revisão tem por fundamento vícios *in iudicando* ou *in procedendo*. Os vícios *in iudicando* são: – a prática pelo juiz da causa dos crimes de prevaricação, concussão e corrupção; a falsidade de documento, de depoimento ou de declarações dos peritos; a superveniência de documento essencial; a declaração de nulidade ou anulação da confissão, desistência ou transacção; a contradição com decisão anterior.

---

[31] ARTIGO 676.° do CPCP – (Espécies de recursos) – 1. As decisões judiciais podem ser impugnadas por meio de recursos. 2. Os recursos são ordinários ou extraordinários: são ordinários a apelação, a revista e o agravo; são extraordinários a revisão e a oposição de terceiro.

98   *Coisa Julgada Constitucional*

Os vícios *in procedendo* são: a falsidade de ato judicial; a falta ou nulidade da citação do réu. Verificada a incidência de tais vícios, o caso julgado é afastado e corrigido, para que possa atender à justiça da decisão em detrimento da segurança jurídica.

Já o recurso extraordinário de oposição de terceiro tem por fundamento a simulação processual[32]. Se algum terceiro comprovar que a decisão transitada em julgado foi obtida por meio de simulação processual, mesmo após o trânsito em julgado, é possível realizar a correção do julgado e afastar a segurança jurídica em nome da justiça.

O Direito Constitucional português tem-se preocupado com a questão da intangibilidade do caso julgado, principalmente quando afeta, de forma direta, as normas constitucionais. No Direito português, algumas decisões judiciais não se constituem em caso julgado, podendo ser revistas em nome da justiça.

O direito à revisão de sentença encontra-se expressamente consagrado na Constituição Portuguesa, no seu art. 29, n.° 6, mas apenas para os "cidadãos injustamente condenados" (criminalmente). Fora do campo criminal, não é líquida a consagração constitucional do direito à revisão de sentenças e, genericamente, do direito à impugnação ou modificação do caso julgado. Todavia, tal direito pode, eventualmente, fundar-se no próprio direito a um processo eqüitativo, consagrado no art. 20.°, n.° 4, da Constituição[33], e, desse modo, receber tutela constitucional (COSTA, 2003, p. 19-20).

---

[32] ARTIGO 778.° do CPCP – (Fundamento do recurso) – 1. Quando o litígio assente sobre um acto simulado das partes e o tribunal não tenha feito uso do poder que lhe confere o artigo 665.°, por se não ter apercebido da fraude, pode a decisão final, depois do trânsito em julgado, ser impugnuda mediante recurso de oposição do terceiro que com ela tenha sido prejudicado. 2. O recurso é dirigido ao tribunal que proferiu a decisão; se o processo já se encontrar em tribunal diferente, neste será apresentado o requerimento de interposição, que é autuado por apenso, remetendo-se para o tribunal competente. 3. É considerado como terceiro, no que se refere à legitimidade para recorrer, o incapaz que haja intervindo no processo como parte, mas por intermédio de representante legal.

[33] Artigo 20.° (Acesso ao direito e tutela jurisdicional efectiva) – 1. A todos é assegurado o acesso ao direito e aos tribunais para defesa dos seus direitos e interesses legalmente protegidos, não podendo a justiça ser denegada por insuficiência de meios económicos. 2. Todos têm direito, nos termos da lei, à informação e consulta jurídicas, ao patrocínio judiciário e a fazer-se acompanhar por advogado perante qualquer autoridade. 3. A lei define e assegura a adequada protecção do segredo de justiça. 4. **Todos têm**

O direito a um processo eqüitativo refere-se tanto ao processo civil quanto ao processo penal. Nesse sentido, segundo entende Costa (2003), se o processo penal permite a revisão dos casos julgados em nome da justiça, também deveria permitir tal revisão nos casos cíveis.

Assim, o embrião que possibilita a revisão dos casos julgados estaria no contra-senso existente entre o processo penal, que não prevê o trânsito em julgado da sentença, e o processo civil, que a prevê. Essa diferença de tratamento é que impossibilita, no Direito português, a implementação efetiva do art. 20.°, n. 4, da Constituição.

Contudo, ressalva Medeiros (1999) que o fundamento último da regra do respeito pelos casos julgados não se encontra unicamente na garantia da autoridade dos tribunais, nem no seu poder de apreciação da constitucionalidade, nem no princípio da separação de poderes: decorre, antes, de um princípio material, que é a exigência de segurança jurídica (MEDEIROS, 1999, p. 548).

E assinala que, embora para alguns autores, se não existisse a 1.ª parte do n.° 3 do artigo 282.° da Constituição Portuguesa, o caso julgado seria sempre destruído com a declaração de inconstitucionalidade da respectiva norma, a verdade é que a ressalva dos casos julgados constitui, ainda, uma forma de assegurar a primazia da ordem constitucional, tornando irrecusáveis os valores do Estado de Direito a que faz apelo a Constituição (MEDEIROS, 1999, p. 550). Seria a própria segurança jurídica, requisito do Estado de Direito, a apontar, no âmbito dos actos jurisdicionais, para o caso julgado (MEDEIROS, 1999, p. 551).

Enfim, a discussão sobre a possibilidade ou não da revisão do caso julgado extrapola a finalidade desse capítulo. Serão analisados os fundamentos em capítulo diverso, voltando a uma análise que busque desvendar os princípios do Direito português, com base no qual o Professor Paulo Otero lançou as premissas básicas do caso julgado inconstitucional.

---

direito a que uma causa em que intervenham seja objecto de decisão em prazo razoável e mediante processo equitativo. 5. Para defesa dos direitos, liberdades e garantias pessoais, a lei assegura aos cidadãos procedimentos judiciais caracterizados pela celeridade e prioridade, de modo a obter tutela efectiva e em tempo útil contra ameaças ou violações desses direitos.

4.2 **A Coisa julgada no direito francês**

O direito processual civil francês não é muito estudado pelos processualistas brasileiros. Na França, há uma supervalorização do direito material, em detrimento do direito processual. A teoria do processo como contrato e como quase-contrato, desenvolvida por Pothier e Savigny (1800), respectivamente, serve para justificar a tendência de valorização do direito material. As regras processuais são objeto de decretos, e não de leis, sendo, portanto, de competência do Poder Executivo. O Processo Civil francês visa ao "acesso à justiça"[34] e à "efetividade do processo"[35].

José Carlos Barbosa Moreira, justificando o desinteresse no estudo do direito processual civil francês, aponta dois fatores que contribuíram para isso. Em primeiro lugar a base normtaiva do processo civil francês foi o código napoleônico de 1806, que subsistiu até o fim do século XX, permanecendo imune ao influxo de diplomas posteriores, redigidos com melhor técnica e inspirados em idéias mais novas. Em segundo lugar, o direito processual civil manteve-se fechado sobre si mesmo. Nenhuma ou pouquíssima repercussão tiveram na França os grandes debates acerca de temas como o da natureza da ação, o do objeto do processo ou do litígio, o da relação jurídica processual, o dos chamados pressupostos processuais, o da natureza da coisa julgada material e tantos outros de que se ocupou, desde a segunda metade do século XIX, a ciência do processo. (BARBOSA MOREIRA, 2007, p. 60-61)

Também não é muito usual a expressão *Procès Civil*, mas sim *Procédure Civile*, pois se considera a idéia de que a *Procédure Civile* não se trata de uma "ciência". Muitos juristas franceses entendem que o Processo se resume a procedimento, não merecendo o *status de* ciência. Essa é a posição de Loïc Cadiet (CADIET *et al.*, 1997, p. 15-16). Regra geral, não há, no Processo Civil francês, preocupação com o tecnicismo, sendo, aliás,

---

[34] O termo "acesso a justiça" é utilizado aqui como sendo a facilidade que os cidadãos possuem de acionar o poder judiciário e receber a prestação jurisdicional.

[35] O termo "efetividade do processo" é utilizado aqui como sendo a possibilidade de se conseguir a realização da prestação jurisdicional (decisão judicial). Não importa a qualidade da decisão e nem mesmo se foi a decisão obtida sem a observância do contraditório e da ampla defesa.

Coisa Julgada no Direito Comparado   101

a própria redação do Novo Código de Processo Civil – NCPC – francês tida como de pouca técnica, se comparada com o Código italiano e até com o brasileiro.

Almeida (1998) apresenta um perfil geral do Direito francês, aplicando ao Processo Civil as seguintes observações:

> 1 – Primazia do direito substantivo sobre o direito processual (pelo menos, no discurso jurídico oficial); o direito de ação como meio de efetivação de direitos subjetivos;
>
> 2 – Distinção entre direito público e direito privado; a subdivisão do direito objetivo e da ciência jurídica em ramos de direito;
>
> 3 – Competência legislativa distribuída entre as instituições parlamentares e as governamentais;
>
> 4 – Primado da lei, tanto no plano hierárquico como no da sua importância relativa, enquanto fonte de direito aplicável a todas as áreas jurígenas;
>
> 5 – Concentração de uma parte significativa das regras legais em códigos, organizados de modo sistemático e segundo critérios doutrinários;
>
> 6 – Declínio da jurisprudência como valor de fonte de criação normativa, e a sua efetiva importância enquanto meio de conhecimento e de evolução do direito;
>
> 7 – Influência da doutrina na construção e compreensão dos sistemas jurídicos, nas reformas legislativas e, em diferentes graus, no modo de aplicação do direito;
>
> 8 – Utilização, na interpretação da lei, de um pluralismo metodológico em que, segundo combinações variáveis, são atendíveis os elementos literal, teleológico, sistemático e histórico;
>
> 9 – Aplicação analógica como meio privilegiado de integração de lacunas da lei;
>
> 10 – Organização judiciária ordinária ou comum hierarquizada em três níveis; tribunais de 1ª e de 2ª instância dispersos no território; tribunal supremo vocacionado para a uniformização da jurisprudência;
>
> 11 – Formação universitária em direito tida como requisito geralmente exigido para o exercício de profissões jurídicas superiores (magistraturas e advocacia);

12 – Dualidade de magistraturas – Judicial e do Ministério Público – compostas, em sua quase totalidade, por magistrados integrados em carreiras profissionais;

13 – Tendencial unidade da profissão de advogado, a quem incumbe o patrocínio judiciário e o aconselhamento jurídico dos clientes. (ALMEIDA, 1998, p. 72-74).

Conforme afirma Cadiet *et al.* (1997), existem somente dois momentos importantes na história do Processo Civil francês, quais sejam: em 1806, com a edição do Código de Processo Civil; e a década de 1970, com a edição dos quatro decretos que formaram o Novo Código de Processo Civil (*Nouveau Code de Procédure Civile*, conhecido como NCPC).

O NCPC é resultado do trabalho de uma Comissão instituída em 1969, constituído de quatro sucessivos Decretos (números 71-740, de 9 de setembro de 1971; 72-684, de 20 de julho de 1972; 72-788, de 28 de agosto de 1972; e 73-1122 de 17 de dezembro de 1973), que o Executivo reuniu em corpo único, através do Decreto número 75-1123, de 5 de dezembro de 1975, e batizou como sendo o NCPC, com entrada em vigor em 1.º de janeiro de 1976.

Após a edição do *Nouveau Code de Procédure Civile*, outras medidas foram tomadas com o propósito de realizar uma reforma da justiça. Foi então editado o decreto n. 98-1.231, de 28.12.1998, que, dentre suas alterações, aponta no sentido convergente das reformas processuais que foram sendo implementadas em outros países que estão na vanguarda do estudo do direito processual. Tal decreto, segundo nos informa Barbosa Moreira (2007), acrescentou uma alínea ao art. 840 do Código, permitindo que a conciliação das partes pudesse ser feita tanto pelo juiz quanto por um *conciliateur de justice,* designado informalmente pelo órgão judicial, com o consentimento das partes. Igualmente se deixou influenciar pela idéia de aperfeiçoar a tutela de urgência, facilitando a conversão da *ordonnance de référé*[36] em julgamento de mérito (novo art. 811 do Código). O juiz que profere a *ordonnance* passou a poder, a requerimento da parte e reco-

---

[36] Cf. BARBOSA MOREIRA, 2007, p. 63: A *ordonnance* de refere é uma decisão provisória emitida por juiz diverso do competente para julgar a causa, mas investido do poder de ordenar medidas urgentes, quando não exista aucune contestation serieuse e a matéria seja objeto de litígio (arts. 484 e 808 do n.c.p.c). Tem certa semelhança com a antecipação de tutela do direito brasileiro (Código de Processo Civil, art. 273).

Coisa Julgada no Direito Comparado

nhecida a urgência, remeter a causa, diretamente, ao órgão competente para julgá-la, fixando, desde logo, a data da audiência, de tal modo que assegure ao outro litigante tempo suficiente para preparar a defesa. O decreto ainda aumentou os poderes do juiz em matéria de solução de questões processuais e aperfeiçou a disciplina da instrução probatória (BARBOSA MOREIRA, 2007, p. 63).

Além disso, como dito, o processo civil francês rege-se pelo informalismo. No entanto, o decreto supracitado tornou obrigatório para o autor, ao especificar o objeto do pedido, a indicação não apenas dos respectivos fundamentos de fato, senão também a dos fundamentos de direito (nova redação do art. 56, 1.ª alínea, 2.°). Isso não acarretou, para o órgão judicial, a impossibilidade, de dar à sentença o fundamento de direito a seu ver correto e de modificar a qualificação jurídica dos fatos alegados (art. 12). (BARBOSA MOREIRA, 2007, p. 63). Parece, agora, que a nova sistemática imprimida no processo civil francês está em busca de corrigir o atraso no qual se encontrava. Tais mudanças efetivadas vêm atender uma busca pela celeridade e pelo "acesso à justiça".

As sentenças proferidas em processo civil devem ser também fundamentadas, respeitando a estrutura em que se possa verificar o relatório, a fundamentação e uma parte dispositiva.

Afirma Almeida (1998) que

> As sentenças francesas são, tendencialmente, curtas e concisas. A matéria de fato é resumida. Como regra, cada uma das frases começa pela palavra *attendu* (considerando), o que confere ao texto um certo paralelismo monótono. A fundamentação legal é sempre indicada. Em comparação com as sentenças portuguesas e alemãs, são em menor número as menções jurisprudenciais e são raras as citações doutrinárias. Não há votos de vencido. (ALMEIDA, 1998, p. 57)

A idéia sobre o duplo grau de jurisdição é muito mitigada no Processo Civil francês. As causas de pequeno valor são insuscetíveis de apelação, transitando em julgado no primeiro e único grau de jurisdição. É uma tentativa de desafogar as Cortes de Apelação e Cortes de Cassação[37].

---

[37] A Corte de Cassação julga só a matéria de fundo, quer dizer, de mérito, não a de fato. Visa, simplesmente, a manter a unidade jurisprudencial, não sendo 3ª instância a não ser em casos especiais.

Os recursos são divididos em ordinários e extraordinários, conforme dispõe o artigo 527 do NCPC. Os recursos ordinários são divididos em: apelação e oposição; e os recursos extraordinários são divididos em: oposição de terceiro, recurso de revisão e provimento de cassação. Afirma Croze (1997) que, apesar de ser considerada falha a classificação dos recursos em ordinários e extraordinários, há interesse prático em se manter essa classificação, porque os recursos ordinários têm efeito suspensivo da execução, o que não acontece com os extraordinários (CROZE, 1997, p. 49).

A coisa julgada é entendida como um instituto ligado ao direito privado. Assim dispõe o Código Civil Francês, em seu art. 1351:

> A autoridade da coisa julgada só tem lugar com respeito àquilo que fez o objeto do julgamento. É preciso que a coisa pedida seja a mesma, que a petição seja fundamentada sobre a mesma causa, que a demanda seja entre as mesmas partes e formada para elas e contra elas na mesma qualidade. (tradução livre)[38]

Vigora, segundo dispõe o art. 1.351 do Código Civil francês, o efeito *inter partes* da coisa julgada, não podendo beneficiar, nem prejudicar terceiros. Na França, tal efeito parece possuir maior relevância que em outros ordenamentos jurídicos.

Observa-se que o artigo supracitado limita o efeito da *res judicata* à matéria da sentença e exige, para sua configuração, a identidade de partes, da coisa e da causa. "Identidade das partes" pressupõe que as partes estejam presentes ou representadas durante o julgamento. "Identidade da coisa" pressupõe a existência que tende ao mesmo fim. "Identidade da causa" é constituída pelas circunstâncias de fato, invocadas com o objetivo de estabelecer o direito subjetivo pelo qual se traduz, juridicamente, a pretensão submissa do juiz. Esses componentes devem ser apreendidos globalmente, e não isoladamente.

A autoridade da coisa julgada está ligada a toda decisão relativa à jurisdição contenciosa (nela inclusa a sentença arbitral, art. 1476, do

---

[38] L'autorité de la chose jugée n'a lieu qu'à l'égard de ce qui a fait l'objet du jugement. Il faut que la chose demandée soit la même; que la demande soit fondée sur la même cause; que la demande soit entre les mêmes parties, et formée par elles et contre elles en la même qualité.

Código de Processo Civil-NCPC). As decisões gratuitas não podem, pois, ter a autoridade da coisa julgada.

A autoridade da coisa julgada se fixa somente com respeito àquilo que fez o objeto do julgamento. Os motivos de um julgamento não têm a autoridade da coisa julgada, segundo dispõe o art. 480 do NCPC[39]. Contudo, ressalta Hitters (2001) que:

> Em caso de providências obscuras ou ambíguas, a Corte de Cassação francesa tem declarado que os Tribunais têm o direito, quando a decisão apresenta alguma ambiguidade, de consultar as conclusões e os fundamentos, a fim de comprovar em que condições foi decidido e de apreciar o sentido exato do dispositivo[40]. (HITTERS, 2001, p. 80) (tradução livre)

A colocação da coisa julgada como sendo um instituto de direito privado implica uma mudança fundamental de entendimento sobre o instituto. Quando se diz que a coisa julgada pertence ao direito material, isso implica que a interpretação do instituto deve ser pensada nessa perspectiva. Assim, percebe-se claramente que, no Direito francês, a coisa julgada possui forte influência da doutrina de Savigny, entendendo esse instituto como sendo uma presunção de verdade.

No Direito francês, a coisa julgada não é entendida como sendo os efeitos da sentença ou qualidade da decisão. Na França, coisa julgada é qualquer coisa a mais que se junta aos efeitos da sentença para conferir estabilidade à decisão judicial. O efeito da coisa julgada é impedir que as partes recomecem um novo processo.

A autoridade da coisa julgada se identifica pela força obrigatória da decisão em razão de uma presunção de verdade, conforme determina o

---

[39] Art. 480 do NCPC: Le jugement qui tranche dans son dispositif tout ou partie du principal, ou celui qui statue sur une exception de procédure, une fin de non-recevoir ou tout autre incident a, dès son prononcé, l'autorité de la chose jugée relativement à la contestation qu'il tranche. Le principal s'entend de l'objet du litige tel qu'il est déterminé par l'article.

[40] Em caso de providências oscuras o ámbiguas, la Corte de Casación francesa há declarado que los Tribunais tiene el derecho, cuando el decisorio presenta alguna ambigüedad, de consultar lãs conclusiones y los fundamentos, a fim de comprobar em qué condiciones há sido dictado y de apreciar el sentido exacto del dispositivo (HITTERS, 2001, p.80).

art. 1350[41] do Código Civil francês. Isso significa que aquilo que foi julgado é incontestável; assim, a coisa julgada é, em principio, irrevogável no sentido de que ela não pode ser recolocada em julgamento, mesmo que surjam novas circunstâncias, exceto no caso de fraude comprovada de uma das partes.

Isso não permite afirmar que a coisa julgada não gera efeitos também perante o Direito Processual. O Direito francês adota a idéia de preclusão desenvolvida por Chiovenda para justificar a impossibilidade de rediscutir a decisão que está sob o manto da coisa julgada e para indicar o efeito processual da coisa julgada (TOMASIN, 1975, p. 137-138).

Em regra, no Direito francês, as sentenças revestidas de coisa julgada são imodificáveis. No entanto, para os casos de flagrante injustiça, é admitida a impugnação através do procedimento chamado *requête civile*. Tal procedimento guarda similitude com a ação rescisória prevista no Direito Processual brasileiro.

Afirma Hitters (2001) que:

> A ***requête civile*** era exercitável em todas aquelas situações em que a matéria em litigio havia ocorrido através de tais influxos pertubadores, em virtude dos quais a sentença resultante dos mesmos, se por direito escrito devia ser considerada válida, não podia deixar-se subsistente sem violar a equidade[42]. (HITTERS, 2001, p. 83) (tradução livre)

Com efeito, a *requête civile* constitui um meio extraordinário de impugnação da coisa julgada, possuindo características de uma ação e de um recurso. As decisões que podem ser impugnadas por tal procedimento

---

[41] Art. 1.350 CC: La présomption légale est celle qui est attachée par une loi spéciale à certains actes ou à certains faits; tels sont: 1° Les actes que la loi déclare nuls, comme présumés faits en fraude de ses dispositions, d'après leur seule qualité; 2° Les cas dans lesquels la loi déclare la propriété ou la libération résulter de certaines circonstances déterminées; 3° L'autorité que la loi attribue à la chose jugée; 4° La force que la loi attache à l'aveu de la partie ou à son serment.

[42] *La **requête civile** era ejercitable en todas aquellas situaciones en que el material litigario había ocurrido a través de tales influjos pertubadores en virtud de los cuales la sentencia resultante de los mismos, si por derecho escrito debía ser considerada válida, no podia dejar-se subsistente sin violar la equidad* (HITTERS, 2001, p. 83).

são aquelas proferidas pelos juízes de paz, pelos juízes de primeira instância, pelos Tribunais de Apelação. Não cabe tal procedimento das decisões proferidas pela Corte de Cassação.

Em síntese, foram aqui apresentadas as idéias de maior significância em relação ao instituto da coisa julgada no Direito francês. Ressalte-se que, na França, salvo em algumas matérias, a coisa julgada, por ser regra de direito privado, permite que as partes transacionem, independentemente da decisão judicial dada.

Isso significa dizer que, de comum acordo, as partes podem renunciar às ordens de um julgamento ou de uma sentença, decidir recomeçar um novo procedimento ou fazer julgar novamente, eventualmente, por via da arbitragem. O juiz, *ex officio*, não pode revolver novamente a causa que já está sob a autoridade da coisa julgada.

4.3 A Coisa julgada no direito Norte-Americano (EUA)

Nos Estados Unidos, o direito processual civil segue o modelo dos institutos ingleses de *common low* e de *equity*, sendo que, na *equity*, assemelha-se aos modelos da Europa Ocidental. A maior parte do processo civil americano radica na *equity*. A cultura norte-americana é caracterizada pelo excepcionalismo, razão pela qual se teria fixado nos parâmetros dessa excepcionalidade ontológica. Essa assertiva se comprova pela forma de como são conduzidos os processos, mesclados de tradição e inovação, oralidade e formalismo, sentimentalismo e objetividade.

Uma breve analise do artigo primeiro do Código Civil Federal de 1938, *Federal Rulles of Civil Procedure*, remete à idéia de velocidade e baixo custo na prestação jurisdiconal, que tem por propósito tentar garantir celeridade à prestação jurisdicional.

Para dar efetividade à prestação jurisdicional, houve uma simplificação das formas de pedidos. O sistema processual norte-americano oferece aos litigantes maior autonomia, devido a sua característica multiforme. É mínima a interferência do judiciário na fase preparatória. As partes são facultadas a investigar os fatos, apresentar provas, deduzir argumentos legais. A concentração na oralidade reveste os eventos dramáticos em um imaginário teatro de justiça.

É essa a visão descrita por Godoy.

> Faz-se amplo uso de pré-conferências e julgamentos sumários. O modelo de provas é elástico, volátil, multiforme, instrumental, propiciando às partes melhor preparo para o julgamento, com o mínimo de interferência do judiciário nas fases preparatórias. Concentra-se na oralidade. Eventos dramáticos desenvolvem-se como num imaginário teatro de justiça, marcado sob forte caráter emocional, com lances belicosos e com sabor militar, a exemplo de juramentos e posições de batalha. A liça lembra o direito germânico medieval, pelo que a jocosa observação de que o processo norte-americano é mais tedesco do que o próprio processo alemão. (GODOY, 2005, p. 108).

Todos os procedimentos são investigados previamente e têm por finalidade propiciar às partes uma revisão de todas as portas antes do julgamento. Aos advogados é permitido obter informação, investigar documentos, em momentos que antecedem ao julgamento. Atualmente, são raros os feitos civis apreciados pelo tribunal do júri, vez que, para sua formação, são exigíveis várias etapas de organização, gerando alto custo com remuneração.

São essas as considerações feitas por Godoy para justificar o desaparecimento do tribunal do júri norte-americano:

> São muito caros os custos com remuneração de jurados, procedimentos e investigações para seleção dos mesmos, mecanismos de instrução para atuação e votos. Casos complexos exigem jurados treinados e bem educados. Preconceitos *(bias)* de jurados atemorizam os jurisdicionados. Os jurados são questionados por advogados das partes em procedimento chamado de *voir dire,* que tem por objetivo levantar e revelar preconceitos desses jurados. A parte tem direito constitucional ao julgamento pelo júri, mas tem disponibilidade sobre esse direito, que pode dispensar, e então o juiz é monocrático. O tribunal do júri deve contar com um mínimo de seis e o máximo de doze jurados...Emerge em primeiro grau a possibilidade de a coisa julgada, a *res judicata,* formal *(Claim)* ou material *(issue),* ser confirmada em segundo grau e a instrumentalizar execução, penhora, leilão. (GODOY, 2005, p. 110)

Os procedimentos inerentes ao processo civil norte-americano são muito interessantes e podem ser tomados para promover um estudo comparativo com o direito processual civil de tradição romano-germânica. Contudo, é preciso advertir quanto às dificuldades relativas ao estudo comparado da coisa julgada, ainda mais quando se enfrenta o sistema norte-americano.

A estrutura federativa norte-americana assumiu importante papel na construção do Poder Judiciário. Cada Estado possui legislação (tanto material quanto processual) e precedentes judiciais próprios, constituindo--se em entidades soberanas e independentes, embora submetidas aos preceitos da Constituição Federal dos Estados Unidos (ALVIM, 2006, p. 75).

Nos países em que vige o sistema da *common law,* acima da legislação e acima de qualquer outra fonte do direito está o ***caso julgado*** pelas cortes, que cria precedentes e faz direito. Nesse sentido, a coisa julgada desempenha um papel que transcende as partes envolvidas no caso posto ao crivo judicial.

Cumpre destacar, porém, que o conceito jurídico de coisa julgada assume diferentes contornos no sistema norte-americano. Embora se verifique o uso de inúmeros princípios para a busca de uma definição genérica, a jurisprudência ainda remanesce como fonte primária de análise.

Tanto o sistema norte-americano como a família romano-germânica possuem a mesma idéia quanto à função da coisa julgada, ou seja, a busca pela estabilidade nas decisões. A estabilidade é tão importante que os doutrinadores chegam a afirmar que *"sometimes it's more important that a judgment be stable than that it be correct"* (ALVIM, 2006, p. 76).

No entanto, no sistema jurídico norte-americano, a coisa julgada assume uma função diversa da que desempenha nos países de tradição romano-germânica. Segundo afirma Porto (2006),

> [...] enquanto na *common law o* caso julgado pelas Cortes Superiores tem o efeito de vincular as próximas decisões, isto é, a decisão tomada no caso concreto, além de fazer lei entre as partes, tem o condão de vincular as soluções dos conflitos subseqüentes. Já, no nosso sistema romano-germânico, como sabido, as decisões judiciais tendem a fazer lei apenas entre as partes envolvidas, não interferindo na solução de outras demandas, com partes diversas. (PORTO, 2006, p. 43)

Pode-se perceber que existe hoje, em face da globalização, um diálogo mais intenso entre as famílias romano-germânicas (*civil law*) e a *common law,* por intermédio do qual uma recebe influência direta de alguns aspectos da outra. Essa influência acabou por gerar, por exemplo, a idéia da "súmula vinculante" no Brasil, instituída pela Emenda Constitucional n.° 45, de 8.12.2004, que acrescentou à CRFB/88 o art. 103-A.[43]

A coisa julgada, portanto, nos países da *common law*, significa os efeitos de uma decisão judicial sobre todos os litígios subseqüentes, servindo de fonte do direito. Para Casad e Clermont (2001), a coisa julgada desempenha "um papel essencial para a operação judicial, [...] não é apenas uma eficiente medida, é sim uma condição para a existência do judiciário" (CASAD; CLERMONT, 2001, p.4) (tradução livre).

A doutrina dos precedentes, ou o *stare decisis*[44], vincula o Tribunal às suas próprias decisões e às decisões tomadas por Cortes superiores[45]. Isso implica dizer que a decisão judicial deve dar decisões semelhantes em casos semelhantes, sem possibilitar a sua reconsideração. Ressalte-se que o *stare decisis* tende a dar estabilidade ao direito, provendo que as **questões de direito** resolvidas pelas Cortes serão seguidas.

No direito norte-americano, a idéia de coisa julgada pode ser desmembrada em duas espécies distintas: a *res judicata,* também chamada de *claim preclusion* e o *collateral estoppel,* também intitulada *issue preclusion.*

---

[43] O art. 103-A da C.R.B/88, instituiu a súmula de efeito vinculante, dispondo que o Supremo Tribunal Federal poderá, de ofício ou por provocação, mediante decisão de dois terços dos seus membros, após reiteradas decisões sobre matéria constitucional, aprovar súmula que, a partir de sua publicação na imprensa oficial, terá efeito vinculante em relação aos demais órgãos do Poder Judiciário e à administração pública direta e indireta, nas esferas federal, estadual e municipal, bem como proceder à sua revisão ou cancelamento, na forma estabelecida em lei.

[44] Cf. SOARES, 2000, p. 35, que: "*Stare decisis é o que sobrou da expressão latina stare decisis et non quieta movere*; ao pé da letra: 'que as coisas permaneçam firmes e imodificadas, em razão das decisões judiciais'".

[45] Cf. CASAD; CLERMONT, 2001, p. 13: "Basically stare decisis means that a court will stand by its decisions and by those of a higher court in a given judicial hierarchy. Standing by a decision means deciding a particular question of law the same way in each case that presents the question and, moreover, deciding so without serious reconsideration".

Coisa Julgada no Direito Comparado

Afirma Porto (2006) que:

> A premissa da incidência *res iudicata* na *common law* sinaliza, tal qual a idéia universal do tema, que a parte, em regra, não pode trazer novamente a demanda que já foi decidida por um julgamento final e válido. O julgamento extingue a demanda por completo, fazendo precluir todas as questões pertinentes ao caso que foram ou poderiam ter sido trazidas ao conhecimento do judiciário através da petição inicial. Estas premissas dizem respeito *à doutrina da **claim preclusion**.* (PORTO, 2006, p. 47) (tradução livre)

Numa comparação com a estrutura da coisa julgada no ordenamento jurídico brasileiro, poder-se-ia dizer que a *claim preclusion* seria comparável à coisa julgada material. A *claim preclusion* pode ser dividida em *merge* e *bar*. No caso de uma parte vitoriosa no primeiro julgamento intentar novo processo, a parte adversa alegará que o segundo julgamento se encontra inserido no primeiro (*merged into the first*). No caso da *res judicata* ser invocada perante a parte anteriormente perdedora (que intenta novamente a ação), diz-se que a segunda ação é barrada em face do julgamento anterior (*barred by the first judgement*), impedindo, assim, o seu prosseguimento (KANE, 1996, p. 212-213).

Já o *issue preclusion* se verifica independentemente de qual seja a parte vitoriosa; o demandante, em regra, não pode litigar novamente qualquer questão de fato e de direito que efetivamente foi apreciada, se houver um julgamento final e válido. Afirma Porto que a *issue preclusion* se aplica subsidiariamente à *claim preclusion* (PORTO, 2006, p. 48).

Fonseca Alvim (2006) afirma que o momento para a arguição da *res judicata (claim preclusion)* ou do *collateral estoppel (issue preclusion)* dependerá muito do procedimento judicial utilizado, visto que a oportunidade do cabimento também deriva de construção jurisprudencial (ressalvados, claro, os preceitos gerais contidos no Código Federal de Processo e nos Códigos Estaduais de Processo). Pode-se dizer que ambos podem ser alegados tanto na *affirmative defense* (espécie de defesa no processo) como na *counterclaim* (que seria uma forma de reconvenção no direito norte-americano) (ALVIM, 2006, p. 76).

A parte que invoca a coisa julgada deverá comprovar que ambos os processos (o processo anterior e o presente, no qual é invocado instituto) possuem o mesmo pedido e a mesma *cause of action*. A validade do julgamento anterior e também o exame do mérito também se configuram como pressupostos para a coisa julgada.

Em linhas gerais, o Direito dos Estados Unidos estimula a economia processual, ao obrigar que o cidadão leve ao judiciário, no mesmo processo, todas as pretensões relacionadas ao caso discutido. Dessa forma, ocorre preclusão (*claim preclusion*) de todos os pedidos possíveis.[46]

É possível, ainda no direito norte-americano, que uma segunda decisão contradiga ou desfaça algo decidido em processo anterior. Isso se dá nas cortes americanas por intermédio de procedimentos analícos denominados *test*. O *primary test* se dirige ao exame dos direitos discutidos no primeiro processo ("*rights and wrongs*" das partes envolvidas), a fim de examinar se estes se encontram repetidos na segunda ação.

Quanto aos limites subjetivos da coisa julgada, adota-se, no direito norte-americano, o princípio geral segundo o qual "*only parties and their privies may be bound or take advantage of the judgement*", ou seja, os efeitos atingem tanto os participantes da ação quanto os que possuem relação jurídica com estes (*privies*) (ALVIM, 2006, p. 78).

Evidencia-se, por último, que, no direito norte-americano, a coisa julgada não assume a rigidez formalista característica dos países da família romano-germânica. Aceita-se, até mesmo, a relativização do instituto, na hipótese de este entrar em conflito com interesses sociais ou particulares considerados como de maior relevância. Quando isso ocorrer, novamente, a solução será encontrada através da avaliação do caso concreto e dos interesses em conflito.

---

[46] Cf Afirma Artur da Fonseca Alvim, citando Antônio Gidi, em estudo comparativo com o direito brasileiro, o art. 474 de nosso CPC poderia ser lido da seguinte forma no sistema norte-americano: "passada em julgado a sentença de mérito, reputar-se-ão deduzidos e repelidos todos os pedidos que a parte autora poderia fazer e não fez". Nesta mesma metodologia, o art. 294 seria visto com a seguinte redação: "quando o autor houver omitido na petição inicial pedido que lhe era lícito fazer em relação à mesma causa de pedir, jamais em outro processo poderá fazê-lo". Tal artifício nos mostra, de maneira didática, os limites da eficácia preclusiva da *res judicata*, ao impedir que em um novo processo sejam apreciados pedidos que poderiam ter sido deduzidos anteriormente.

5. SENTENÇA E COISA JULGADA NO DIREITO BRASILEIRO

Após a independência do Brasil, mas ainda sob a influência do Direito português, informa Talamani (2005) que o Direito Processual Civil brasileiro continuou sendo regido pelos dispositivos do Livro Terceiro das Ordenações e demais leis portuguesas pertinentes ao tema (cf. Lei imperial de 20.10.1823) (TALAMINI, 2005, p. 266).

Posteriormente, foi produzida uma consolidação das leis processuais, elaborada por Ribas[47], que veio a ter força de lei pela Resolução Imperial de 28.12.1876, na qual foram colocados os principais institutos de Direito Processual, inclusive a coisa julgada e suas possibilidades de modificação (TALAMINI, 2005, p. 268).

Segundo informa Talamini (2005), nessa consolidação das leis processuais:

> O instituto da coisa julgada estava delineado no art. 497, que previa entre os "effeitos da sentença definitiva" o de "fazer certo o direito entre as partes" (§ 2.°). Os limites objetivos da coisa julgada estavam traçados nos arts. 582 (c/c art. 575) e 583: a "excepção peremptória de cousa julgada" (art. 581, § 1.°) não era oponível quando nova ação pessoal era reproposta com fundamento diverso do da anterior (arts. 583, § 1.° e 575, § 2.°); quando na ação real era invocado título de propriedade superveniente à primeira sentença (art. 583, § 2.°); e quando na segunda ação se atribuía à propriedade uma origem diferente da que foi alegada na primeira ação (arts. 583,

---

[47] Consolidação das disposições legislativas e regulamentares concernentes ao processo civil, pelo Dr. Antonio Joaquim Ribas, do Conselho de Sua Majestade, O Imperador.

§ 3.° e 575, § 2.°). Os limites subjetivos também foram disciplinados de modo sistemático (art. 501 e art. 575, § 3.°). (TALAMINI, 2005, p. 268-269)

Apesar de o instituto da coisa julgada integrar o ordenamento jurídico brasileiro desde a formação do Estado, foi apenas com a constituição de 1934 que a mesma passou a ser garantida na Constituição, em seu art. 113, 3[48]. Seguindo a garantia constitucional da coisa julgada, o Código de Processo Civil de 1939 apresentou as balizas da coisa julgada, em seus limites subjetivos e objetivos

> Em capítulo dedicado à "eficácia da sentença", foram traçadas as balizas fundamentais sobre coisa julgada. O art. 287 tratava dos limites objetivos da coisa julgada – restringindo, ainda que de modo não de todo claro, essa autoridade ao *decisum.* O art. 288 excluía do âmbito da coisa julgada as decisões interlocutórias em qualquer processo e as sentenças proferidas em jurisdição voluntária e em processos preventivos e preparatórios. O art. 289 continha basicamente a regra que hoje está no art. 471, *caput* e incisos. (TALAMINI, 2005, p. 274)

Ressalte-se que o Código de Processo Civil de 1939 deixou clara a impossibilidade de cabimento de ação rescisória para modificação da coisa julgada, com fundamento em injustiça nas decisões ou em má apreciação de prova. Tal fato pode ser verificado no art. 800[49] desse diploma.

O Direito brasileiro recepciona os ensinamentos do Professor Liebman quando trata do tema sobre a sentença e da coisa julgada. As idéias apresentadas em capítulo anterior sobre a coisa julgada em Liebman podem ser trazidas para esse capítulo sem modificações muito significativas. O que importa ressaltar é que todas as idéias atinentes à sentença e à coisa julgada, no Brasil, têm como norte a teoria da relação jurídica desenvolvida por Oscar Von Bülow, que sofreu aprimoramentos pelos doutrinadores brasileiros.

---

[48] Constituição Brasileira de 1934: Art. 113, 3: "A lei não prejudicará o direito adquirido, o ato jurídico perfeito e a coisa julgada".

[49] CPC 1939: Art. 800. A injustiça da sentença e a má apreciação da prova ou errônea interpretação do contrato não autorizam o exercício da ação rescisória.

Segundo informa Leal (2005b), esta teoria da relação jurídica

> [...] trabalhou pressupostos de existência e desenvolvimento do processo pela relação juiz, autor e réu, em que, para validade e legítima constituição do processo, seriam necessários requisitos que o juiz, autor e réu deveriam cumprir, conforme disposto em lei processual, enquanto o direito disputado e alegado pelas partes se situava em plano posterior à formação do processo, distinguindo-se pela regulação em norma de direito material, criadora do bem da vida que define a matéria de mérito. (LEAL, 2005b, p. 92)

Inicialmente, com o intuito de relacionar sentença e coisa julgada no Direito brasileiro, é fundamental esclarecer o que se entende pelo termo "sentença" no Direito pátrio. Na afirmação de Liebman (1985), "[...] a sentença é, através da história, o ato jurisdicional por excelência, ou seja, aquele em que se exprime da maneira mais característica a essência da jurisdictio: o ato de julgar" (LIEBMAN, 1985, p. 242).

O Código de Processo Civil brasileiro de 1973, em sua redação original, em conformidade com a teoria da relação jurídica, estabeleceu que a sentença é o ato do juiz que extingue o processo, com ou sem o julgamento do mérito (art. 162, 267 e 269, todos com redação original do Código de Processo Civil brasileiro).

Com a reforma processual brasileira, especialmente com o advento da lei n.° 11.232/2005, um novo significado do termo sentença foi introduzido no Direito pátrio. Diferentemente do que ocorria com a legislação anterior, agora, a sentença que resolve o mérito não mais põe fim ao processo, mas permite a instauração de uma nova fase, qual seja, "do cumprimento de sentença". Somente a sentença que julga as questões processuais é que coloca fim no processo.

A mudança legal do conceito de sentença estabelecida pela Lei n.° 11.232/2005 foi introduzida no sentido de buscar maior celeridade processual, tornando o processo mais eficaz no que diz respeito à fase de cumprimento da obrigação estipulada na decisão judicial.

Verifica-se que a caracterização do termo "sentença", introduzida pela nova sistemática processual brasileira, pautou-se pelo conteúdo das decisões, e não mais por sua finalidade, como era no Código de Processo Civil (lei original). Nesse sentido, incorreu o legislador brasileiro, uma vez mais, em equívoco, pois acabou por ressuscitar problemas processuais que já estavam sepultados.

Assim, a única conclusão que se pode retirar da nova conceituação de "sentença" é que ela ainda continua fiel aos ensinamentos da teoria da relação jurídica. Quando se afirma tal fidelidade, quer-se demonstrar que tal teoria permite uma centralização do poder de decisão nas mãos do juiz, que se faz o "norte" processual, tudo sendo direcionado e fiscalizado por ele.

Se a adoção do novo conceito de sentença previsto pelo Código de Processo Civil não permitiu aos legisladores superar a escola da relação jurídica, ainda resta clara a possibilidade de dividir a sentença em partes mais ou menos autônomas, que podem ser denominadas "capítulos de sentença" (DINAMARCO, 2002c, p. 11).[50] O estudo dos "capítulos" de sentença irá permitir entender e compreender as soluções posteriormente dadas pelos doutrinadores pátrios sobre o instituto da coisa julgada.

Liebman (DINAMARCO, 2002c) propõe um alargamento do conceito de capítulos de sentença. Para ele, a sentença se constitui de "unidades elementares". Tais unidades dizem respeito ao pronunciamento jurisdicional quanto às matérias de processo (condições da ação e pressupostos processuais – "preliminares") e à matéria de mérito, quando o juiz decide pela procedência ou improcedência do pedido. Assim, a sentença é composta de dois capítulos.

Diante da cisão da sentença em "capítulos", verifica-se que toda demanda deduzida em juízo traz em si duas pretensões. A primeira, relacionada com o bem da vida, ou seja, o que se chama "objeto da causa" ou *meritum causae*. A segunda, que antecede logicamente àquela, se constitui dos "pressupostos de admissibilidade do julgamento do mérito" (condições da ação e pressupostos processuais).

Toda demanda inicial é "bifronte", ou seja, para ter acesso à prestação jurisdicional de mérito, é necessário, em primeiro lugar, o recon-

---

[50] Conforme afirma Dinamarco: "O tema dos capítulos de sentença é inerente à teoria desta e pertence exclusivamente a ela, não à de cada um dos institutos sobre os quais exerce influência; para bem compreendê-lo, todavia, é indispensável examinar as projeções úteis da identificação dos capítulos e, com isso, penetrar no estudo desses institutos (sabendo-se que a disciplina dos recursos é o campo mais fértil para a aplicação dessa teoria). E, como não só a sentença comporta as decomposições inerentes à teoria dos capítulos, o estudo do tema expande-se a outros pronunciamentos judiciais, como as decisões interlocutórias e os acórdãos em geral.".

hecimento do direito do demandante ao provimento jurisdicional; somente em segundo lugar é que haverá o pronunciamento (afirmando ou negando) o bem da vida pretendido.

Além de ser a sentença bifronte, ela é composta de três partes: o **relatório**, os **fundamentos** ou **motivos** e o **dispositivo**. O artigo 458 do Código de Processo Civil esclarece a divisão: o relatório conterá o nome das partes, registrará o pedido, a resposta do réu e as principais ocorrências do processo; a fundamentação analisará as questões de fato e direito; e, na parte dispositiva, o órgão julgador resolverá as questões que as partes lhe submeterem.

Nesse sentido, o entendimento sobre a sentença e seus capítulos possibilita uma análise do instituto da coisa julgada no Direito brasileiro.

A coisa julgada surge, no Direito brasileiro, com a mesma idéia presente em muitos outros países, qual seja, a de promover estabilização das decisões e pacificação social. Tal idéia se acha explícita na sustentação de Pontes de Miranda (1997) transcrita abaixo:

> A atribuição de coisa julgada põe acima da ordem jurídica, das regras jurídicas, o interesse social de paz, de fim à discussão, mesmo se foi injusta a decisão. [...] Seria fonte de perturbações lamentáveis que se pudesse, sem prazo preclusivo, volver a discutir o que foi julgado sem mais haver recurso, mesmo em outro processo. (PONTES DE MIRANDA, 1997, p. 102 e 100)

O mesmo se pode inferir das declarações de Theodoro Júnior e Cordeiro (2002):

> [...] a incerteza jurídica provocada pelo litígio é um mal não apenas para as partes em conflito, mas para toda a sociedade, que se sente afetada pelo risco de não prevalecerem no convívio social as regras estatuídas pela ordem jurídica como garantia de preservação do relacionamento civilizado. Daí, a importância da função jurisdicional que é desempenhada pelo Estado como parcela de sua própria soberania. Assim é que para realizar, a contento, a pacificação dos litígios, entendeu-se necessário dar ao provimento jurisdicional uma condição de estabilidade, de definitividade. Do contrário, mal encerrado o processo, a jurisdição voltaria sucessivas vezes a se ocupar da mesma divergência entre os mesmos litigantes. Em síntese, o litígio nunca seria realmente composto. (THEODORO JÚNIOR; CORDEIRO, 2002, p. 39)

Diante dessa fundamentação, percebe-se que existe uma estreita relação entre os "capítulos de sentença" e a "coisa julgada". No Direito brasileiro, assim como a sentença, a coisa julgada é um instituto jurídico de natureza eminentemente processual. O referido instituto não pode confundir-se com o conteúdo da sentença.

Nesse sentido, esclarece Neves (1971, p. 442) que:

> A coisa julgada é, pois, um fenômeno de natureza processual, com eficácia restrita, portanto, no plano processual, sem elementos de natureza material na sua configuração, teologicamente destinada à eliminação da incerteza subjetiva que a pretensão resistida opera na relação jurídica sobre que versa o conflito de interesses. Como dado pré-processual de caráter subjetivo, essa incerteza não afeta a essência da relação jurídica, de caráter objetivo. A ela, simplesmente, se relaciona, porque nela está o objeto do juízo das partes. Assim também a coisa julgada que apenas se relaciona à *res iudicium deducta* por constituir esta o objeto do juízo estatal. (NEVES, 1971, p. 442).

O julgamento de uma demanda reconhecendo a ausência dos pressupostos processuais e das condições da ação é uma sentença que não julga o mérito; após o encerramento da atividade jurisdicional pelo trânsito em julgado, percebe-se a formação da coisa julgada formal. A coisa julgada formal não impede que o objeto do julgamento volte a ser discutido em outra demanda, haja vista que atua apenas dentro da relação processual em que a sentença foi prolatada.

Já o julgamento de uma demanda reconhecendo a procedência ou improcedência do pedido do autor, ou seja, resolvendo o mérito, é uma sentença que, após o trânsito em julgado, faz coisa julgada material.

No ordenamento jurídico-processual brasileiro, prevalece o princípio do duplo grau de jurisdição. Nesse sentido, somente depois de esgotada a possibilidade de impugnação das decisões é que a decisão "transita em julgado" (COSTA, 1994, p. 36).[51] Após o trânsito em julgado, a decisão – seja de mérito ou não – torna-se imutável e indiscutível.

---

[51] Diferentemente das sentenças, das decisões interlocutórias, caberá o recurso de agravo de instrumento, dirigido diretamente ao tribunal a quo – art. 162, § 2.º, c/c arts. 522

Na mesma linha de Liebman, afirma Marques (2000) que:

> [...] na coisa julgada material, concentra-se a autoridade da coisa julgada, ou seja, o mais alto grau de imutabilidade a reforçar a eficácia da sentença que decidiu sobre o mérito ou sobre a ação, para assim impedir, no futuro, qualquer indagação sobre a justiça ou injustiça de seu pronunciamento. (MARQUES, 2000, p. 355)

Segundo dispõe o artigo 467, do Código de Processo Civil: "Denomina-se coisa julgada material a **eficácia,** que torna imutável e indiscutível a sentença, não mais sujeita a recurso ordinário ou extraordinário".

Tal definição formulada pelo código é extremamente confusa. A escolha pela utilização da palavra "eficácia" em lugar da palavra "qualidade" foi de uma infelicidade descabida por parte do legislador processual pátrio. Se o objetivo deste era adotar as idéias de Liebman sobre o instituto da coisa julgada, jamais poderia afirmar que a sentença possui como eficácia natural a coisa julgada. Essa é uma qualidade especial. A coisa julgada forma-se a partir de um fenômeno extrínseco à sentença, não se tratando, destarte, de efeito do próprio ato decisório, mas de uma qualidade conferida por lei aos seus efeitos.

Na afirmação de Moreira Pimentel (1975), ao comentar a opção do legislador processual brasileiro pela adoção da palavra "eficácia" ao invés da palavra "qualidade", evidencia-se que:

> Colocou-se o legislador de 1973, pois, afastado da concepção liebmaniana de coisa julgada, ao definir esta como a "eficácia que torna imutável e indiscutível a sentença", não obstante o fato de haver sido o autor do Projeto, precisamente, um dos tradutores para o vernáculo da clássica *Efficacia ed autorità della sentenza,* em que Enrico Tulio Liebman procurou demonstrar que a "eficácia" da sentença deve, lógica e praticamente distinguir-se da sua "imutabilidade", sendo esta, pois, uma qualidade, e não um efeito da sentença. (MOREIRA PIMENTEL, 1975, p. 111)

---

e 524, CPC. Tem-se a decisão interlocutória "quando, sem extinguir o processo, decide quaisquer questões, denominadas incidentes. O nome 'interlocutório' significa 'entre atos'. No caso, entre o ato inicial do processo e o ato final (sentença)".

Além da confusão teórica presente no artigo 467 do CPC, em razão da troca de palavras, verifica-se, também, uma confusão conceitual entre "coisa julgada formal" e "coisa julgada material". Quando se lê, no texto do artigo 467 do CPC, a afirmação de que forma a coisa julgada material a sentença não mais sujeita a recurso ordinário ou extraordinário, percebe--se que não foram levados em consideração os efeitos intrínsecos e extrínsecos do julgado, nem os "capítulos de sentença" (matéria de mérito e matéria de processo).

A imutabilidade e a indiscutibilidade atingem tanto as sentenças que formam a coisa julgada formal como a coisa julgada material. O que diferencia as duas é, justamente, o capítulo que trata cada uma especificamente. A sentença que julga questões processuais apenas se torna imutável e indiscutível dentro do processo; enquanto a sentença que julga o mérito torna-se imutável e indiscutível dentro e fora do processo, impedindo que a matéria possa ser reapreciada em outro processo.

Aragão (1992, p. 189?), citando Moreira, afirma que:

"Não é a coisa julgada material que torna imutável e indiscutível a sentença e, sim, o trânsito em julgado (assim entendida a preclusão das vias recursais) ou o exaurimento do duplo grau de jurisdição (art. 475)" (ARAGÃO, 1992, p. 189).

Em que pesem as críticas, a doutrina processual brasileira vem interpretando o dispositivo legal à luz da teoria de Liebman, já que a Exposição de Motivos a ela fez referência, apontando o verdadeiro sentido da norma, apesar do equívoco da redação. Nesse sentido, a coisa julgada material se constitui numa qualidade da sentença transitada em julgado que é capaz de outorgar ao ato jurisdicional as características da "imutabilidade" e da "indiscutibilidade".

A referência aos termos "imutabilidade" e "indiscutibilidade" da sentença transitada em julgado remete a duas coisas distintas: 1) pela imutabilidade, as partes estão proibidas de propor ação idêntica àquela em que se estabeleceu a coisa julgada (não se aplica à coisa julgada formal); 2) pela indiscutibilidade, o juiz que, em novo processo, tenha de tomar a situação jurídica definida anteriormente pela coisa julgada como razão de decidir, não poderá reexaminá-la ou rejulgá-la; terá de tomá-la, simplesmente, como premissa indiscutível. No primeiro caso, atua a força proibida (ou negativa) da coisa julgada; no segundo caso, sua força negativa (ou positiva) (MESQUITA, 2004, p. 11-12).

Os limites objetivos da coisa julgada material estão previstos no artigo 468, do CPC. Afirma esse artigo que "a sentença que decidir, total ou parcialmente, a lide terá força de lei nos limites das questões decididas". Tal disposição também merece ser apreciada em maiores detalhes.

Conforme já esclarecido, a sentença é divida em três partes: o relatório, a motivação e a parte dispositiva. Segundo a doutrina clássica processual brasileira, apenas a parte dispositiva da sentença é que pode gerar a coisa julgada. O art. 469, I do CPC é expresso em afirmar que "não fazem coisa julgada os motivos, ainda que importantes para determinar o alcance da parte dispositiva da sentença".

Segundo Humberto Theodoro Jr. (2007),

> Os motivos, ainda que relevantes para a fixação do dispositivo da sentença, limitam-se ao plano lógico da elaboração do julgado. Influenciam em sua interpretação, mas não se recobrem no manto de intangibilidade, que é próprio da ***res judicata***. O julgamento, que se torna imutável e indiscutível, é a resposta dada ao pedido do autor, não o "porquê" dessa resposta . (THEODORO JUNIOR. 2007, p. 606)

Também não faz coisa julgada, segundo dispõe o art. 469, inciso II do CPC, "a verdade dos fatos, estabelecida como fundamento da sentença". No mesmo sentido da motivação da sentença, a verdade dos fatos se constitui de um caminho lógico para se alcançar a definição da situação jurídica. Um fato verdadeiro em um processo pode muito bem ter sua inverdade demonstrada em outro, sem que a tanto obste a coisa julgada estabelecida na primeira relação processual.

Ainda não faz coisa julgada, segundo determina o art. 469, inciso III do CPC, "a apreciação da questão prejudicial, decidida incidentalmente no processo." Questão prejudicial é aquela relativa a outra relação ou estado que se apresenta como mero antecedente lógico da relação controvertida, mas que poderia, por si só, ser objeto de um processo em separado (THEODORO JÚNIOR. 2007, p. 608). Por constituírem antecedentes lógicos da sentença, as questões prejudiciais também não podem gerar a coisa julgada.

No entanto, adverte Theodoro Jr. (2007) que:

> A decisão da questão prejudicial, feita *incidenter tantum*, possui eficácia limitada à preclusão, no sentido de se impedir que a

mesma questão seja suscitada novamente, no mesmo processo. Fora desse processo, pode essa questão ser novamente debatida, porque absolutamente não se lhe estendeu a coisa julgada. A solução da questão prejudicial poderá excepcionalmente, apresentar a eficácia de coisa julgada quando a parte interessada requerer a declaração incidental a que aludem os arts. 5.° e 325 do Código de Processo Civil (art. 470), porque, então, a lide terá sido ampliada para englobá-la, também, como uma de suas questões internas. (THEODORO JÚNIOR, 2007, p. 609)

A análise das questões que envolvem os limites objetivos da coisa julgada no Direito brasileiro conduz ao entendimento de que a simples colocação do problema sob a óptica dogmática contribui bastante para gerar confusões de ordem terminológica. Entende-se que o que deveria passar em julgado deveria ser a solução da lide. A parte dispositiva só pode ser compreendida com a ajuda dos fundamentos da decisão.

Nesse sentido, eis a posição de José Frederico Marques (2000):

> Com o julgamento, o órgão judiciário se pronuncia "acolhendo ou rejeitando, no todo ou em parte, o pedido do autor" (artigo 459), compondo desse modo a lide. Por essa razão, sobre esse pronunciamento é que incide a *res iudicata*, para tornar imutáveis os seus efeitos. Para a segurança das relações jurídicas – fundamento da coisa julgada – é o que basta. (MARQUES, 2000, p. 365)

A lide tem seus limites firmados pelas questões deduzidas em juízo, geradas pelas razões da pretensão ou da resistência. Consequentemente, a coisa julgada também encontrará seus limites objetivos na solução dessas questões. Esclarecedoras são as afirmações de Campos (1988) sobre os limites objetivos da coisa julgada:

> a) a coisa julgada encontra seus limites objetivos nas soluções das questões; b) estas soluções são as razões e as resultantes da decisão; c) a estrutura das razões consiste na afirmação de fatos jurídicos; d) os fatos jurídicos afirmados na decisão são os constantes das razões da pretensão, ou da contestação; e) estes fatos são de duas ordens: a primeira, os afirmados como existentes; a segunda, os fatos

que se pretendem constituir através da decisão; f) a decisão contém a afirmação das duas ordens de fatos, pois a afirmação da segunda implica juridicamente a afirmação da primeira; g) estas duas ordens de fatos, como conteúdo da decisão, são o conteúdo das soluções das questões; h) as duas ordens de fatos dão origem, respectivamente, à razão da decisão e à resultante da decisão; i) estes fatos são, portanto, os limites objetivos da coisa julgada, visto que sua interdependência é jurídica, e não só lógica, estando vinculados por relação de causa e efeitos jurídicos. A autoridade da coisa julgada estende-se, pois, a todos estes fatos jurídicos. (CAMPOS, 1988, p. 65-66)

Portanto, os limites objetivos da coisa julgada devem ser tomados em sentido substancial, e não meramente formalista, de modo que abranjam não apenas a parte final da sentença, mas também qualquer outro ponto em que tenha o julgador provido sobre os pedidos das partes, solucionando as questões debatidas no processo.

A coisa julgada material pereniza sempre os efeitos substanciais da sentença, ainda que não se achem em sua parte final, sendo certo que podem constituir o reconhecimento da existência ou inexistência de uma relação jurídica a constituição de uma nova situação jurídico-substancial ou a declaração da existência de um direito – acompanhada da criação de um título executivo que o ampare. Esses efeitos reputam-se substanciais, em oposição aos efeitos processuais de que todas as sentenças dispõem, visto que se referem à lide deduzida em juízo, refletida na vida dos litigantes, em suas relações entre si e com os bens da vida (MACHADO, 2005, p. 78).

Diante dos limites objetivos da coisa julgada, fica afastada qualquer possibilidade de rediscussão das alegações e defesas que a parte poderia opor ao seu acolhimento, como, por exemplo, a rejeição do pedido. É o que informa o art. 474 do Código de Processo Civil. Nesse sentido, a coisa julgada abrange o deduzido e o deduzível. Tal disposição enaltece o princípio *tantum iudicatum disputatum vel quantum disputari debeat*. No Direito Processual brasileiro, tal hipótese é chamada de "eficácia preclusiva da coisa julgada" (BARBOSA MOREIRA, 1972, p. 18).[52]

---

[52] Para facilitar a compreensão, o Professor Barbosa Moreira apresentou os seguintes exemplos: 1) "Suponhamos que Caio peça e obtenha, por sentença trânsita em julgado, a condenação de Tício ao pagamento de multa pela infração de certa cláusula

No tocante aos limites subjetivos da coisa julgada, dispõe o Código de Processo Civil, em seu art. 472, que: "a sentença faz coisa julgada às partes entre as quais é dada, não beneficiando nem prejudicando terceiros". Todavia, com base nos ensinamentos de Liebman, isso não afasta os efeitos reflexos da coisa julgada em relação a terceiros estranhos à lide. Assim, a eficácia da sentença é válida para todos, mas a autoridade da coisa julgada somente deve ser observada pelas partes.

Um estranho, em outro processo, pode rebelar-se contra aquilo que já foi julgado entre as partes e que se acha sob a autoridade da coisa julgada, desde que tenha sofrido prejuízo jurídico. A impugnação da *res judicata* por terceiros prejudicados pode ser feita na simples forma de defesa ou réplica à exceção de coisa julgada, em todas as oportunidades em que uma das partes pretender utilizar a sentença contra esses terceiros. Cabem, ainda, os embargos de terceiro quando se tratar de execução de sentença condenatória que atinja bens de estranho.

Marques (2000) esclarece que:

> A eficácia natural da sentença atua com relação a todos; por outro lado, a coisa julgada só vale entre as partes, pelo que estas suportam a sentença sem remédio, ao passo que os terceiros podem

---

do contrato entre ambos celebrado. Tendo pago a multa, volta Tício a juízo e, alegando a nulidade absoluta do contrato, pede a restituição da importância correspondente à pena convencional. A questão da nulidade, conforme o sentido em que fosse resolvida, seria obviamente capaz de influir no resultado do primeiro processo [...]. O crédito de Caio, a esse título, em face de Tício, está, porém, coberto pela autoridade da coisa julgada, e nenhum argumento, utilizado ou não no feito anterior, autoriza a reabertura da discussão – salvo, é claro, mediante a rescisão da sentença – em torno da lide decidida". 2) "Suponhamos agora que Caio proponha nova ação contra Tício para exigir, desta vez, o cumprimento de outra obrigação estipulada no mesmo contrato. A lide não é a mesma, nem depende logicamente a sua solução da que se deu à anterior, relativa às conseqüências do descumprimento de obrigação diversa. Neste segundo feito, a nulidade do contrato, como razão de defesa, pode ser argüida por Tício e livremente apreciada pelo juiz [...]. Não há, com efeito, coisa julgada sobre a validade do negócio, estranha ao objeto do processo anterior, onde o autor só pedira, e a sentença só pronunciara, a condenação de Tício ao pagamento de multa contratual. Tampouco opera aqui, sobre a questão, a eficácia preclusiva da coisa julgada, pois, seja qual foi a solução que se lhe dê, permanecerá incólume a auctoritas rei iudicatae da anterior decisão, que de modo nenhum se vê posta em xeque pela mera eventualidade de contradição lógica entre os julgados". BARBOSA MOREIRA, 1972, p. 18.

> destruí-la, demonstrando sua injustiça. Porém, nem todos os terceiros estão habilitados a fazê-lo, e sim somente aqueles que têm interesse jurídico legítimo em tal sentido: não, por exemplo, os credores do condenado, que têm simples interesse de fato. (MARQUES, 2000, v. I, p. 540)

Verifica-se que os limites subjetivos da coisa julgada, *inter partes*, vem sofrendo profunda mitigação nas ações coletivas. Em caso de procedência ou improcedência das ações coletivas, mesmo quem não foi parte sofrerá com a coisa julgada. Somente no caso de improcedência da ação coletiva por insuficiência de prova é que não haverá a formação da coisa julgada, permitindo que o terceiro, em outro processo, promova a rediscussão da lide.

Tal perspectiva defendida nas ações coletivas, que foi chamada de coisa julgada *secundum eventum litis*, veio possibilitar o alargamento da coisa julgada para terceiros estranhos à lide. Isso trouxe um novo questionamento de ordem constitucional sobre o efeito *inter partes* da coisa julgada, pois obstaculiza que terceiros tenham acesso à jurisdição, em virtude da coisa julgada. Além disso, tal situação poderia significar, também, uma forma de cerceamento do contraditório e da ampla defesa.

No entanto, Grinover (1982) defende a absoluta constitucionalidade da sistemática da coisa julgada *secundum eventum litis*, concluindo pela harmonia que ela guarda com o devido processo legal e com as garantias do contraditório e da ampla defesa preconizadas pela Carta da República. Ressalta a autora que não há o sacrifício para o contraditório, porque o demandado integra a relação processual da ação coletiva e, diante da sua magnitude, centra maiores esforços em sua defesa.

Outro argumento importantíssimo é o que busca demonstrar a não ocorrência de desequilíbrio entre as partes. Segundo a referida jurista, o prejuízo é apenas teórico, porque se o réu da ação coletiva vir a pretensão do autor julgada procedente, apenas este terá obtido êxito, à medida que a execução deverá ser individual e de cada um dos interessados (interesses individuais homogêneos). Ao contrário, se julgada improcedente por insuficiência de provas, cada um dos interessados deverá ajuizar ação própria e, ainda, executar o título judicial que nela se vier a formar (MACHADO, 2005, p. 72).

Assim foram, em formato sintético, introduzidas neste trabalho as principais idéias sobre o instituto da coisa julgada no Direito Processual brasileiro. Vale a pena ressaltar que, do exame da tradição luso-brasileira, a possibilidade de desconstituição da coisa julgada, a qualquer tempo, permanecia vigente, no Brasil, ainda no final do século XIX (ALMEIDA, 1985, p. 684; FREITAS, 1907, p. 219-221).

Talvez não seja possível afirmar, como chegou a fazer Liebman (1962, p. 512), que a ação rescisória do Código de 1939 evidenciaria a "sobrevivência" da *querella nulitatis* (o que – se fosse procedente – aplicar-se-ia também à rescisória do Código atual). O rigoroso prazo decadencial e o caráter desconstitutivo da rescisória impedem a pura e simples identificação.

Aliás, a diversidade entre os dois institutos está evidenciada em outro escrito do próprio Liebman (1976). Mas a verdade é que, por longo tempo, a *querella nullitatis* vigorou amplamente no direito brasileiro, preparando caminho para um sistema de impugnação da coisa julgada diverso daquele que normalmente se adota no direito europeu: uma ação autônoma, geradora de um novo processo (TALAMINI, 2005, p. 276-277).

Segundo Talamini (2005):

> Esse aspecto também explica a maior facilidade que se tem, na cultura jurídica brasileira, para aceitar vias autônomas de desconstituição de sentença e outras decisões jurisdicionais. A ação rescisória, afinal, não é a única com tais características. Considerem-se ainda, como exemplos, o mandado de segurança e o *habeas corpus* contra atos judiciais. Semelhantes mecanismos são impensáveis em outros sistemas. (GARBAGNATI, 1991, n. 41, p. 133-134 e nota 21)[53] (TALAMINI, 2005, p. 277)

Diante da análise feita sobre o instituto da coisa julgada no Brasil, resta, sem dúvida, reconhecer que o direito processual brasileiro é tendencioso em aceitar a tese da "relativização" da coisa julgada por questões de apego a uma tradição jurídico-processual.

Em capítulo à parte, serão repassadas as idéias sobre as possibilidades de flexibilização da coisa julgada e referenciadas as principais teses apresentadas sobre o assunto.

---

[53] Recorde-se a afirmação de Garbagnati, já citada no n. 3.1, e que retrata fielmente o pensamento jurídico italiano: tem-se por inviável o controle de um pronunciamento (cognitivo) jurisdicional mediante processo autônomo, pois uma ação autônoma só pode ser empregada para averiguar que uma decisão é "absolutamente nula", no sentido de juridicamente inexistente.

6. COISA JULGADA INCONSTITUCIONAL – CONTEXTUA-LIZAÇÃO DO PROBLEMA

A polêmica sobre a questão da inconstitucionalidade da coisa julgada teve como precursor o jurista português Paulo Otero, que se fez pioneiro na análise do assunto ao introduzir, no mundo jurídico, a discussão sobre a possibilidade de uma sentença transitada em julgado contrariar a Constituição. A obra que será analisada a seguir é intitulada "Ensaio sobre o caso julgado inconstitucional" (OTERO, 1993).

A visão sintética das idéias de Otero será confrontada com uma avaliação resumida das idéias defendidas pelo Professor Humberto Theodoro Jr., em co-autoria com a Professorra Juliana Cordeiro de Faria, na obra "Coisa Julgada Inconstitucional" (2002), diretamente motivada e influenciada pela tese do "caso julgado inconstitucional", de Otero, em que os dois ilustres juristas brasileiros buscaram adaptar o modelo do autor português à realidade jurídica vigente no país.

Confirmando o fascínio que a obra de Otero despertou nos estudiosos do Direito em todo o mundo, especialmente no Brasil, serão apresentadas, ainda, as idéias desenvolvidas por Carlos Valder do Nascimento (2005), que, na esteira do autor português, defende a possibilidade de modificação da coisa julgada que contrariar a Constituição, como forma de satisfazer a justiça nas decisões. Trabalha Nascimento em uma perspectiva axiológica muito interessante, que possibilitará, em posterior capítulo, desenvolver críticas pertinentes a respeito do tema.

Esse estudo comparativo justifica-se pela fundamental importância dessas obras para o Direito brasileiro, tomadas como ponto de partida para o desenvolvimento de ampla bibliografia sobre o problema da coisa julgada inconstitucional.

6.1 Caso julgado inconstitucional – Paulo Otero

Em síntese, serão apresentadas as idéias principais desenvolvidas pelo autor em sua obra "Ensaio sobre o caso julgado inconstitucional".

O plano da obra do Professor Paulo Otero divide-se em 6 (seis) parágrafos, a saber: (primeiro parágrafo) "**Controlo dos actos do poder público**"; (segundo parágrafo) "**Caso julgado como decisão do poder público**"; (terceiro parágrafo) "**Caso julgado e ilegalidade da decisão judicial**"; (quarto parágrafo) "**Inconstitucionalidade do caso julgado**"; (quinto parágrafo) "**Caso julgado inconstitucional e vinculação dos tribunais: imodificabilidade e obrigatoriedade das decisões inconstitucionais?**"; (sexto parágrafo) "**Caso julgado inconstitucional e vinculação das entidades públicas e privadas: obrigatoriedade e prevalência das decisões inconstitucionais?**".

Antes de dar início à análise das idéias de Paulo Otero sobre o tema em discussão, é necessário dizer que o autor tem como pressuposto para suas reflexões sobre a constitucionalidade ou inconstitucionalidade dos atos normativos o modelo de fiscalização "misto". Isso equivale a dizer que, no Direito português, é possível a fiscalização da constitucionalidade das normas em dois focos, quais sejam: o controle difuso e o controle concentrado (GOUVEIA, 2005, p. 1323)[54].

---

[54] Segundo afirma Jorge Bacelar Gouveia, em sua obra "Manual de Direito Constitucional, Volume II": "A fiscalização judicial difusa da constitucionalidade teve a sua origem no Direito Constitucional Norte-Americano, com o nome de 'judicial revew', apresentando-se como um esquema pelo qual se procede à averiguação da conformidade dos actos jurídicos-públicos com a Constituição nos seguintes termos – o poder de fiscalização atribuído a todos os órgãos judiciais; – a possibilidade de recurso para o mais alto tribunal com jurisdição no caso em apreço; – a desaplicação no caso concreto da norma considerada inconstitucional."

A "fiscalização judicial concentrada da constitucionalidade" é proveniente do Direito Constitucional Austríaco, tendo sido consagrada na Constituição da Áutria de 1 de Outubro de 1920, em cuja elaboração teve um papel decisivo o grande juspublicista austríaco HANS KELSEN, doutrinariamente defendendo este modelo, em 1931, no célere opúsculo *Wer soll der Hüter des Verfassung sein?* veementemente constestando o pensamento de CARL SCHMITT e propugnando a entrega da fiscalização da constitucionalidade àquele órgão judicial.

Tal como o modelo americano, o modelo austríaco assenta na intervenção do poder judicial, operando-se, assim, um controlo que é efectivado segundo os ditames próprios

Coisa Julgada Inconstitucional – Contextualização do Problema

No primeiro capítulo do "Ensaio", é apresentada uma análise histórica do controle dos atos públicos, introduzindo a noção do princípio da legalidade, da constitucionalidade e da judicidade.

Afirma o autor que:

> No período anterior à revolução liberal, existe a convicção generalizada da ausência de quaisquer mecanismos de controlo do poder público. Todavia, durante o Estado pré-liberal, mesmo em plena fase de concentração de poderes no monarca, ao contrário de tudo quanto se possa pensar, a cessação de vigência dos actos do poder público não se operava apenas pela revogação, caducidade ou desuso; antes existiam mecanismos específicos de controlo da validade de certos actos jurídico-públicos ou, mais genericamente, de alguns aspectos da actividade do poder público. (OTERO, 1993, p. 13)

Não existia, no período "pré-liberal", a noção de hierarquia normativa entre os atos do poder público. Esta noção surge somente após o término da Revolução Francesa, quando se inaugura o "período liberal" e ganha força o princípio da legalidade, através do qual os atos do poder público estão vinculados à lei.

O princípio da legalidade possui como função a limitação do poder estatal. Tal garantia aparece como fator de estruturação da atividade administrativa, bem como de segurança para as posições jurídicas subjetivas dos administrados. A partir de então, a Administração Pública só poderia praticar atos em conformidade com a lei, sob pena de, em caso contrário, serem estes invalidados.

Nas palavras de Otero,

> O Estado liberal trouxe consigo uma nova concepção de controlo do poder político, sujeitando os actos administrativos a dife-

---

da jurisdição como entidade dotada de um modo próprio de agir, com as caracteríticas inerentes à actuação do poder jurisdicional.

Diferentemente do modelo americano, este modelo austríaco singulariza-se por atribuir o poder de averiguar da conformidade dos actos em relação à Constituição a uma só instância jurisdicional, um Tribunal Constitucional, jurisdição especializada e de nível único.

rentes processos de fiscalização de sua legalidade, independentemente do respectivo autor. Em simultâneo, o princípio da legalidade passou a assumir intuitos legitimadores da acção administrativa, desempenhando ainda uma função garantística das posições jurídicas subjectivas dos administrados. (OTERO, 1993, p. 25)

Com a evolução do Estado de Direito e, principalmente, com a experiência constitucional norte-americana, surge, no século XIX, como corolário do princípio da legalidade, o princípio da constitucionalidade. Este princípio permitiu o controle jurisdicional de validade dos atos do poder legislativo, tendo como padrão de conformidade a Constituição.

Assim, as leis que não estivessem em conformidade com a constituição seriam consideradas inválidas. No entanto, a constitucionalidade dos atos do poder jurisdicional foi objeto de esquecimento quase que total, apenas justificado pela persistência do mito liberal que configura o juiz como "a boca que pronuncia as palavras da lei" e o poder judicial como "invisível e nulo" (Montesquieu) (OTERO, 1993, p. 9).

Os tribunais também podem desenvolver atividade geradora de situações patológicas, proferindo decisões que não executem a lei, desrespeitem os direitos individuais ou cujo conteúdo vá ao ponto de violar a Constituição. Diante de uma decisão judicial que viola a Constituição e que ainda não transitou em julgado, existem os recursos ordinários e extraordinários capazes de corrigí-la.

O problema proposto pelo jurista português é, justamente, quando a decisão judicial viola a Constituição sem que caiba qualquer recurso ordinário ou extraordinário, ou seja, após o trânsito em julgado.

O princípio da constitucionalidade também influenciou a atividade do poder judiciário, fazendo surgir o que Paulo Otero chama de "princípio da juridicidade" (OTERO, 1993, p. 29). Este princípio prescreve que os atos emanados pelo poder jurisdicional devem estar em conformidade com a Constituição, sob pena de nulidade.

No momento em que surge a constitucionalidade como fator de estruturação da sentença judicial, surgem, também, dois problemas carentes de solução: "a) Quais os mecanismos processuais necessários para corrigir a sentença inconstitucional passada em julgado (caso julgado inconstitucional)? b) Que órgão seria competente para fiscalizar e controlar a constitucionalidade da sentença?" Com essas indagações, Paulo Otero encerra o primeiro capítulo de seu "Ensaio".

Na seqüência, o autor demonstra que o caso julgado é uma decisão que se consolidou na ordem jurídica e que se mostra imodificável. Segundo Otero, essa imodificabilidade ou inalterabilidade da decisão judicial pode fundamentar-se em três razões: "1ª) pelo esgotamento dos meios jurisdicionais de impugnação da decisão quanto à não previsibilidade de recorribilidade; 2ª) pela preclusão legal dos prazos para interposição de recurso; 3ª) pela desistência recursal." (OTERO, 1993, p. 44-45)

Adverte, no entanto, que o caso julgado admite, excepcionalmente, modificação, e essa modificação pode ocorrer por intermédio de:

> 1.°) interposição de recurso de revisão, seja proferida em processo civil ou penal[55];
> 2.°) recurso de oposição de terceiro[56];
> 3.°) nas ações de prestações de alimentos[57];
> 4.°) em matéria criminal, quando houver superveniência de lei penal que descriminalize um comportamento que foi objeto de condenação;[58]
> 5.°) e, por último, a declaração de inconstitucionalidade de uma norma penal que venha a favorecer o réu. (OTERO, 1993, p. 47-48)

No terceiro parágrafo, o autor se propõe a responder a seguinte pergunta: "Será que as decisões judiciais desconformes com o Direito formam caso julgado?" (OTERO, 1993, p. 53) Neste ponto, ainda não se trata do problema sobre a constitucionalidade ou inconstitucionalidade do caso julgado, mas sobre sua legalidade ou ilegalidade.

---

[55] No Brasil, o recurso de revisão português é chamando de revisão criminal, quando se tratar de matéria afeta ao âmbito penal, e de ação rescisória, quando se tratar de matéria afeta ao âmbito cível. Lembramos, ainda, que, em matéria penal, não existe prazo para a interposição da revisão criminal e, em matéria cível, existe prazo para sua interposição, que é de 2 anos a contar do trânsito em julgado da decisão de mérito.

[56] No Brasil, é o chamado recurso do terceiro prejudicado.

[57] No Brasil, também as decisões sobre a natureza alimentar não fazem coisa julgada, permitindo sempre sua revisão quando a necessidade do alimentando ou a possibilidade do alimentante vier a ser modificada.

[58] No Brasil, há também a retroatividade *in bonam partem.*

Partindo das antigas premissas do Direito Português, afirma Otero que "a decisão judicial contrária ao Direito seria nula, nunca possibilitando a formação de caso julgado" (OTERO, 1993, p. 54-55). No entanto, no Direito atual[59], a decisão judicial contrária ao ordenamento jurídico positivo se transforma em firme, irrevogável e imodificável, sendo válida.

Buscando obter resposta sobre a validade de um caso julgado em descoformidade com o Direito Positivo, Paulo Otero procura fundamentação em autores como Hans Kelsen, João de Castro Mendes e Miguel Teixeira de Sousa.

Kelsen (1996), em sua obra "Teoria Pura do Direito", trata da questão sobre o caso julgado ilegal como sendo um problema de conflito entre normas de diferentes escalões. Para o autor,

> A ordem jurídica, ao atribuir a força de caso julgado a uma decisão judicial, confere ao tribunal de última instância o poder de criar quer uma norma jurídica individual, cujo conteúdo se encontre predeterminado numa norma geral criada por via legislativa ou consetudinária, quer uma norma jurídica individual, cujo conteúdo se não ache deste jeito predeterminado, mas que vai ser fixado pelo próprio tribunal de última instancia. Ora, estas duas normas formam uma unidade, daí que não se possa dizer existir um conflito entre a norma individual criada pela decisão judicial e a norma geral: o trânsito em julgado significa, afinal, a possibilidade conferida à ordem jurídica de que entre em vigor uma norma individual cujo conteúdo não é predeterminado por qualquer norma geral. (OTERO, 1993, p. 57)

O doutrinador entende que

> A sentença ilegal que transita em julgado é válida atendendo ao princípio da separação de poderes, competindo aos tribunais não um mero poder decorrente do legislativo, antes sendo titulares de um

---

[59] Quando utiliza a expressão "**direito atual**", refere-se ao ordenamento jurídico português em vigor.

Coisa Julgada Inconstitucional – Contextualização do Problema   133

poder de *jus proprium*, dotado de soberania, assumindo-se o caso julgado como um acto de autoridade soberana, que não se funda na lei, nem pode ser posto em causa por qualquer outro poder do Estado. (OTERO, 1993, p. 57)

Já Teixeira de Sousa (1997) assevera que

> O caso julgado comporta um aspecto normativo e um aspecto funcional: o primeiro traduz a vinculação da organização judiciária à imutabilidade do sentido da decisão judicial; o segundo consubstancia o sentido de imutabilidade da decisão judicial na determinação do Direito substantivo. Nesse contexto, a qualificação da sentença como sendo justa ou injusta apenas se coloca ao nível do aspecto funcional, confrontando a verdade processual e a verdade extraprocessual (OTERO, 1993, p. 57-58).

Nesse sentido, Paulo Otero aceita que é possível uma decisão judicial transitar em julgado, fazendo caso julgado, mesmo em desconformidade com o ordenamento jurídico. Para ele, é facilmente compreensível que a sentença ilegal possa consolidar-se na ordem jurídica, uma vez que o Poder Judiciário possui "legitimidade jurídico-constitucional idêntica à do poder legislativo" (OTERO, 1993, p. 60).

A lei, estabelecendo previsões e estatuições em suas regras, deixa para os tribunais a subsunção dos casos concretos ao estabelecido de forma geral e abstrata, o que envolve delicadas operações de interpretação, valoração e integração. Porém, o que não pode o tribunal fazer é afastar a estatuição legal válida, substituindo-a por outra, seja por erro ou por pura arbitrariedade de escolha de uma solução que considere mais conveniente ou oportuna fora da margem de liberdade permitida por lei para a resolução daquele caso concreto (OTERO, 1993, p. 60).

Pelo contrário, a sentença violadora da Constituição não se mostra passível de encontrar um mero fundamento constitucional indireto de validade e eficácia. "A segurança e certeza jurídicas inerentes ao Estado de Direito são insuficientes para fundamentar a validade de um caso julgado inconstitucional" (OTERO, 1993, p. 60).

O princípio da constitucionalidade determina que a validade de qualquer ato do poder público dependa sempre da sua conformidade com a Constituição. As decisões judiciais desconformes com a Constituição são inválidas; o caso julgado daí resultante, consequentemente, encontrando-se ferido de inconstitucionalidade, é também, inválido.

As formas de inconstitucionalidade presentes no caso julgado são apresentadas por Otero da seguinte maneira:

> *a*) **Primeira situação** – a decisão judicial cujo conteúdo viola directa e imediatamente um preceito ou princípio constitucional;
>
> *b*) **Segunda situação** – a decisão judicial que aplica uma norma inconstitucional;
>
> *c*) **Terceira situação** – a decisão judicial que recusa a aplicação de uma norma com o fundamento de que a mesma é inconstitucional, sem que se verifique qualquer inconstitucionalidade da norma. (OTERO, 1993, p. 65)

Com relação à primeira situação,

> O entendimento constitucional parece pressupor que a inconstitucionalidade das decisões judiciais passa sempre pela aplicação de normas e estas é que podem ser inconstitucionais ou não; daí que duas alternativas sejam admissíveis: ou a decisão judicial aplica uma norma inconstitucional ou, pelo contrário, recusa a aplicação de uma norma que não é inconstitucional. Em qualquer dos casos, a Constituição assegura sempre o recurso das decisões para o Tribunal Constitucional. (OTERO, 1993, p. 66)

Em relação à **segunda situação**, em que a decisão judicial aplica uma norma inconstitucional, é preciso diferenciar duas hipóteses, quais sejam:

> Hipótese C – a norma aplicada já havia sido objeto de declaração de inconstitucionalidade com força obrigatória geral;
>
> Hipótese D – A norma aplicada ainda não havia sido declarada inconstitucional com força obrigatória geral. (OTERO, 1993, p. 70)

Ambos os casos remetem a um caso julgado cuja decisão jurídica foi contrária a Constituição.

Por último, na **terceira situação**, em que a decisão judicial deixa de aplicar a norma constitucional, cabe também a diferenciação de duas hipóteses, quais sejam:

> Hipótese E – A norma que o tribunal vai aplicar para fundamentar a sua decisão é, esta sim, ao invés daquela afastada, uma norma inconstitucional;
> Hipótese F – A norma que o tribunal vai aplicar em substituição da que foi afastada como sendo inconstitucionnal, é ela uma norma conforme a Constituição. (OTERO, 1993, p. 73)

Recortadas as situações de inconstitucionalidade do caso julgado, importa referir-se ao princípio da constitucionalidade, traçando-se o seguinte enunciado: "todos os atos do poder público, incluindo os actos jurisdicionais, são inválidos se desconformes com a constituição."

A partir da afirmativa acima, Otero levanta algumas proposições:

> *a*) a invalidade de um acto jurídico não significa a ausência de produção de efeitos jurídicos; assim as decisões judiciais inconstitucionais nunca se consolidam na ordem jurídica, podendo, a todo momento, ser destruídas judicialmente;
> *b*) uma resposta afirmativa à questão anteriormente colocada poderia limitar o alcance da noção de "trânsito em julgado" das decisões judiciais inconstitucionais;
> *c*) por último, admitida a eventual possibilidade de um recurso extraordinário atípico para todas as decisões judiciais inconstitucionais, a questão que imediatamente se suscitaria seria a do tribunal competente. (OTERO, 1993, p. 76-77)

Verifica-se, portanto, que a apresentação do problema sobre o caso julgado inconstitucional centra-se em:

> *a*) determinar as conseqüências do caso julgado inconstitucional junto dos próprios tribunais, tentando indagar se tais decisões judiciais são imodificáveis e se os tribunais se encontram autovinculados às referidas decisões;
> *b*) apurar as conseqüências do caso julgado inconstitucional junto do legislador, da Administração Pública e das enti-

dades privadas, procurando saber até onde vão a obrigatoriedade e a prevalência das decisões judiciais inconstitucionais (OTERO, 1993, p. 92).

Para responder à primeira indagação, disposta na letra "a" acima indicada, Otero analisa a questão sob quatro perspectivas de inconstitu-cionalidade, quais sejam: a) **inconstitucionalidade dos acórdãos com força obrigatória geral do Tribunal Constitucional**; b) **inconstitu-cionalidade das decisões normativas dos restantes tribunais**; c) **incons-titucionalidade das decisões individuais do Tribunal Constitucional;** e, por último, d) **inconstitucionalidade das decisões individuais dos restantes tribunais.**

Com relação à **decisão de inconstitucionalidade dos acórdãos com força obrigatória geral,** entende Otero que o Tribunal Constitucional não pode promover, por iniciativa própria ou de terceiro, a revisão do julgado. O fundamento para essa negativa é baseado em argumentos de natureza jurídico-formais e de natureza jurídico-materiais.

Como fundamento jurídico-formal, tem-se que

> Não existe qualquer norma legal ou constitucional, expressa ou implícita, que atribua ao Tribunal Constitucional competência para apreciar diretamente a constitucionalidade das suas decisões com força obrigatória geral; nem existe, sublinhe-se, uma norma que atribua a alguém legitimidade processual activa para desen-cadear um tal processo junto ao Tribunal Constitucional. (OTERO, 1993, p. 97)

Com relação a fundamento jurídico-material, quando o Tribunal Constitucional, face à declaração de inconstitucionalidade de uma norma com força obrigatória geral, determina que a mesma desapareça do orde-namento jurídico, possui apenas uma competência negativo-resolutiva, não podendo, portanto, fazer "renascer" ou reeditar, por iniciativa própria ou de terceiro, uma norma por si anteriormente objeto de cessação de vigência (OTERO, 1993, p. 97).

Com relação à vinculatividade das decisões judiciais inconstitu-cionais com força obrigatória geral nos demais tribunais inferiores, Otero sustenta não ser possível recusar a aplicação de um acórdão inconstitu-cional.

Coisa Julgada Inconstitucional – Contextualização do Problema

O Tribunal Constitucional é o órgão supremo em matéria de determinação da inconstitucionalidade das normas, não sendo admissível que qualquer restante tribunal possa sobrepor o seu juízo de conformidade constitucional ao restante de uma declaração de inconstitucionalidade com força obrigatória geral do Tribunal Constitucional. (OTERO, 1993, p. 98)

O que importa ressaltar é que essa decisão não revoga, nem derroga, modifica ou suspende parcialmente a Constituição:

O acórdão inconstitucional do Tribunal Constitucional limita-se a vincular os restantes tribunais a recusar a aplicação da norma objeto de declaração de inconstitucionalidade. Não há, em princípio, qualquer fenômeno derrogatório da Constituição. (OTERO, 1993, p. 100)

As **inconstitucionalidades das decisões normativas dos restantes dos tribunais** "são passíveis de fiscalização sucessiva abstracta junto do Tribunal Constitucional (C.R.P, art. 281.°, n.° 1, alínea a)" (OTERO, 1993, p. 104).

Nas **inconstitucionalidades das decisões individuais do Tribunal Constitucional**, "em sede difusa, concreta e incidental, o Tribunal Constitucional não se encontra impedido de modificar a orientação seguida na resolução de casos semelhantes" (OTERO, 1993, p. 109).

Merece destaque o fato de que, mesmo diante da possibilidade de o Tribunal Constitucional poder modificar as decisões inconstitucionais em casos semelhantes, algo permanece contrário à Constituição no caso concreto, e essa inconstitucionalidade pode ou não vincular os tribunais inferiores.

Nesse sentido, Paulo Otero entende que

Se a interpretação conforme a Constituição defendida pelo Tribunal Constitucional conduz à aplicação de uma norma inconstitucional, consideramos que o Tribunal *a quo* deve obediência à decisão, salvo se, tal como sucede em relação à decisão (inconstitucional) de não provimento[60], a norma que é objeto de uma indevida interpre-

---

[60] Conforme explica Paulo Otero, p. 111, a decisão de não provimento é uma decisão de rejeição da inconstitucionalidade.

tação "conforme" está expressamente ferida de inexistência jurídica ou ineficácia ou, por último, se mostra violadora dos preceitos constitucionais sobre direitos, liberdades e garantias fundamentais (C.R.P., artigo 18.º, n. 1). Por outro lado, se a decisão do Tribunal Constitucional confirma a decisão recorrida em termos de não considerar a norma inconstitucional, apenas divergindo quanto ao sentido interpretativo de conformidade com a Constituição, também aqui entendemos que o art. 206.º da Constituição habilita o tribunal *a quo* a negar aplicação à interpretação inconstitucional do Tribunal Constitucional. (OTERO, 1993, p. 118)

Com relação à **inconstitucionalidade das decisões individuais dos restantes tribunais,** Otero chega à conclusão de que, no Direito Português, todas as normas constitucionais são, a qualquer tempo, passíveis de fiscalização da sua validade. O autor observa que, conforme já referenciado, as normas inconstitucionais "nunca se consolidam na ordem jurídica, podendo, a todo momento, ser destruídas judicialmente" (OTERO, 1993, p. 119).

O princípio da imodificabilidade do caso julgado foi pensado para as decisões judiciais conformes com o Direito ou, quando muito, decisões meramente injustas ou ilegais em relação à legalidade ordinária. A imodificabilidade do caso julgado apenas pode ocorrer em pé de igualdade com o princípio da constitucionalidade dos actos jurídico-públicos quando essa imodificabilidade ou insindicabilidade seja consagrada constitucionalmente, tal como sucede, por exemplo, com as situações constantes do artigo 282.º, n. 3, da Constituição (OTERO, 1993, p. 120).

Portanto, a inconstitucionalidade da decisão judicial pode gerar o direito de indenização, desde que, obviamente, constitua fonte de prejuízos ou viole os direitos, liberdades e garantias das pessoas (OTERO, 1993, p. 134).

No último parágrafo do "Ensaio", o autor pretende analisar a obrigatoriedade e prevalência das decisões judiciais inconstitucionais dos tribunais (Tribunal Constitucional e restantes tribunais) sobre as entidades públicas e privadas.

Nessa direção, é colocado por ele o seguinte problema:

> Será que as decisões judiciais inconstitucionais vinculam o legislador, ou a aplicabilidade do art. 208.° n.° 2[61] tem como pressuposto a conformidade constitucional de decisões judiciais e, consequentemente, só estas são susceptíveis de produzir efeitos vinculativos? (OTERO, 1993, p. 139)

Otero chega à conclusão de que a Constituição Portuguesa não pode acolher a admissibilidade de decisões judiciais direta e imediatamente inconstitucionais e, muito menos, impor a sua obrigatoriedade e prevalência. Mas a inaplicabilidade da obrigatoriedade do cumprimento das decisões judiciais inconstitucionais não significa, por outro lado, que tais decisões perderam, de fato, obrigatoriedade ou deixaram, automaticamente, de prevalecer sobre as decisões das restantes entidades.

Tais entidades podem carecer de uma norma habilitadora para proceder à sindicabilidade constitucional das decisões judiciais, daí resultando, até prova em contrário, que essas decisões são obrigatórias e gozam de prevalência sobre as decisões das restantes entidades (OTERO, 1993, p. 140).

Em nome do princípio da separação de poderes e da independência dos tribunais, é vedado ao Poder Legislativo substituir o poder judiciário, exercendo uma competência dispositiva que modifique o conteúdo de quaisquer decisões judiciais, seja qual for o fundamento alegado. Além disso, o Poder Legislativo não pode revogar ou suspender uma decisão judicial, mesmo que esta última seja desconforme com a Constituição.

Contudo, pode o Poder Legislativo modificar ou interpretar a lei objeto de uma decisão judicial obrigatória geral, mas deve excluir a eficácia retroativa em termos de destruir diretamente os casos julgados já existentes. Além disso, na eventualidade de o Tribunal Constitucional declarar a inconstitucionalidade de uma norma que é conforme à Constituição,

---

[61] Insta observar que a citação do artigo 208.°, n. 2, feita por Paulo Otero, em nosso entendimento está equivocada, uma vez que queria ele se referir ao artigo 205.° da Constituição Portuguesa. Assim, para melhor análise, transcreveremos o Artigo 205.°, n. 2: (Decisões dos tribunais). 2. "As decisões dos tribunais são obrigatórias para todas as entidades públicas e privadas e prevalecem sobre as de quaisquer outras autoridades".

"está reservado ao Poder Legislativo a faculdade de repetir o acto, ainda que, por sua vez, esse possa ser objecto de nova decisão judicial de declaração da inconstitucionalidade" (OTERO, 1993, p. 144-145).

Passando sua atenção para a administração pública, Otero busca analisar se o caso julgado inconstitucional proferido pelo tribunal vincula a administração pública no dever de proceder à execução. Segundo o autor, em "uma decisão judicial de um tribunal administrativo violadora dos preceitos constitucionais respeitantes a direitos, liberdades e garantias, [...] entendemos que os órgãos da Administração não têm o dever de execução de tal sentença" (OTERO, 1993, p. 152).

Tal conclusão acima descrita foi resultado da análise da Constituição Portuguesa, e, especialmente, do art. 18.°, n.° 1, que confere às entidades públicas uma competência desaplicadora de todos os atos infraconstitucionais que ostensivamente violem a essência de um direito, liberdade ou garantia fundamental.

Outro problema levantado é, justamente, com relação aos efeitos gerados pelo caso julgado inconstitucional no âmbito da Administração Pública, pois esta tem o dever de praticar os atos em conformidade com a lei, sob pena de nulidade do ato administrativo. Mais uma vez, Paulo Otero entende ser aplicável a norma do art. 18.°, n.° 1, da Constituição Portuguesa, já referido acima.

Ressalte-se que, se a Administração Pública desrespeitar o conteúdo decisório do caso julgado inconstitucional, este ato administrativo não será nulo. Assim,

> A inconstitucionalidade do caso julgado afasta a nulidade do acto administrativo que lhe seja desconforme. Admitir solução contrária significaria que um acto administrativo conforme com a Constituição estaria ferido de nulidade pelo simples facto de violar um acto jurídico inconstitucional. (OTERO, 1993, p. 155)

Por último, é objeto de análise a questão do caso julgado inconstitucional e a vinculação das entidades privadas. Assim, é apresentada a seguinte indagação:

"Será que as entidades privadas gozam de uma competência constitucional que lhes habilite a desaplicação de actos jurídico-públicos infraconstitucionais violadores de preceitos constitucionais respeitantes a direitos, liberdades e garantias?" (OTERO, 1993, p. 164)

Coisa Julgada Inconstitucional – Contextualização do Problema 141

O mesmo entendimento apresentado para as entidades públicas é descrito para as entidades privadas, inclusive a fundamentação constitucional é idêntica, qual seja, o artigo 18.°, n.° 1, da Constituição Portuguesa. E, ainda mais, reforçado pelo artigo 21, que consagra o direito de resistência contra qualquer ordem que ofenda direitos, liberdades e garantias, independentemente da entidade emitente da ordem.

Nos demais casos de decisões judiciais inconstitucionais que não ofendam diretamente os direitos, liberdades e garantias fundamentais, as entidades privadas estão vinculadas e obrigadas ao cumprimento dessas. Contudo, se a entidade privada desrespeitar o cumprimento de uma decisão judicial inconstitucional, seus representantes não poderão incorrer nos crimes de desobediência, ou seja, a inexecução de uma sentença inconstitucional constitui, em matéria criminal, exclusão da ilicitude.

A obra do jurista português é extremamente densa, exigindo um estudo aprofundado e atencioso de seu conteúdo, entretanto, no presente livro o que se objetivou foi apresentar as principais idéias do autor, para fornecer subsídios necessários para o desenvolvimento da tese sobre a coisa julgada constitucional.

6.2 A coisa julgada inconstitucional no entendimento de Humbero Theodoro Jr. e Juliana Cordeiro de Faria

Humberto Theodoro Jr. é um dos mais expressivos autores processualistas brasileiros na atualidade, na área de Direito Processual Civil. Este doutrinador desenvolveu uma reflexão a respeito do tema "coisa julgada inconstitucional" quando emitiu parecer para a Procuradoria Geral do Estado de São Paulo, a respeito de multiplicidade e superposição de sentenças transitadas em julgado, condenando o poder público a indenizar a mesma área expropriada mais de uma vez, ao mesmo proprietário. Já não cabia mais ação rescisória, e nada obstante, defendeu-se o cabimento de impugnação ordinária para afastar a manifesta e intolerável erronia praticada pela Justiça (THEODORO JÚNIOR; FARIA, *in*: NASCIMENTO, 2002, p. 123-124).

Verifica-se que, em relação ao tema "inconstitucionalidade", as atenções e preocupações jurídicas sempre se detiveram no exame da desconformidade constitucional dos atos legislativos.

> [...] institucionalizou-se o mito da impermeabilidade das decisões judiciais, isto é, de sua imunidade a ataques, ainda que agasalhassem inconstitucionalidade, especialmente após operada a **coisa julgada** e ultrapassado, nos variados ordenamentos, o prazo para a sua impugnação. A coisa julgada, neste cenário, transformou-se na expressão máxima a consagrar os valores de certeza e segurança perseguidos no ideal do Estado de Direito. Consagra-se, assim, o princípio da intangibilidade da coisa julgada, visto, durante vários anos, como dotado de caráter absoluto. (THEODORO JÚNIOR; FARIA, *in:* NASCIMENTO, 2002, p. 126)

Nesse sentido, Theodoro Jr. e Juliana Cordeiro (2002) fazem um convite à reflexão sobre o tema da inconstitucionalidade da coisa, quando já não caiba mais impugnação à decisão mediante recurso e nem ação rescisória. Nesta hipótese, indaga o autor se:

> Existiria um mecanismo de controle de constitucionalidade da coisa julgada ou esta é isenta de fiscalização? Ou, reformulando o questionamento: verificando-se que uma decisão judicial sob o manto da *res iudicata* avilta a Constituição, seja porque dirimiu o litígio aplicando lei posteriormente declarada inconstitucional, seja porque deixou de aplicar determinada norma constitucional por entendê-la inconstitucional ou, ainda, porque deliberou contrariamente a regra ou princípio diretamente contemplado na Carta Magna, poderá ser ela objeto de controle? (THEODORO JÚNIOR; FARIA, *in:* NASCIMENTO, 2002, p. 127-128)

Percebe-se que o tema da coisa julgada está em verdadeiro conflito entre o princípio da "segurança" e "certeza" e o princípio da "justiça". Até bem pouco tempo, valorizou-se a segurança, sendo a intangibilidade da coisa julgada verdadeiro dogma, merecendo posição de destaque. Poucos eram os que se aventuravam a questionar ou levantar o problema da inconstitucionalidade da coisa julgada. Admitir a impugnação da coisa julgada sob o fundamento autônomo de que contrária à Lei Fundamental do Estado era algo que não se coadunava com o ideal de certeza e segurança.

Desenvolvendo suas idéias sobre a (in)constitucionalidade da coisa julgada, Theodoro Jr. utiliza-se do direito constitucional e em seus autores, buscando conceituar a "constitucionalidade".

> Segundo lição de Jorge Miranda, constitucionalidade e inconstitucionalidade designam conceitos de relação: a relação que se estabelece entre uma coisa – a Constituição – e outra coisa – uma norma ou um ato – que lhe está ou não conforme, que com ela é ou não compatível. (THEODORO JÚNIOR; FARIA, *in:* NASCIMENTO, 2002, p. 130)

A relação positiva da norma ou do ato com a Constituição envolve validade; o contraste, a relação negativa, implica invalidade. Se a norma vigente ou o ato é conforme a Constituição, reveste-se de eficácia; se não é, torna-se ineficaz. Tornou-se corrente sustentar-se que a validade de uma norma ou ato emanado de um dos Poderes Públicos está condicionada à sua adequação constitucional. A garantia jurídica de que é merecedora a Constituição decorre do "princípio da constitucionalidade".

Sob pena de inconstitucionalidade – e, logo, de invalidade – cada ato há de ser praticado apenas por quem possui **competência** constitucional para isso, há de observar a **forma** e seguir o **processo** constitucionalmente prescrito e não pode contrariar, pelo seu **conteúdo**, nenhum princípio ou preceito constitucional (THEODORO JÚNIOR; FARIA, *in:* NASCIMENTO, 2002, p. 131-132). À vista da busca sempre constante da constitucionalidade, pode-se dizer que o ato que não a contempla tem um **<u>valor negativo</u>**. Fala-se, assim, do desvalor do ato inconstitucional.

O princípio da constitucionalidade e o efeito negativo que advém do ato inconstitucional não se dirigem apenas aos atos do Poder Legislativo. Aplicam-se a toda a categoria de atos emanados do Poder Público (Executivo, Legislativo e Judiciário). Toda atividade jurídica se encontra subordinada ao princípio da constitucionalidade (THEODORO JÚNIOR; FARIA, *in:* NASCIMENTO, 2002, p. 132).

A idéia de constitucionalidade da decisão judicial, à mingua de literatura a respeito, leva a falsa impressão de que o seu controle de constitucionalidade, no Direito brasileiro, é possível apenas enquanto não operada a "coisa julgada", através do último recurso cabível, que é o extraordinário. Depois de verificada esta última possibilidade, a imutabilidade que lhe é característica impediria o seu ataque ao fundamento autônomo de sua inconstitucionalidade.

Humberto Theodoro Jr. e Juliana Cordeiro (2002) acreditam que a decisão judicial transitada em julgado, transformando-se em coisa julgada, não pode suplantar a lei, em tema de inconstitucionalidade, sob pena de transformá-la em um instituto mais elevado e importante que a lei e a própria Constituição. Se a lei não é imune, qualquer que seja o tempo decorrido desde a sua entrada em vigor, aos efeitos negativos da inconstitucionalidade, por que o seria a coisa julgada? (THEODORO JÚNIOR; FARIA, *in:* NASCIMENTO, 2002, p. 133).

Assim, para desenvolver a questão sobre a coisa julgada, necessário se faz buscar entender qual o conceito desse instituto. A função da jurisdição implica, em última análise, buscar uma solução "definitiva e indiscutível" para o litígio que provocou o exercício do direito de ação e a instauração do processo. Contudo, ressalta o autor mineiro que:

> Não basta, para se ter a coisa julgada, a existência de uma solução para a controvérsia debatida em juízo, visto que, na linguagem do direito processual civil atual, a sentença somente adquire a **autoridade de coisa julgada** quando não mais comporta recurso algum e seja, assim, irrevogável. (THEODORO JÚNIOR; FARIA, *in:* NASCIMENTO, 2002, p. 134)

A locução **coisa julgada** não designa apenas o julgamento da *res*, mas, isto sim, a especial autoridade de que fica investido quando preclui (ou se esgota) a faculdade de contra ele recorrer, o que o torna imutável. A "imutabilidade" do julgamento, pois, é que consubstancia a "coisa julgada" (THEODORO JÚNIOR; FARIA, *in:* NASCIMENTO, 2002, p. 135). Por conseguinte, a expressão "coisa julgada" não se confunde com a sentença como peça elaborada pelo magistrado, mas prende-se à sentença que atingiu a eficácia de "imperatividade e imutabilidade", nas circunstâncias previstas em lei para tanto (THEODORO JÚNIOR; FARIA, *in:* NASCIMENTO, 2002, p. 136).

A justificativa para a imutabilidade da decisão judicial é reiteradamente repetida pela necessidade de segurança e certeza do direito. Tal se deve ao fato de que a incerteza jurídica provocada pelo litígio é um mal não apenas para as partes em conflito, mas para toda a sociedade, que se sente afetada pelo risco de não prevalecerem, no convívio social, as regras estatuídas pela ordem jurídica como garantia de preservação do relacionamento civilizado.

Todavia, a idéia de imutabilidade inerente à coisa julgada deve ser compreendida em seus reais contornos. É que a irrevogabilidade presente na noção de coisa julgada apenas significa que a inalterabilidade de seus efeitos tornou-se vedada através da via recursal, e não que é impossível por outras vias. Há que se sublinhar, com efeito, que a inalterabilidade da decisão judicial transitada em julgado não exclui, ainda que em termos excepcionais, a sua modificabilidade. É o caso, por exemplo, no Direito brasileiro, da ação rescisória, que tem por objetivo, exatamente, o de desconstituir a coisa julgada (CPC, arts. 485 e segs.).

A coisa julgada, neste contexto, não está imune à impugnação, podendo vir a ser desconstituída, no Direito brasileiro, através da ação rescisória, uma vez configurada qualquer das hipóteses previstas no art. 485 do CPC. São casos em que o legislador considerou que os vícios de que se reveste a decisão transitada em julgado são tão graves que justificam abrir-se mão da segurança em benefício da garantia de justiça e de respeito aos valores maiores, consagrados na ordem jurídica.

"O princípio da intangibilidade do caso julgado não é um princípio absoluto, devendo ser conjugado com outros e podendo sofrer restrições. Ele tem de ser apercebido no contexto global". (THEODORO JÚNIOR; FARIA, *in:* NASCIMENTO, 2002, p. 139)

Theodoro Jr. Afirma, ainda, que:

> A Constituição Federal de 1988, ao contrário da Portuguesa, não se preocupou em dispensar tratamento constitucional ao instituto da coisa julgada em si. Muito menos quanto aos aspectos envolvendo a sua inconstitucionalidade. Apenas alude à coisa julgada em seu art. 5.º, XXXVI, quando elenca entre as garantias fundamentais a de que estaria ela imune aos efeitos da lei nova. Ou seja, "a lei não prejudicará o direito adquirido, o ato jurídico perfeito e a coisa julgada. (THEODORO JÚNIOR; FARIA, *in:* NASCIMENTO, 2002, p. 140)

Daí se deduz que, no sistema jurídico brasileiro, a noção de intangibilidade da coisa julgada não tem sede constitucional, mas resulta, antes, de norma contida no Código de Processo Civil (art. 457), pelo que de modo algum pode estar imune ao princípio da constitucionalidade, hierarquicamente superior.

> A inferioridade hierárquica do princípio da intangibilidade da coisa julgada, que é uma noção processual e não constitucional, traz como consectário a idéia de sua submissão ao princípio da constitucionalidade. Isto nos permite a seguinte conclusão: a coisa julgada

será intangível enquanto tal apenas quando conforme a Constituição. Se desconforme, estar-se-á diante do que a doutrina vem denominando **coisa julgada inconstitucional.** (THEODORO JÚNIOR; FARIA, *in:* NASCIMENTO, 2002, p. 142)

Assim, para que se fale na tutela da intangibilidade da coisa julgada e, por conseguinte, na sua sujeição a um regime excepcional de impugnação, é necessário que, antes, se investigue sua adequação à "Constituição". Nas precisas palavras de Paulo Otero a respeito do Direito português, em que o princípio da intangibilidade tem a sua sede constitucional:

> [...] o princípio da imodificabilidade do caso julgado foi pensado para decisões judiciais conformes com o Direito ou, quando muito, decisões meramente injustas ou ilegais em relação à legalidade ordinária. A imodificabilidade do caso julgado apenas pode concorrer em pé de igualdade com o princípio da constitucionalidade dos actos jurídico-públicos quando essa imodificabilidade ou insindicabilidade seja consagrada constitucionalmente [...]. (THEODORO JÚNIOR; FARIA, *in:* NASCIMENTO, 2002, p. 144-145)

Há quem veja na inconstitucionalidade uma causa de inexistência jurídica do ato ou sentença incompatível com a Constituição. No entanto, para ter-se um ato como inexistente, no campo do direito, é necessário que lhe falte elemento material indispensável para sua ocorrência. Não é a simples ilegalidade que o torna inexistente. A contrariedade à lei, qualquer que seja a sua categoria, conduz à "invalidade" (nulidade ou anulabilidade), e nunca à inexistência, que é fato anterior ao jurídico (plano do ser) (THEODORO JÚNIOR; FARIA, *in:* NASCIMENTO, 2002, p. 146).

O Direito Processual Civil mudou, e a busca da verdade real, como meio de se alcançar a justiça e concretizar o anseio do "justo processo legal", é uma exigência dos tempos modernos. O direito moderno não pode se contentar apenas com a verdade formal, em nome de uma tutela à segurança e certeza jurídicas. No Estado de Direito, especialmente no Estado brasileiro, a "justiça é também um valor perseguido" (Preâmbulo da Constituição Federal). O que se busca, hodiernamente, é que se aproxime ao máximo do "Direito justo". E nada mais injusto que uma decisão judicial contrária aos valores e princípios consagrados na

Constituição Federal (THEODORO JÚNIOR; FARIA, *in:* NASCIMENTO, 2002, p. 149).

Uma decisão judicial que viole diretamente a Constituição, ao contrário do que sustentam alguns, não é inexistente. Não há, na hipótese de inconstitucionalidade, mera aparência de ato. Sendo desconforme à Constituição, o ato existe se reúne condições mínimas de identificabilidade das características de um ato judicial, o que significa dizer que seja prolatado por um juiz investido de jurisdição, observando aos requisitos formais e processuais mínimos. Não lhe faltando elementos materiais para existir como sentença, o ato judicial existe. Mas, contrapondo-se à exigência absoluta da ordem constitucional, falta-lhe condição para "valer", isto é, falta-lhe aptidão ou idoneidade para gerar os efeitos para os quais foi praticado.

Nesse sentido, indaga Theodoro Jr. sobre qual o procedimento processual cabível no Direito brasileiro para se ver reconhecida a inconstitucionalidade da coisa julgada?

À míngua de previsão expressa de um instrumento de controle, muitos poderiam ser conduzidos à conclusão de que a coisa julgada inconstitucional estaria imune a qualquer meio de impugnação. Destarte, tão logo configurada a coisa julgada, com o esgotamento da via recursal, não mais haveria a possibilidade de ser alterada acaso contivesse uma violação direta à Constituição Federal.

O autor chega à conclusão de que a decisão judicial transitada em julgado desconforme a Constituição padece do vício da inconstitucionalidade que, nos mais diversos ordenamentos jurídicos, lhe impõe a "nulidade". Ou seja, a coisa julgada inconstitucional é "nula" e, como tal, não se sujeita a prazos prescricionais ou decadenciais. Ora, no sistema das nulidades, os atos judiciais nulos independem de rescisória para a eliminação do vício respectivo. Destarte, podem "a qualquer tempo, ser declarados nulos, em ação com esse objetivo, ou em embargos à execução" (STJ, Resp. n.° 7.556/RO, 3ª T., Rel. Min. Eduardo Ribeiro, *RSTJ 25/439)* (THEODORO JÚNIOR; FARIA, *in:* NASCIMENTO, 2002, p. 154).

> Os Tribunais, com efeito, não podem se furtar de, até mesmo de ofício, reconhecer a inconstitucionalidade da coisa julgada o que pode se dar a qualquer tempo, seja em ação rescisória (não sujeita a prazo), em ação declaratória de nulidade ou em embargos à execução. (THEODORO JÚNIOR; FARIA, *in:* NASCIMENTO, 2002, p. 155)

Esse mecanismo de controle pode ser utilizado também no Direito brasileiro, porque, nas execuções de sentença, o §1.°, do art. 475-L e o art. 741 do CPC, ambos com redações conferidas pela Lei Federal n. 11.232, bem como o art. 741 do CPC, na redação conferida pela Medida Provisória n.° 2.180-35, admitem impugnação à execução para argüir a "inexigibilidade do título". Sendo nula a coisa julgada inconstitucional, não se pode tê-la como "título exigível" para fins executivos. Com efeito, a exigibilidade pressupõe sempre a certeza jurídica do título, de maneira que, não gerando certeza a sentença nula, carecerá ela, *ipso facto,* de exigibilidade.

Em face da coisa julgada que viole diretamente a Constituição, deve ser reconhecido aos juízes um poder geral de controle incidental da constitucionalidade da coisa julgada. Entendimento contrário, como muito bem lembrado por Paulo Otero, implicaria admitir "que o juiz tenha o dever oficioso de recusar a aplicação de normas jurídicas contrárias à Constituição, tendo, por outro lado, em contradição, o dever de aplicar casos julgados inconstitucionais" (THEODORO JÚNIOR; FARIA, *in:* NASCIMENTO, 2002, p. 156).

Diante da questão de inconstitucionalidade da coisa julgada e de seus instrumentos de controle processual, Theodoro Jr. faz a seguinte indagação:

> O vício da inconstitucionalidade da coisa julgada – objeto de exame no presente estudo – conduziria à invalidade de todos os atos que dela extraíram o seu fundamento (eficácia *ex tunc)* ou, ao contrário, os efeitos apenas se produziriam para o futuro (eficácia *ex nunc*)? (THEODORO JÚNIOR; FARIA, *in:* NASCIMENTO, 2002, p. 159)

Os mais desavisados e apegados a soluções matemáticas existentes no passado, certamente, deixarão de vislumbrar, neste tópico, qualquer problemática, limitando-se a, simplesmente, aplicar a fórmula definida da eficácia retroativa do reconhecimento do vício da inconstitucionalidade. Isso porque a adoção pura e simples da "retroatividade" dos efeitos da decisão proferida no juízo declaratório implicará a negação de uma série de garantias e princípios consagrados no direito.

Entende Theodoro Jr. que em hipótese alguma se poderá emprestar efeito retroativo à deliberação tomada em qualquer dos instrumentos processuais em que seja questionada a existência de coisa julgada inconstitucional. Segundo o autor, porque a eficácia **ex tunc** das decisões judiciais versando sobre a constitucionalidade ou inconstitucionalidade de determinada norma jurídica não é absoluta sequer nas ações em que se exerce o controle concetrado respectivo (Ação Direta de Inconstitucionalidade e Ação Declaratória de Constitucionalidade). Existem hipóteses nas quais razões de "segurança jurídica" impõem que a decisão apenas irradie seus efeitos de forma prospectiva, atingindo as relações a ela supervenientes (eficácia *ex nunc*) (THEODORO JÚNIOR; FARIA, *in:* NASCIMENTO, 2002, p. 162-163).

A necessidade de respeito à segurança jurídica traz consigo a conseqüência de que a eficácia da deliberação deverá ser examinada caso a caso, não admitindo, portanto, soluções preconcebidas. O manejo dos instrumentos processuais não pode desestabilizar a segurança das relações jurídicas definitivamente estruturadas, cujos efeitos se consumaram antes do reconhecimento da inconstitucionalidade.

Assim, segundo Theodoro Jr., para que não seja aviltada a segurança jurídica, é imperioso que se adote a técnica que vem sendo aplicada no âmbito das ações de controle de constitucionalidade, qual seja, a atribuição de eficácia *ex nunc* à deliberação que reconhece a existência de coisa julgada inconstitucional. Nesse contexto, a decisão apenas irradiará s eus efeitos para atingir os atos supervenientes, jamais os pretéritos (THEODORO JÚNIOR; FARIA, *in:* NASCIMENTO, 2002, p. 165).

No conflito que surge do reconhecimento da coisa julgada inconstitucional e o efeito de sua nulidade, haverá de prevalecer a estabilidade das relações, finalidade que somente será atingível mediante a atribuição de eficácia *ex nunc* às decisões que a declaram.

Por fim, conclui o professor e autor sob comento que a coisa julgada não pode servir de empecilho ao reconhecimento da invalidade da sentença proferida em contrariedade à Constituição Federal. O princípio da segurança jurídica será preservado recorrendo-se aos princípios constitucionais da razoabilidade e proporcionalidade. Assim, quando declararem a inconstitucionalidade do ato judicial, os Tribunais poderão fazê-lo com eficácia *ex nunc*, preservando os efeitos já produzidos.

6.3 Coisa julgada inconstitucional no entendimento de Carlos Valder do Nascimento

Influenciado pelas idéias desenvolvidas por Humberto Theodoro Jr. e Juliana Cordeiro de Faria, Carlos Valder do Nacimento, professor adjunto da Universidade Estadual de Santa Cruz, editou obra intitulada "Por uma Teoria da Coisa Julgada Inconstitucional", sustentando que, no plano jurisdicional, é inconcebível a sentença que não se harmoniza com o texto constitucional, por contrariar os preceitos fundamentais dele irradiados. (NASCIMENTO, 2005, p. 57)

Segundo o autor, o pressuposto basilar do Estado de Direito é seu vínculo de subordinação ao princípio da supremacia da Constituição (MIGUEL, 2002, p. 275-276)[62]. A validade das manifestações de vontade do Estado pressupõe consonância com a Constituição.

> Quando a manifestação de vontade estatal, expressa mediante decisão jurisdicionalmente ato jurídico-público (MORAIS, 2002, p. 121)[63], ofende a ordem constitucional, este tipo de conduta merece reprovação, podendo ser objeto de controle de constitucionalidade pelo próprio Judiciário, em qualquer grau de jurisdição. Nesse caso, observa-se presente o conteúdo da inconstitucionalidade emanada da coisa julgada, conduta jurídico-pública que violou a Constituição. (NASCIMENTO, 2005, p. 61).

---

[62] Em realidad, el constitucionalismo procede de las mismas ideas fuerz que impulsaron la necesidad de la codificación en materia civil y penal, puesto que una constitución no es más que una especie de ley ordenada – un código o, mejor, un supracódigo – por más que su función sea regular el poder político. Tales ideas fuerza pueden reducirse básicamente a tres: em primer lugar, la primacia de la ley y la creencia en su valor renovador y transformador de la realidad; en segundo lugar, la exigencia liberal de someter a limites preestabelecidos al poder político, garantizando, al mismo ciertas libertades individuales, mediante la clara y segura atribución de los derechos y deberes correspondientes; y, en fin, la búsqueda de la seguridad jurídica mediante el conocimiento general que permite un texto escrito, simple y claro.

[63] Podemos definir como ato jurídico-público toda decisão imputada aos órgãos de um ente coletivo que, na prossecução dos fins públicos a que se encontra adstringida, se mostra apta à produção de conseqüências jurídicas (p. 121).

Coisa Julgada Inconstitucional – Contextualização do Problema 151

O princípio da constitucionalidade é que conforma o Estado Democrático, Consoante afirma Miranda (1996):

> A norma constitucional é o fundamento de validade de uma norma ou de um ato jurídico-público, por virtude de estar colocada no grau imediatamente superior da ordem jurídica e por virtude de, na sua previsão, recair a previsão da norma ou a descrição do ato. (MIRANDA, 1996, p. 242)

No entender do autor, o processo não é um fim em si mesmo, e o direito material possui prevalência. Nesse sentido, além da legalidade, a sentença deve buscar também a moralidade. Segundo afirma Harger, "a moralidade como princípio autônomo e dotado de força para que se invalidem não somente os atos ilegais, mas também aqueles contrários à moral" (HARGER, 2001, p. 137).

Assim, a sentença inconstitucional ou ilegal não é um problema único e exclusivamente do processo, mas, principalmente, do direito material. O que importa na decisão judicial é a justiça. Não é possível que uma sentença possa consagrar um absurdo. A verdade real deve ser levada em consideração no sentido de permitir a relativização das decisões judiciais contrárias.

Assim, na visão de Nascimento, a imoralidade, o injusto e o inconstitucional são, no plano do processo, elementos que concorrem para a nulidade dos atos judiciais. "Nessas condições, embora tendo seu trânsito em julgado, a sentença não pode subsistir, mesmo sob o argumento de que devem prevalecer outros interesses em detrimento da eqüidade" (NASCIMENTO, 2005, p. 101).

"Os princípios da moralidade, da justiça e da eqüidade devem ser realçados como apanágio de uma sociedade civilizada, de modo a revelar seu degrau de superioridade em confronto com os demais que povoam o universo jurídico" (NASCIMENTO, 2005, p. 120).

Argumenta Nascimento que em nenhuma hipótese é possível que a segurança jurídica se sobreponha à constitucionalidade e ao princípio da moralidade, que é o pilar básico de sustentação. Entender o contrário seria a consolidação do absurdo, como pretexto para tornar definitiva uma situação que não resiste ao menor argumento ético e jurídico (NASCIMENTO, 2005, p. 123).

Nesse sentido, a segurança jurídica não pode ser alcançada sem que a sentença seja justa. Segurança jurídica é entendida por Nascimento como sendo a busca do estabelecimento de uma harmonia entre a sociedade e o Estado, através de vínculo de legitimidade política (RAMIREZ, 2000, p. 165-166).

A coisa julgada não pode servir de motivo para a consolidação da injustiça. Não se pode buscar fazer da coisa julgada ato pétreo ou intocável do Estado, intangível pelo próprio Estado, ainda quando sobrevenham demonstrações de seu erro ou tangibilidade necessária por meios próprios. Se nem ao menos a Constituição é intocável, admitindo-se a sua reforma quando se faça necessário e mais justo e legítimo, o que seria de um Estado no qual a força das coisas mostradas e demonstradas parecesse intocável por ter um juiz decidido de forma definitiva. (NASCIMENTO, 2005, p. 133)

A idéia defendida por Nascimento é a de que a justiça e a segurança jurídica devem ser interpretadas na medida da ponderação de valores. Isso significa que a conciliação entre esses dois princípios só podem ser resolvidos mediante a aplicação da razoabilidade e da proporcionalidade.

> Denomina-se princípio da proporcionalidade a decorrência do princípio da supremacia da Constituição que tem por objetivo a aferição da relação entre o fim e o meio, com sentido teológico ou finalístico, reputando arbitrários os atos que não são, por si mesmos, apropriados ou quando a desproporção entre o fim e o fundamento é particularmente manifesta. (SILVA, De Plácido, 2002, p. 650)

A proporcionalidade pode ser considerada como um princípio de contenção das atividades estatais, coibitivo do excesso cometido em nome da vontade do Estado, empregado, assim, no equacionamento de questões envolvendo direitos fundamentais ou o desencontro entre princípios. Tanto a segurança jurídica quanto a justiça na decisão são mandamentos de otimização. Assim, a aplicação da hermenêutica da ponderação fornece a justa medida pela qual se otimizam os princípios em jogo. Dizer que o sistema judiciário tolera a injustiça da sentença é dizer que a função processual tem como finalidade precípua chancelar a iniqüidade, a fraude e a inconstitucionalidade.

Ressalta Nascimento que as teses que sustentam a imutabilidade da sentença injusta, pelo transito em julgado, são insubsistentes e contêm erros graves de percepção. A coisa julgada pode ser desconstituída quando a sentença não atentar para os comandos imperativos constitucionais,

Coisa Julgada Inconstitucional – Contextualização do Problema   153

como, por exemplo, consentir que determinada matéria, reservada à lei complementar, possa ser veiculada por medida-provisória, ou instrumento normativo não contemplado pela Constituição.

Também, quando reconhece como legítima decisão de um órgão que usurpa a competência privativa de outro, em matéria nela expressa com orientação definida sobre o titular que detenha tal prerrogativa (NASCIMENTO, 2005, p. 165). Ao Poder Judiciário, dentro do possível, cabe fazer justiça, e não transformar o injusto no justo por amor ao formalismo rigoroso do processo, sob o pretexto de colocar, a qualquer custo, mesmo imoral, ponto final na contenda.

No caso de se verificar a inconstitucionalidade de sentença, não há a necessidade de ajuizamento de ação rescisória, nos moldes do art. 485 do Código de Processo Civil brasileiro, mas de ação declaratória, sem observar qualquer lapso temporal, pois tal sentença é absolutamente nula. Tal ação autônoma de declaração de nulidade é chamada de *actio querela nullitatis*[64], que, segundo Nascimento, ainda persiste no direito brasileiro (NASCIMENTO, 2005, p. 166).

---

[64] Nesse sentido decidiu, no regime do Código anterior, a 4ª Câmara Civil do Tribunal de Alçada de São Paulo, em acórdão que tem a seguinte ementa: "Subsiste em nosso direito, como último resquício da *querela nullitattis insanabilis,* a ação declaratória da nulidade, quer mediante embargos à execução, quer por procedimento autônomo, de competência funcional do juízo do processo original. A sobrevivência, em nosso direito, da querela nulitatis, em sua formação primitiva, restrita aos vícios da citação inicial, corresponde a uma tradição histórica, cujo acerto, na moderna conceituação da relação jurídica processual adquire flagrante atualidade. Na evolução do direito luso-brasileiro, a *querella nullitatis* evoluiu até os contornos atuais da ação rescisória, que limitou a antiga prescrição trintenária para o lapso qüinqüenal de decadência. Todos os vícios processuais a ser relativos e, desde que cobertos pela *res judicata*, somente são apreciáveis em ação rescisória, específica à descontinuação do julgado. Um deles, porém, restou indene à transformação da *querela nulitatis* em ação rescisória: a falta de citação inicial, que permaneceu como nulidade ipso iure, com todo o vigor de sua conceituação absoluta de tornar insubsistente a própria sentença transitada em julgado. Se a nulidade ipso iure não puder ser alegada em embargos á execução, subsiste, ainda assim, a ação autônoma direta da *querela nilitati* sinsanabilis, de caráter perpétuo, não prejudicada pelo quinquênio da ação rescisória, porque o que nunca existiu não passa, com o tempo, a existir. Classifica-se como ordinária autônoma, de competência funcional do mesmo juízo do processo que lhe deu causa, ação de nulidade *ipso iure* de relação processual contenciosa.

No caso do inciso II, a inexigibilidade do título constitui matéria de embargos

A *actio querela nullitatis,* expressão latina que significa nulidade do litígio, foi idealizada na Idade Média para impugnar a sentença que continha vícios graves (CRETTELLA NETO, 1999, p. 368). Tais vícios graves significavam aqueles que não podiam ser sanados pelo decurso do tempo (preclusão) e nem autorizar a formação da coisa julgada.

> As sentenças de mérito que escaparem ao controle recursal e do manejo da rescisória, ainda que estabilizadas pela autoridade da coisa julgada, podem ser desconstituídas. Isto pela ausência de plausibilidade jurídico-constitucional que não permite a imunização dos seus efeitos, tornando seu objeto fora do alcance da segurança jurídica. De modo que do produto da demanda há de resultar algo de proveito possível, que não ofenda os valores consagrados constitucionalmente. Fora disso, o controle é inevitável, porque nenhuma função de Estado pode escapar ao crivo da sociedade. (NASCIMENTO, 2005, p. 171-172)

A sentença inconstitucional, ainda que transitada em julgado, é absolutamente nula, e permite o ajuizamento de ação de nulidade de sentença, na busca de torná-la inválida. Foi essa a tese acolhida pelo sistema normativo brasileiro, que inseriu, via Medida Provisória, a possibilidade

---

suspensivos, em consonância com o que dispõe o art. 586: "A execução para cobrança de crédito fundar-se á sempre em título líquido, certo e exigível".

A inexigibilidade pode ser ou no tempo absoluto ou no tempo relativo. No primeiro caso, trata-se de extinção da exigibilidade; no segundo caso, de exigibilidade a termo não verificado. Ali, dá-se a incompossibilidade da execução com o título inexigível; aqui, a possibilidade apenas futura do processo executório, porque a inexigibilidade ainda não se caracterizou.

Título, no texto, tem sentido próprio, de pressuposto legal da execução. Não se confunde com o inadimplemento de obrigação que caracteriza o pressuposto prático do processo executório. Se falta aquele, não se há de cogitar deste, porque inviável a execução. Explica-se, assim, a inclusão do tema na limitação objetiva dos embargos do executado dotados de suspensividade (NEVES, 1999, p. 196-197).

A *querela nulitatis* comportava duas modalidades, a *querela nulitatis* sanabilis adequada à impugnação dos vícios sanáveis, e a *querela nulitatis insanabilis,* a ser proposta para impugnar os vícios mais graves. Aquela fundiu-se com o recurso em diversos ordenamentos europeus, com a transformação dos motivos de nulidade menos graves em motivos de apelação; *a insanabilis* substituiu e podia ser alegada como remédio extremo contra os vícios mais graves, considerados insanáveis e que, por isto, sobreviviam ao decurso dos prazos e à formação de res iudicata.

de manejamento de impugnação fundado em inconstitucionalidade (art. 475-L, §1.° Do CPC).

Semelhante idéia foi introduzida no art. 884 da Consolidação das Leis Trabalhistas, dando nova redação ao seu parágrafo 5.°, nos seguintes termos: "Considera-se inexigível o título judicial fundado em lei ou ato normativo declarados inconstitucionais pelo Supremo Tribunal Federal ou em aplicações ou interpretação, todos por incompatíveis com a Constituição Federal".

Com as regras insertas no Código de Processo Civil e na Consolidação das Leis Trabalhistas, a teoria da coisa julgada inconstitucional e, conseqüentemente, da possibilidade de sua relativização ganhou força, sendo autorizada a sua desconstituição, por ser um vício insanável.

Com tais idéias sobre a teoria da coisa julgada inconstitucional, Nascimento busca trabalhar a possibilidade de sua relativização, no sentido de aplicação da teoria da proporcionalidade e da razoabilidade, enfatizando ser impossível que uma sentença contrária à constituição possa suplantar a justiça nas decisões.

O interessante na teoria defendida por Nascimento, fator que suscita dúvidas, é o que se entende por justiça nas decisões. Tal definição não contém resposta convincente em seus ensinamentos, gerando dúvidas sobre o que realmente possa ser entendido como constitucional ou inconstitucional.

Evidencia-se que, nas idéias defendidas por Nascimento, a coisa julgada possui uma natureza substancial e que os efeitos processuais da coisa julgada apenas se operam no sentido de impossibilitar a rediscussão do julgado, sendo caracterizado pela preclusão.

O que, excepcionalmente, fica sem resposta na tese defendida pelo autor é, justamente, o fato de que a possibilidade de discussão da coisa julgada e sua relativização podem tornar as decisões do Poder Judiciário inócuas, sem eficácia e sem executoriedade, permitindo infindáveis discussões sobre o litígio.

Por fim, verifica-se que a teoria da inconstitucionalidade da coisa julgada apresentada por Nascimento encontra-se inserida no paradigma de Estado de Bem-Estar Social, sendo a Constituição um documento que contém valores da sociedade, e que a justiça se constitui de fim último de todos os aplicadores do direito.

7. TEORIA TRIDIMENSIONAL DA COISA JULGADA CONSTI-TUCIONAL – Justiça, Verdade e Segurança Jurídica

Ao contrário do que muitos autores estão escrevendo sobre a possibilidade de modificação da coisa julgada diante da verificação de sua inconstitucionalidade, este livro se valerá de um raciocínio inverso para afirmar que a formação da coisa julgada sempre se dá pela constitucionalidade. Não é possível a formação de uma decisão jurisdicional sem que haja a observância dos princípios processuais constitucionais.

Diante das considerações desenvolvidas no capítulo anterior, pode-se perceber que a questão da flexibilização da coisa julgada está sempre ligada aos conceitos de "justiça", "verdade" e "segurança jurídica". Assim, buscar-se-á construir uma teoria constitucional da coisa julgada a partir da compreensão democrática dos referidos termos.

Partiremos da análise da "justiça", "verdade" e "segurança jurídica" e assim desenvolveremos uma teoria da coisa julgada que nos permita, a um só tempo, compreender a coisa julgada perante o paradigma de Estado Democrático de Direito e mais: a sua impossibilidade de modificação, já que isso poderia significar insegurança jurídica, nos termos aqui desenvolvidos.

Assim, passaremos a estudar o aspecto da decisão justa na perspectiva de Kelsen, Dworkin, Rawls e Habermas, ressaltando as principais idéias defendidas pelos autores e sua relação com a coisa julgada.

7.1 Coisa julgada e "decisão justa"

O problema sobre a legalidade ou constitucionalidade da coisa julgada passa pelo entendimento sobre o que vem a ser uma "decisão justa". A busca por essa "decisão justa" é o que está a autorizar os doutrinadores pátrios e estrangeiros a desenvolver uma teoria sobre a coisa julgada inconstitucional.

Cabe ressaltar, antes de adentrar nas principais idéias sobre o entendimento a respeito de "decisão justa", que tal expressão induz a interpretações equivocadas, revelando um subjetivismo desnecessário e imprestável ao estudo do Direito Processual. Assim, optou-se por utilizar outra terminologia, qual seja, "decisão jurídica legítimada", no intuito de possibilitar a superação do imanente grau de subjetivismo existente.

Não é possível, também, que se confunda "decisão jurídica legitimada" com "decisão judicial". O primeiro conceito parte do pressuposto da participação, em simétrica paridade, dos interessados no provimento final. Já o segundo, parte da idéia de que a decisão é um ato processual exclusivo do julgador, que, com seu elevado grau de conhecimento e divindade, decide a demanda de forma verticalizada e heterônoma (LEAL, André, 2005).

Quando se utiliza a expressão "decisão judicial", quer-se atribuir maior importância à decisão como ato de ordem material, centralizada nas mãos do juiz. Quando se utiliza a expressão "decisão jurídica"[65], deseja-se conferir maior ênfase ao aspecto processual, supondo uma descentralização do ato de decidir, que deixa de ser exclusivo do julgador.

Percebe-se que a utilização da expressão "decisão judicial" reflete o pensamento jurídico da escola processual da relação jurídica, que entende ser o processo um meio necessário para a realização do direito material. Essa é a teoria idealizada por Oskar Von Bülow (1964). O direito processual brasileiro adota a teoria de Bülow na elaboração de suas leis procedimentais. Isso significa que, no direito pátrio, há uma preponderância da jurisdição em detrimento do processo. Segundo afirma Dinamarco (2003, p. 97):

> A preponderância metodológica da jurisdição, ao contrário do que se passa com a preferência pela ação ou pelo processo, corres-

---

[65] O Professor Rosemiro P. Leal utiliza a expressão decisão jurisdicional. Preferimos utilizar a expressão decisão jurídica em lugar da expressão utilizada pelo professor, uma vez que acreditamos que a expressão decisão jurídica é gênero no qual decisão jurisdicional é espécie. Quando falamos em decisão jurídica, nos referimos não somente às decisões proferidas no âmbito da função judiciária, mas também no âmbito da função legislativa e executiva.

pondente à preconizada visão publicista do sistema, como instrumento do Estado, que ele usa para o cumprimento de objetivos seus. (DINAMARCO, 2002a, p. 97)

Dentro dessa perspectiva instrumentalista, a "decisão judicial" é gerada a partir da busca de um processo célere. O que importa é o resultado, e não os meios para se chegar ao resultado. A argumentação das partes tem, quando muito, um valor heurístico, mas de modo algum possui um caráter conclusivo. A convicção do juiz é sempre o que mais importa no processo de tomada de decisão.

As idéias de Bülow são muito semelhantes às idéias de Hegel (2000), que, de forma incisiva, afirma: "a direção do conjunto do processo, da investigação e de todos aqueles atos jurídicos das partes que são eles mesmos direitos, bem como o julgamento jurídico, cumprem, sobretudo, ao juiz qualificado" (HEGEL, 2000, p. 97).

Os autores processualistas que desenvolveram seu pensamento jurídico pautados na teoria do processo como relação jurídica (Bülow) viram-se diante de um paradoxo. O "paradoxo de Bülow", como chamou Leal (LEAL, André, 2005, p. 43), manifesta-se à medida que se tenta estabelecer limites à jurisdição com uma teoria que pretende ampliar as faculdades do juiz. Assim, tem-se como limite à jurisdição a ausência de limites, ou um enunciado como "o limite da atividade do juiz é a sua liberdade." Portanto, o "paradoxo de Bülow" também pode ser indicado, de um lado, pela necessidade das partes em relação ao processo (devido processo legal) e, de outro, pelo entrave que o processo pode constituir para a realização do direito material.

Para que se perceba corretamente o significado de "coisa julgada" e sua relação de constitucionalidade ou inconstitucionalidade, é indispensável estabelecer a compreensão do termo "decisão justa" Assim, será mostrado, na seqüência, um resumo das principais idéias de Kelsen, Dworkin, Rawls e Habermas sobre o tema.

7.1.1 *A validade do direito em kelsen e a decisão justa*

Na doutrina existente sobre a coisa julgada inconstitucional, escrita no Brasil e no exterior, percebe-se, claramente, uma ligação com as idéias do jurista Hans Kelsen. Apesar de os doutrinadores modernos procurarem dar um *status* de modernidade às modernas teorias sobre a coisa julgada e sua relação com a constitucionalidade, verifica-se que existem muitos pontos de contato com a "Teoria Pura do Direito" (KELSEN, 1996).

Segundo afirma Kelsen (1996),

> A Teoria Pura do Direito é uma teoria do Direito Positivo – do Direito positivo em geral, não de uma ordem jurídica especial. [...] Como teoria, quer única e exclusivamente conhecer o seu próprio objeto. Procura responder a esta questão: o que é e como é o Direito? Mas já não lhe importa a questão de saber como deve ser o Direito, ou como deve ser ele feito. É ciência jurídica, e não política do Direito. Quando a si própria se designa como "pura" Teoria do Direito, isto significa que ela se propõe garantir um conhecimento apenas dirigido ao direito e excluir deste conhecimento tudo quanto não pertença ao seu objeto, tudo quanto não possa, rigorosamente, determinar como Direito. Quer isto dizer que ela pretende libertar a ciência jurídica de todos os elementos que lhe são estranhos. Esse é o seu princípio metodológico fundamental. (KELSEN, 1996, p. 1)

No capítulo 5 da obra "Teoria Pura do Direito", Kelsen (1996) desenvolve suas idéias sobre o fundamento de validade de uma ordem normativa. Nesse capítulo, o autor procura a validade ou não de uma norma diante do ordenamento jurídico. No seu entender, uma norma vale à medida que pode ser verificada como fundamento de uma norma superior que justifique e autorize a emissão da norma inferior.

Kelsen complementa que:

> [...] uma norma somente é válida porque e na medida em que foi produzida por uma determinada maneira, isto é, pela maneira determinada por uma norma, esta outra norma representa o fundamento imediato de validade daquela [...] A norma fundamental – hipotética, nestes termos – é, portanto, o fundamento de validade que constitui a unidade desta interconexão criadora (KELSEN, 1996, p. 246-247).

Uma ordem jurídica é um sistema de normas gerais e individuais que estão vinculadas entre si. Uma norma só pode existir se estiver estabelecida em conformidade com a norma hierarquicamente superior que garanta a sua validade. Para o autor, não existe diferença entre a produção do direito e a aplicação do direito. Em todos os casos, seja na legislação, seja na decisão judicial, está-se diante da produção de direito, em que há sempre, como fundamento de validade, a norma hierarquicamente superior como fundamento de validade.

Não tem a decisão judicial um simples caráter declaratório do direito existente. Não exerce o juiz atividade meramente declaratória do direito, ou de "descoberta" (KELSEN, 1996, p. 264) do direito. A atividade judicial é uma forma de criação de direitos que deve ter como pressuposto de sua validade uma norma hierarquicamente superior que sirva de fundamento.

Não é possível, no entender de Kelsen, existir decisão judicial ilegal ou inconstitucional. O pressuposto para se ter decisão judicial é que a mesma tenha como requisito de validade uma norma hierarquicamente superior que possibilite a sua validade. É impossível a existência de decisões judiciais ilegais ou inconstitucionais, pois, se isso acontecesse, "desapareceria a unidade do sistema de normas que se exprime no conceito de ordem jurídica (ordem do direito)." (KELSEN, 1996, p. 296)

Decisões judiciais ilegais ou inconstitucionais nunca poderiam ser consideradas válidas diante do ordenamento jurídico e nem necessitariam de anulação, pois já seriam nulas, por carecer de fundamento de validade, ou seja, vinculação a uma norma hierarquicamente superior. Para Kelsen, a decisão judicial contrária à lei é uma decisão que não existe e, se não existe, não merece nem mesmo ser anulada, e sim declarada nula. Segundo suas palavras:

> O que é nulo não pode ser anulado (destruído) pela via do Direito. Anular uma norma não pode significar anular o ato de que a norma é o sentido. Algo que de fato aconteceu não pode ser transformado em não acontecido. Anular uma norma significa, portanto, retirar um ato, que tem por sentido subjetivo uma norma, o sentido objetivo de uma norma. E isso significa pôr termo à validade desta norma através de outra norma. Se a ordem jurídica, por qualquer motivo, anula uma norma, tem de, como o mostrará a análise subseqüente – considerar esta norma primeiramente como norma jurídica objetivamente válida, isto é, como norma jurídica conforme ao Direito. (KELSEN, 1996, p. 296)

Dizer que uma decisão judicial é contrária ao direito pode significar duas coisas: "que o processo em que a norma individual foi produzida, ou o seu conteúdo, não correspondem à norma geral criadora" (KELSEN, 1996, p. 297). Dentro do ordenamento jurídico, a questão da legalidade da decisão judicial pode tomar duas vias. A primeira no que diz respeito às questões sobre o processo de tomada decisão, como, por exemplo, a questão da competência de decidir sobre a matéria; e a outra que diz respeito à produção do direito material aplicado ao caso concreto.

A lei é que determina qual o tribunal competente para decidir sobre uma questão controvertida.

> Se um tribunal decide um caso concreto e afirma ter-lhe aplicado uma determinada norma jurídica geral, então a questão encontra-se decidida num sentido positivo e assim permanece decidida enquanto esta decisão não for anulada pela decisão de um tribunal superior. Com efeito, a decisão do tribunal de primeira instância – e a norma individual criada por esta decisão, portanto – não é, segundo o Direito vigente, nula, mesmo que seja considerada como 'antijurídica' pelo tribunal competente para decidir a questão. Apenas é anulável, quer dizer: somente pode ser anulada através de um processo fixado pela ordem jurídica. (KELSEN, 1996, p. 297)

Kelsen sustenta que, quando o tribunal de primeira instância exare uma decisão judicial, ainda que contrária à ordem jurídica, isso não acarreta a nulidade da mesma, mas sim a sua anulação pelo tribunal hierarquicamente superior. A decisão judicial que ainda caiba recurso possui a sua validade provisória (KELSEN, 1996, p. 298). Depois de esgotados todos os meios de impugnação da decisão judicial que a lei prevê é que haverá a formação da coisa julgada e, portanto, a validade da decisão judicial se torna definitiva.

A formação da coisa julgada significa, justamente, a adequação da decisão judicial ao ordenamento jurídico, formando uma unidade jurídica, quando não haja mais meios de impugnação da mesma. Assim, "coisa julgada" é a decretação pelo tribunal da validade definitiva da decisão judicial.

A esse respeito, manifesta-se nos seguintes termos:

> Uma decisão judicial não pode – enquanto válida – ser contrária ao Direito (ilegal). Não se pode, portanto, falar de um conflito entre a norma individual criada por decisão judicial e a norma geral a aplicar

Teoria Tridimensional da Coisa Julgada Constitucional... 163

pelo tribunal, criada por via legislativa ou consuetudinária. Nem mesmo no caso de uma decisão judicial de primeira instância atacável, quer dizer, anulável. O fundamento objetivo da sua anulabilidade não é – como pode ser afirmado pelas partes que a atacam, ou mesmo pelo tribunal de recurso – a sua ilegalidade, isto é, o fato de não corresponder à norma geral que deve aplicar – se assim fosse, seria nula, quer dizer, juridicamente inexistente, e não simplesmente anulável –, mas a possibilidade pela ordem jurídica prevista de estabelecer com vigência definitiva a outra alternativa, não realizada pela decisão atacada. Se a norma jurídica individual criada por uma decisão judicial é atacável, ela pode ser anulada pela norma com força de caso julgado de uma decisão de última instância, não só quando o tribunal de primeira instância faz uso da alternativa para determinar ele próprio – com validade provisória – o conteúdo da norma criada, mas também quando, de conformidade com a outra alternativa pela ordem jurídica estatuída, o conteúdo da norma criada pelo tribunal de primeira instância corresponde à norma geral que o predetermina. (KELSEN, 1996, p. 299)

Assim, "decisão justa", para Kelsen, envolve a questão de interpretação judicial que sempre é dada pelo tribunal ao qual a lei confere competência para exarar a decisão judicial. O autor apresenta a interpretação do direito correlacionada com uma moldura dentro da qual coexistem várias possibilidades de aplicação. Dentro desse quadro interpretativo, a norma jurídica apresenta possibilidades que deverão ser escolhidas pelo produtor do direito. Vale lembrar que os motivos que levam à escolha de uma interpretação em detrimento de outra fogem da esfera da teoria do direito, passando para a esfera da política do direito.

Nesse sentido, afirma:

Se por "interpretação" se entende a fixação por via cognoscitiva do sentido do objeto a interpretar, o resultado de uma interpretação jurídica somente pode ser a fixação da moldura que representa o Direito a interpretar e, conseqüentemente, o conhecimento das várias possibilidades que dentro desta moldura existem. Sendo assim, a interpretação de uma lei não deve necessariamente conduzir a uma única solução como sendo a única correta, mas possivelmente a várias soluções que – na medida em que apenas sejam aferidas a aplicar –

têm igual valor, se bem que apenas uma delas se torne Direito positivo no ato do órgão aplicador do Direito – no ato do tribunal, especialmente. Dizer que uma sentença judicial é fundada na lei não significa, na verdade, senão que ela se contém dentro da moldura ou quadro que a lei representa – não significa que ela é **a** norma individual, mas apenas que é **uma** das normas individuais que podem ser produzidas dentro da norma geral. (KELSEN, 1996, p. 390-391)

Não existe critério com base no qual uma das possibilidades contidas na moldura da norma a ser aplicada possa ser favorecida em relação às outras possibilidades. Não há um método de acordo pelo qual somente uma das várias leituras de uma norma possa ser distinguida como a "correta" – presumindo-se que as várias leituras do significado da norma sejam possíveis no contexto de todas as outras normas da lei ou do sistema jurídico. Todos os métodos desenvolvidos levariam a um possível resultado, nunca a um único resultado correto.

> A interpretação jurídico-científica tem de evitar, com o máximo cuidado, a ficção de que uma norma jurídica apenas permite, sempre e em todos os casos, uma só interpretação: a interpretação "correta". Isto é uma ficção de que se serve a jurisprudência tradicional para consolidar o ideal da segurança jurídica. Em vista da plurissignificação da maioria das normas jurídicas, este ideal somente é realizável aproximadamente. (KELSEN, 1996, p. 396)

Segundo Kelsen, se pode haver mais de uma interpretação de uma norma, a questão sobre qual seria a escolha "correta" entre as possibilidades oferecidas dentro de uma moldura da norma é, dificilmente, a questão da cognição direcionada ao direito positivo: é um problema não de teoria do Direito, mas de política do Direito.

> A interpretação jurídico-científica não pode fazer outra coisa senão estabelecer as possíveis significações de uma norma jurídica. Como conhecimento do seu objeto, ela não pode tomar qualquer decisão entre as possibilidades por si mesma reveladas, mas tem de deixar tal decisão ao órgão que, segundo a ordem jurídica, é competente para aplicar o Direito. (KELSEN, 1996, p. 395-396)

Dessa forma, podemos concluir que Kelsen reconhece a incidência de valores de ordem política e moral no direito, ainda que não os assuma como próprios à ciência jurídica. Mediante um ato político, a autoridade competente escolhe um dentre os vários significados possíveis de uma lei, em função de sua interpretação.

Na aplicação de uma lei, pode haver, ainda, lugar para uma atividade cognitiva para além da descoberta da moldura, na qual o ato de aplicação está confinado. Contudo, esse ato não se revela um ato de conhecimento do Direito positivo, mas de outras normas que, no processo da criação jurídica, podem ter a sua incidência: normas de Moral, normas de Justiça, juízos de valor de cunho social que costumam ser designados por expressões correntes como "bem comum", "interesses do Estado", "progresso" e outras.

Do ponto de vista do Direito positivo, nada se pode dizer sobre a validade e verificabilidade. Por esse ângulo de visão, todas as determinações de tal espécie apenas podem ser caracterizadas negativamente: são determinações que não resultam do próprio direito positivo. Relativamente a este, a produção do ato jurídico dentro da moldura da norma jurídica aplicada é livre, isto é, realiza-se segundo a livre apreciação do órgão chamado a produzir o ato (KELSEN, 1996, p. 393-394).

Assim, conclui-se que, nas idéias desenvolvidas por Kelsen sobre a decisão judicial, fica claro seu entendimento de que todas as decisões judiciais são legais e constitucionais à medida que correspondem a um leque de opções interpretativas possíveis.

A divergência de interpretação pelo órgão judicial, por si só, não autoriza dizer que esta decisão é ilegal ou inconstitucional. Pode ser apenas uma questão de entendimento diferenciado dentro do quadro interpretativo colocado à disposição. A opção por um modelo interpretativo ao invés de outro não é, isoladamente, justificativa razoável para afirmar que a decisão é injusta. Isso é uma escolha política, e não jurídica.

Assim, "decisão justa" seria, para Kelsen, aquela que correspondesse à legalidade interpretativa dada pelo tribunal competente. E a coisa julgada só se formaria quando o tribunal de recurso se pronunciasse definitivamente sobre a questão, não havendo mais previsão legal para impugná-la.

7.1.2 *A integridade do direito em Dworkin e a "decisão justa"*

Ronald Dworkin, importante filósofo americano, apresenta uma teoria política sobre a decisão jurídica e sua relação com a justiça.Dworkin defende, em última análise, a unificação do campo teórico da justificação moral, buscando combater o positivismo jurídico. O autor trabalha a questão da "decisão justa"[66] na perspectiva do julgador. Desenvolve uma teoria da interpretação que permite ao juiz resolver os *hard cases*[67] sem que o Poder Judiciário lance mão de atividade legislativa, eliminando a arbitrariedade da decisão judicial[68]. O autor rejeita a discricionariedade judicial com fundamentos de ordem democrática e de ordem liberal.

> De acordo com o primeiro argumento, a criatividade judicial supõe a violação do princípio da separação de poderes, que concentra no poder legislativo a competência para promulgar normas jurídicas; de acordo com o segundo argumento – o argumento liberal –, não é permitido legislar *ex post ipso*, não é admissível a aplicação retroactiva das normas jurídicas posteriores à realização do facto contemplado nas referidas normas. (RODRIGUES, 2005, p. 16)

O juiz não pode ser legislador e nem legislador suplente, pois os argumentos que informam cada uma destas práticas são completamente diferentes: a prática judicial é informada por "**argumentos de princípios**", enquanto a prática legislativa é informada por "**argumentos políticos**". Se o juiz assumir a atividade legislativa no momento da decisão, isso levará a uma inversão de funções.

Sobre o assunto, Rodrigues (2005) assim se manifesta:

> Em suma, os argumentos de princípios são argumentos destinados a estabelecer um direito individual, enquanto os argumentos

---

[66] Dworkin prefere a expressão "decisão coerente" à expressão "decisão justa".

[67] Por "casos difíceis" entenda-se a dificuldade de alcançar qual o conteúdo específico do direito regendo a matéria; principalmente ao se tratar de normas abertas, costuma ser difícil identificar claramente se existe uma norma específica que regulamente aquele caso.

[68] A palavra decisão judicial empregada por Dworkin é corretamente utilizada, pois, em seu entendimento, o ato de decidir é uma atividade exclusiva do juiz.

> políticos são argumentos destinados a estabelecer um fim colectivo:
> os princípios são proposições que descrevem direitos individuais,
> enquanto as políticas são proposições que descrevem fins colectivos.
> (RODRIGUES, 2005, p. 17)

Na obra "Levando os Direitos a Sério" (2002), Dworkin critica o pensamento positivista, afirmando não ser possível a simples subsunção da regra jurídica ao caso concreto. O dever do magistrado consiste em se esforçar para descobrir quais são os direitos das partes, ainda que estes não estejam positivados no ordenamento jurídico, através de uma norma que seja aplicável de forma imediata ao caso (DWORKIN, 2002, p. 127).

Assim, para garantir os direitos institucionais das partes, o juiz deverá lançar mão de certos princípios, oriundos da norma jurídica, que funcionarão por meio de um juízo de ponderação. Esta é a proposta de Dworkin intitulada "teoria dos direitos pragmática", que explicita o entendimento de que existe somente uma resposta correta para cada caso concreto apresentado ao juiz.

Esta resposta correta, a ser empregada nos *hard cases*, deverá estar fundada em princípios individuais, devendo o juiz estabelecer o conteúdo moral de sua decisão, e não apenas aplicar a lei de forma mecânica à hipótese de fato, ou ainda ter a liberdade para selecionar a solução que julgar mais certa dentre as diversas soluções ofertadas pelo ordenamento jurídico (DWORKIN, 2002, p. 151).

Para Dworkin, existe diferença entre "regras" e "princípios". Ambos estão inseridos na categoria das normas jurídicas. No entanto, as regras não possuem importância diferenciada dentro do sistema jurídico; uma vez em conflito, uma delas irá substituir completamente a outra (DWORKIN, 1989, p. 78). Consoante as suas propostas, as regras deveriam ter aplicação no modo "tudo-ou-nada" (*all-ornothing*). Em outras palavras, ou a regra era válida e, portanto, aplicável; ou era inválida e afastada estaria a sua aplicação.

Ao contrário, se dois princípios conflitam, o intérprete, verificando o caso *in concretu*, irá aplicar preferencialmente um deles (juízo de ponderação), sendo necessário considerar o peso relativo (*dimension of weight*) de cada um dos princípios elucidados.

É justamente neste ponto, a partir de sua posição acerca dos princípios jurídicos, que Dworkin passa a sustentar a sua teoria concernente à integridade do direito. Tal teoria deve ser estudada sob a ótica de dois princípios, quais sejam: o **princípio legislativo** e o **princípio jurisdicional**.

O princípio legislativo pede aos legisladores que tentem tornar o conjunto de leis moralmente coerente. O princípio jurisdicional demanda que a lei, tanto quanto possível, seja vista como coerente nesse sentido (DWORKIN, 1999, p. 213). Este último é considerado, por Dworkin, como o mais importante na sustentação da integridade do direito, pois necessita demonstrar como o ordenamento jurídico deve ser encarado no momento da correta aplicação da lei.

Para sustentar a teoria da integridade do direito fundado no princípio jurisdicional, Dworkin nega que as manifestações do direito sejam relatos factuais do convencionalismo, voltados para o passado, ou programas instrumentais do pragmatismo jurídico, voltados para o futuro.

Refutando o convencionalismo e o pragmatismo, Dworkin alega que:

> O direito como integridade é, portanto, mais inflexívelmente interpretativo do que o convencionalismo ou o pragmatismo. Essas últimas teorias se oferecem como interpretações. São concepções de direito que pretendem mostrar nossas práticas jurídicas sob sua melhor luz, e recomendam, em suas conclusões pós-interpretativas, estilos ou programas diferentes de deliberação judicial. Mas os programas que recomendam não são, em si, programas de interpretação; não pedem aos juízes encarregados da decisão de casos difíceis que façam novos exames, essencialmente interpretativos, da doutrina jurídica. O convencionalismo exige que os juízes estudem os repertórios jurídicos e os registros parlamentares para descobrir que decisões foram tomadas pelas instituições às quais convencionalmente se atribui poder legislativo. É evidente que vão surgir problemas interpretativos ao longo desse processo: por exemplo, pode ser necessário interpretar um texto para decidir que lei nossas convenções jurídicas constroem a partir dele. Uma vez, porém, que um juiz tenha aceito o convencionalismo como guia, não terá novas ocasiões de interpretar o registro legislativo como um todo, ao tomar decisões sobre casos específicos. O pragmatismo exige que os juízes pensem de modo instrumental sobre as melhores regras para o futuro. Esse exercício pode pedir a interpretação de alguma coisa que extrapola a matéria jurídica: um pragmático utilitarista talvez precise preocupar--se com a melhor maneira de entender a idéia de bem-estar comu-

nitário, por exemplo. Uma vez mais, porém, um juiz que aceite o pragmatismo não mais poderá interpretar a prática jurídica em sua totalidade. (DWORKIN, 1999, p. 272-273)

As proposições jurídicas do direito como integridade são verdadeiras se constam, ou se derivam dos princípios da justiça, eqüidade e devido processo legal, de modo a oferecer a melhor interpretação construtiva da prática jurídica na comunidade (no sentido de comunidade de princípios) (DWORKIN, 1999, p. 272).

Segundo interpretação de Rodrigues (2005):

> Este princípio da integridade propõe um programa interpretativo para os juízes decidirem os casos, onde identificam os direitos e os deveres legais a partir do pressuposto de que foram criados por um único autor (*the community personified* – uma comunidade de princípios, que defende a legitimidade política no sentido dworkiano do termo), que expressa uma coerente concepção de justiça e equidade.
>
> Numa concepção como a do direito como *integrity*, as proposições jurídicas só são verdadeiras se decorrem de princípios de justiça, *fairness* e *due legal process,* que oferecem a melhor interpretação construtiva da prática legal da comunidade. O progrma proposto pelo *law as integrity* é um programa interpretativo, que pede aos juízes que decidem *hard cases* que interpretem o mesmo material que se afirma já interpretado e com êxito. Esta corrente interpretativa conduz a uma continuidade das interpretações, dando origem a interpretações cada vez mais detalhadas e sofisticadas. (RODRIGUES, 2005, p. 41)

As decisões judiciais só encontrariam seu fundamento e sentido de validade na "coerência global"[69] (*coherence*) da prática interpretativa. A coerência é vista como uma virtude do direito. É a coerência o guia para

---

[69] Cf afirma PINO, 1988, p. 113: Ovviamente, coerenza e completezza del diritto vanno considerati concetti interpretativi, non empirici: sonno il fruto della ricostruzioni interpretativa effetuada dal guidice che, nel decidere sulla controversia, deve sforzarsi di considerarei l diritto come um tutto coerente e, perciò, completo."

a interpretação de um texto, que se processa de forma dinâmica e dialética, em que o objeto interage com o sujeito (RODRIGUES, 2005, p. 42-43).

A "coerência global" da prática interpretativa desenvolvida por Dworkin desempenha um papel fundamental na teoria da integridade. Essa "coerência" refere-se a uma racionalidade instrumental, uma norma legal que contribui, de forma positiva, para a coerência de um sistema legal, se os seus conteúdos representam meios para alcançar os objetivos propostos pelo sistema legal[70].

Uma "decisão justa" deve atender a **coerência de princípios**. As decisões judiciais devem ser moldadas em harmonia com o convencionalismo (história legal) e o pragmatismo (sistema de princípios ético-políticos).

> A coerência é a chave para o *one right answer* que o pensamento de Dworkin promove; para que uma resposta seja a correcta não tem de ser deduzida das premissas do sistema; tal resposta é determinada inequivocamente, mas não de maneira lógica, pela coerência que a liga ao sistema legal e lhe confere validade. (RODRIGUES, 2005, p. 45)

Para realizar a função jurisdicional plenamente, a atividade judicial deve constituir-se na busca de qual princípio ou princípios convêm para o caso em questão, de modo que esta seja considerada pertencente ao todo do direito, juntamente com os precedentes e com a legislação que serve de base. Além disso, é indispensável uma compatibilidade entre os princípios estabelecidos e as outras decisões do tribunal para que se possa dizer se a decisão é ou não "coerente".

Em interessante analogia, sustenta Dworkin que existem muitas afinidades entre a interpretação literária e a interpretação jurídica. Para explicar as semelhanças entre as duas interpretações, o autor faz uso do *chain novel*[71]. Partindo desse ponto de vista, ressalta que, ao aplicar a lei,

---

[70] Cf. PINTORE, 2000, p. 151: "Coherence therefore refers to instrumental rationality: a legal norm (or a set of legal norms) contributes positively to the coherence of a legal system if its contents represent a suitable means for pursuing the aims or values enshrined in the order"

[71] *Chain novel* significa romance em cadeia escrito por um coletivo de roman-

cada juiz escreve uma parte do romance desenvolvido, pois, quando se incumbe dessa responsabilidade, deve interpretar a lei e os julgados passados e redimensioná-los para uma aplicação no presente. Os juízes são, igualmente, autores e críticos (DWORKIN, 1999, p. 275).

Ao julgar, a função do juiz é dupla. A primeira função é de intérprete, buscando compreender o que foi feito no passado para poder dar seguimento à cadeia do direito. A segunda função envolve a consciência de que, ao decidir o caso concreto, participa de um empreendimento maior, que lhe cabe continuar. A decisão do juiz deve ser extraída de uma interpretação que, ao mesmo tempo, se adapte e justifique os fatos anteriores.

Uma decisão judicial coerente e justa deve satisfazer duas dimensões, ou seja, deve enquadrar-se na prática interpretada e deve mostrar o seu valor moral ou político, ou seja, deve demonstrar qual o melhor princípio ou política que pode vir a servir (DWORKIN, 2001, p. 160), fornecendo a *one right answer* à questão colocada em juízo (RODRIGUES, 2005, p. 63).

Para realizar a árdua tarefa de promover a interpretação do direito como integridade, Dworkin recorre à figura de um julgador que ele mesmo considera utópico, ao qual chama de Hércules[72]. Seria este "um juiz imaginário, de capacidade e paciência sobre-humanas, que aceita o direito como integridade" (DWORKIN, 1999, p. 287).

Para decidir um caso difícil (*hard case*), Hércules deve adotar o seguinte procedimento: Em primeiro lugar, começa por selecionar diversas hipóteses que possam corresponder à melhor interpretação dos casos precedentes (DWORKIN, 1999, p. 288). Depois de selecionar tais hipóteses, deve verificar cada uma delas e questionar se o juiz que tomou a decisão em causa poderia ter dado os veredictos dos casos precedentes se estivesse, coerente e conscientemente, a aplicar os princípios subjacentes a cada interpretação (DWORKIN, 1999, p. 299).

Por fim, deve confrontar cada interpretação com as decisões judiciais precedentes, argüindo se a sua interpretação pode fazer parte de uma teoria coerente, que justifique a rede de estruturas e decisões da comu-

---

cistas, em que cada um inicia o seu trabalho onde acabou o romancista anterior, sempre com o objetivo de escrever uma obra que se traduza num todo coerente.

[72] Ressalte-se que o Juiz Hércules só seria utilizado nos casos difíceis (hard cases), pois, segundo Dworkin, nos casos diretamente tutelados pelo direito, não haveria qualquer necessidade de se socorrer a procedimentos pormenorizados para a correta aplicação do direito.

nidade como um todo, devendo excluir as interpretações que sejam incompatíveis com a prática jurídica (RODRIGUES, 2005, p. 68).

Conforme afirma Dworkin,

> O direito como integridade pede que os juízes admitam, na medida do possível, que o direito é estruturado por um conjunto coerente de princípios sobre a justiça, a equidade e o devido processo legal adjetivo, e pede-lhes que os apliquem nos novos casos que se lhes apresentem, de tal modo que a situação de cada pessoa seja justa e eqüitativa segundo as mesmas normas. Este estilo de deliberação judicial respeita a ambição que a integridade assume, a ambição de ser uma comunidade de princípios. (DWORKIN, 1999, p. 291)

Seguindo essa técnica de interpretação, Dworkin separa a função jurisdicional da função legislativa, pois, segundo nos informa, no *common law,* os juízes devem tomar suas decisões com base em princípios, e não em política. Hércules não completa o que foi feito pelo legislador, mas constrói a sua teoria como uma argumentação sobre o que fez o legislador nessa ocasião.

Assim, pode-se concluir que, em Dworkin, uma "decisão justa" passa, necessariamente, pelo "direito como integridade" (*law as integrity*). Para ser "justa", a decisão deve ser válida, e esse critério de validade significa a possibilidade de integrar a decisão concreta na coerência da prática considerada como um todo (CASTANHEIRA NEVES, 1995, p. 40). Isso significa dizer que a justeza da decisão não deve ser examinada apenas sob o aspecto problemático-normativo do juízo decisório do caso, mas, sobretudo, pela possibilidade desse momento da prática jurídica, que é o juízo decisório, integrar-se na coerência dessa prática considerada como um todo – como *integrity*, como um todo integrado e integrante, ou, segundo a "*conception of the integrity and coherence of law as na institution*" – e, ainda mais, orientada por uma também coerente legal *theory,* uma coerente concepção de "*justice, fairness and procedural due process*". (CASTANHEIRA NEVES, 1995, p. 40)

A tese do direito como integridade, como não podia deixar de ser, não ficou imune a críticas. Uma das primeiras críticas que se desenvolveram sobre a teoria desenvolvida por Dworkin é a que aponta seu conteúdo como uma idealização do direito, buscando sempre uma "única" e "melhor" resposta para os casos difíceis.

A idéia da "coerência", na condição de critério último de validade das decisões judiciais concretas, conduz à desconsideração da dimensão específica exigida pelo caso concreto e ao desprezo pelos momentos específicos que concorrem em sua decisão.

Segundo Jackson (1988, p. 145), embora o modelo metodológico de interpretação *chain novel* contribua significativamente para o estudo da significação legal, resulta falho, uma vez que reduz a narrativa ao seu nível semântico, deixando de lado o nível pragmático (JACKSON, 1988, p. 145).

Outro ponto frágil na teoria do direito como integridade recai na figura do Juiz Hércules. Praticamente, todos os autores críticos de Dworkin, e até mesmo o próprio Dworkin, são unânimes na afirmação de que é impossível esperar que um juiz mortal exerça as funções de Hércules. Essa figura imaginária pode ser encarada de duas maneiras: como leitor ideal, ou como máquina perfeita, que debita sempre as respostas corretas. Ao mesmo tempo, Hércules se mostra como o *alter-ego* de Dworkin e a "personificação" de tudo aquilo em que ele acredita (RODRIGUES, 2005, p. 147).

A relevância atribuída por Dworkin aos princípios é também alvo de críticas. De acordo com Figueroa (1988, p. 234), o argumento dos princípios tem um caráter meramente instrumental, pois a centralidade que assumem não corresponde ao esforço feito por Dworkin para explicá-los (FIGUEIROA, 1988, p. 234).

Concluindo, ressalta Fiqueroa que:

> Em suma, é preciso relativizar de maneira considerável o valor dos princípios em Dworkin, porque representam, fundamentalmente, instrumentos de persuação, e não argumentos de peso a favor do não positivismo. Os indícios apontados foram, em síntese, os seguintes: os princípios são caracterizados de modo equívoco; são objetos de um desenvolvimento analítico e insuficiente; os princípios são ligados sem necessidades a certos direitos individuais; e, finalmente, os princípios são parte fundamental das ***pars destruens*** da obra de Dworkin e, significadamente, perdem sua relevância em sua ***pars construens***.[73] (FIGUEIROA, 1988, p. 234) (tradução livre)

---

[73] En suma, hay que relativizar de manera considerable el valor de los principios en Dworkin, porque representan fundamentalmente instrumentos de persuasión y no

174   *Coisa Julgada Constitucional*

Em síntese, este constitui o registro das principais idéias defendidas por Dworkin, bem como de algumas críticas dirigidas a ele e a sua teoria do direito como integridade. Esses elementos ajudam a compor uma maior compreensão sobre a postura do autor e a importância de sua tese para o desenvolvimento do tema "decisão justa", entendida como "decisão coerente".

7.1.3 *O direito como equidade em Rawls e a "decisão justa"*

Buscando também se contrapor ao positivismo jurídico, John Rawls (2001) desenvolve uma obra intitulada "Uma Teoria da Justiça", na qual sustenta que a "justiça é a virtude primeira das instituições sociais" (RAWLS, 2001, p. 27). A proposra de Rawls é uma tentativa de generalizar e conduzir a uma ordem mais elevada de abstração a teoria tradicional do contrato social, de Locke, Rosseau e Kant, para oferecer uma explicação alternativa da justiça ao utilitarismo dominante da tradição. Seu conceito de justiça resgata a noção de contratualismo do século XVII (neo-contratualismo), partindo da idéia de "posição original" das partes.

A "posição original" constitui-se do *statu quo* inicial, no qual os participantes estariam em uma situação tal que os permitiria fazer opções, sem que condições intrínsecas e extrínsecas pudessem influenciá-los nessas escolhas. Rawls parte do princípio de que as partes desconhecem as suas concepções do bem ou as suas tendências psicológicas particulares. Assim, garante o autor que ninguém será beneficiado ou prejudicado na escolha daqueles princípios que nortearão uma sociedade justa. Isso seria suficientemente capaz de simular as condições ideais de "igualdade" para escolher os princípios diretores da sociedade.

Sob o véu da ignorância, as partes, abstratamente, escolheriam os princípios da igualdade e da diferença que iriam regular as instituições.

---

argumentos de peso a favor del no positivismo. Los indicios aportados han sido en síntesis, los siguientes: los principios son caracterizados de modo equivoco; son objeto de un desarrollo analítico insuficiente; los principios son ligados innecesariamente a ciertos derechos individuales y, finalmente, los principios son parte fundamental de las **pars destruens** de la obra de Dworkin y, significativamente, pierden su relevancia en su **pars construens**. (FIGUEIROA, 1988, p. 234)

Após a realização do pacto original, com a escolha dos dois princípios, as partes contratantes se vinculariam a ponto de escolher uma constituição de um governo de legalidade, com base na igualdade e na publicidade. A lei garantiria o tratamento igual de situações iguais, não como sinônimo de constrição, mas contendo a noção de liberdade. A justiça institucional levaria à estabilidade das instituições e da sociedade (noção de equilíbrio da sociedade bem ordenada).

Segundo afirma Rawls:

> Esta posição original não é, evidentemente, concebida como uma situação histórica concreta, muito menos como um estado cultural primitivo. Deve ser vista como uma situação puramente hipotética, caracterizada de forma a conduzir a uma certa concepção de justiça. Entre essas características essenciais, está o facto de que ninguém conhece a sua posição na sociedade, a sua situação de classe ou estatuto social, bem como a parte que lhe cabe na distribuição dos atributos e talentos naturais, como a sua inteligência, a sua força e mais qualidades semelhantes. Parto inclusivamente do princípio de que as partes desconhecem as suas concepções do bem ou as suas tendências psicológicas particulares. Os princípios da justiça são escolhidos a coberto de um véu de ignorância. Assim se garante que ninguém é beneficiado ou prejudicado na escolha daqueles princípios pelos resultados do acaso natural ou pela contingência das circunstancias sociais. Uma vez que todos os participantes estão em situação semelhante e que ninguém está em posição de designar princípios que beneficiem a sua situação particular, os princípios da justiça são o resultado de um acordo ou negociação eqüitativa (*fair*). (RAWLS, 2001, p. 33-34)

A "justiça como equidade" funda-se, justamente, nessa posição original dos participantes na escolha dos princípios que regerão a sociedade justa. Uma sociedade é justa quando o sistema de regras gerais que a define foi obtido por intermédio de vários acordos hipotéticos. Independentemente das diversas concepções de justiça desenvolvidas, um fato é relevante em todas, qual seja,

> [...] que as instituições são justas quando não há discriminações arbitrárias na atribuição dos direitos e deveres básicos e quando as

regras existentes estabelecem um equilíbrio adequado entre as diversas pretensões que concorrem na atribuição dos benefícios da vida em sociedade. (RAWLS, 2001, p. 29)

Ressalte-se que Rawls se preocupa muito mais com o problema da "justiça" do que com a questão de "legitimidade" do direito. Em seu entendimento:

> Dar foco à legitimidade, em vez de à justiça, pode parecer um ponto menor, já que nós podemos pensar 'legítimo' e 'justo' como idênticos. Um pouco de reflexão mostra que eles não são. Um rei ou rainha legítimos podem governar com uma autoridade efetiva e justa, mas também não podem; e, por certo, não necessariamente de modo justo, embora legítimo. O fato de serem legítimos diz algo sobre seu *pedigree:* como vieram ao cargo [...] Um aspecto significativo da idéia de legitimidade é que ela permite uma certa margem no quão bem soberanos podem governar e quanto podem ser tolerados. O mesmo vale para um regime democrático. Ele pode ser legítimo e de acordo com uma longa tradição originada quando sua constituição foi aprovada pelo eleitorado (o povo)... E, no entanto, ele pode não ser muito justo, ou muito pouco justo, e assim também as suas leis e políticas. (RAWLS, 1993, p. 427)

A justiça traça os limites da legitimidade democrática. Se alguém quiser avaliar quão justas são as decisões dos regimes democráticos, basta olhar para os procedimentos de legitimação das decisões, claramente insuficientes, mesmo quando considerados aceitáveis, isto é, dentro da margem de tolerância necessária à sustentação do jogo democrático. Isso porque tais avaliações sempre dependem de juízos substantivos de justiça.

Nas palavras do autor,

> A legitimidade dos atos legislativos depende da justiça da constituição [...] e quanto maior é o desvio da justiça, mais provável é a injustiça dos resultados. Para que possam ser legítimas, as leis não podem ser injustas demais. Procedimentos políticos constitucionais podem, de fato, ser puramente procedimentais quanto à legitimidade. Em vista da imperfeição de todos os procedimentos políticos humanos, não pode haver tal procedimento com relação à justiça

política, e nenhum procedimento poderia determinar seu conteúdo substantivo. Logo, sempre dependemos de nossos juízos substantivos de justiça. (RAWLS, 1993, p. 429)

Assim, o objeto primário da justiça, para Rawls,

> [...] é a estrutura básica da sociedade, ou, mais exatamente, a maneira pela qual as instituições sociais mais importantes distribuem direitos e deveres fundamentais e determinam a divisão de vantagens provenientes da cooperação social (RAWLS, 2001, p. 30).
>
> Uma concepção da justiça social deve, pois, ser encarada como fornecendo, em primeiro lugar, um padrão que permita avaliar os aspectos distributivos da estrutura básica da sociedade. Este padrão não deve ser, no entanto, confundido com os princípios que definem as outras virtudes, já que a estrutura básica – e, em geral, as estruturas sociais – pode ser eficiente ou ineficiente, liberal ou não liberal, bem como muitas outras coisas, além de, evidentemente, ser justa ou injusta. (RAWLS, 2001, p. 32)

O autor se apóia na premissa de que há um conflito de interesses em relação ao modo como os benefícios e as vantagens decorrentes da colaboração mútua devem ser distribuídos. Entre indivíduos com objetivos e propósitos díspares, uma concepção partilhada de justiça estabelece os vínculos da convivência cívica e o desejo geral de justiça limita a persecução de outros fins.

A teoria da justiça desenvolvida por Rawls parte da idéia de "equidade", na qual uma situação social é justa quando "o sistema de regras gerais que a define foi obtido através desta série de acordos hipotéticos" (RAWLS, 2001, p. 34). Para atender à equidade e satisfazer a justiça, é necessário conciliar dois princípios, quais sejam: a "igualdade" na atribuição dos direitos e deveres básicos; e a "desigualdade" em termos econômicos e sociais.

> A idéia intuitiva é a seguinte: já que o bem-estar de todos depende de um sistema de cooperação, sem o qual ninguém poderia ter uma vida satisfatória, a divisão dos benefícios deve ser feita de modo a provocar a cooperação voluntária de todos os que nele tomam parte, incluindo os que estão em pior situação. [...] Os dois princípios

atrás mencionados parecem constituir uma base eqüitativa para um acordo, na base do qual os mais bem dotados, ou os que tiveram mais sorte na sua posição social – vantagens essas que não foram merecidas –, podem esperar obter a colaboração voluntária de outros, no caso de um sistema efectivo de cooperação ser uma condição necessária para o bem-estar de todos. (RAWLS, 2001, p. 36)

Além desses dois princípios, são apresentadas, pelo autor, as regras de prioridade para orientar a aplicação do princípio da justiça. A primeira regra de prioridade estabelece que os princípios da justiça devem ser classificados em ordem lexical e, portanto, as liberdades básicas só podem ser restringidas em favor da liberdade de todos. A segunda regra de prioridade estabelece que o princípio da justiça tenha preferência sobre a eficiência e sobre o bem-estar (SOUZA NETO, 2006, p. 102-103).

A teoria de John Rawls vem em auxílio da realidade social, propondo meios de solver os problemas atinentes à "igualdade" e às "diferenças sociais e econômicas". Em lugar de meramente ditar uma justiça segundo o Direito, num esquema binário de "válido" ou "inválido", John Rawls vai além da mera legalidade:

> Com efeito, os dois princípios básicos de Rawls [...] buscam estabelecer, nas estruturas da sociedade, um equilíbrio apropriado entre pretensões opostas, através da eliminação das distorções arbitrárias e das desigualdades dos pontos de partida. Neste sentido, para Rawls o respeito às regras do jogo, característico da legitimidade racional-legal, vai além da legitimação pelo procedimento e da justiça como legalidade, pois tudo se vê continuamente submetido ao escrutínio material da *fairness* (eqüidade). (LAFER, 1988, p. 73)

Uma "decisão justa" e racional só pode ser oferecida quando for possível conhecer as convicções e os interesses das partes, as suas relações, as alternativas que lhes são colocadas. Assim, uma decisão justa parte da condição de que ninguém pode ser beneficiado ou prejudicado em razão da fortuna natural ou pelas circunstâncias sociais.

Nesse sentido, assevera Rawls (RAWLS, 2001). que:

> Um problema de decisão racional só pode ser definitivamente resolvido quando são conhecidos as convicções e os interesses das

partes, as suas relações, as alternativas que lhes são colocadas, o processo de decisão, etc. Segundo as diferentes circunstâncias, assim serão adaptados diferentes princípios.

Na escolha da melhor interpretação possível para determinar a busca de uma decisão racional, é necessário um consenso sobre o princípio da justiça. Assim, o acordo de vontades das partes, através do contrato social, é que vai permitir determinar a justiça. Esse acordo só é possível se partimos do pressuposto da igualdade social.

Assim, "injustiça é a desigualdade que não resulta em benefício de todos" (RAWLS, 2001, p. 69). Isso significa admitir, pelo menos em termos teóricos, a possibilidade de que algumas liberdades fundamentais venham a ser abdicadas no objetivo de obter ganhos econômicos e sociais para a a sociedade. "A concepção geral de justiça não impõe restrições quanto aos tipos de desigualdades que são admissíveis. Exige apenas que a posição de todos seja melhorada" (RAWLS, 2001, p. 69).

Concluindo, importa ressaltar que a "justiça como equidade" tem como fundamento a questão social. Assim, o critério básico para analisar se uma decisão é justa ou injusta é a eficiência de seus resultados obtidos no âmbito social e político. Uma "decisão justa" deve ter como pressupostos os valores políticos e sociais que os magistrados podem esperar de todos os cidadãos razoáveis e racionais (RAWLS, 2000, p. 287). E esses valores políticos e sociais só podem ser obtidos se os participantes estiverem na "posição original".

7.1.4 *A legitimidade das decisões jurisdicionais em Habermas*

Diante das considerações feitas por Kelsen, Dworkin e Rawls sobre a "decisão justa", insta observar que há, entre eles, um ponto de contato. Em todos eles, a função jurisdicional constitui-se de elemento centralizador do exercício do poder e do autoritarismo, uma vez que a figura do juiz é colocada como diretamente responsável pela validade do direito e pela aplicação da justiça.

Contudo, a centralização do ato de decidir nas mãos exclusivas do julgador, como defendem os três pensadores – Kelsen, Dworkin e Rawls – acaba por afastar a democracia e a cidadania, elementos indispensáveis para que se possa caracterizar a legitimidade das decisões. Para justificar tal afirmativa, serão apresentadas as principais idéias de Jürgen Habermas, retiradas de sua obra "Direito e Democracia", em que, especialmente no capítulo VI, o autor busca responder a seguinte indagação:

Como relacionar a atividade judicial e a atividade legislativa, sem que a justiça lance mão de competência legisladora, o que faria soterrar a ligação estrita que deve haver entre a administração e a lei? (HABERMAS, 1997, v. I, p. 297) Habermas tenta responder a indagação acima a partir de uma análise sobre os paradigmas do Direito, especificamente os paradigmas Liberal, Social e Democrático.

No paradigma liberal, a imagem de sociedade implícita é caracterizada pela bifurcação em sociedade civil e sociedade política, representadas, respectivamente, pela esfera privada, ou seja, vida individual, família e mercado (trabalho e empresa capitalista); e esfera pública, cidadania política, representação política e negócios de Estado (CATTONI DE OLIVEIRA, 2002, p. 55).

Nesse modelo liberal de sociedade, a constituição deveria fazer uma separação entre a esfera de uma sociedade econômica, livre do Estado, na qual os indivíduos buscam sua felicidade e seus próprios interesses de forma autônoma e privada, e a esfera estatal da persecução do bem comum.

Para Canotilho (1999), o Estado liberal limita-se à defesa da ordem e segurança públicas ("Estado de polícia", "Estado gendarme", "Estado guarda-nocturno"), remetendo-se os domínios econômicos e sociais para os mecanismos da liberdade individual e da liberdade de concorrência. Nesse contexto, os direitos fundamentais liberais decorrem não tanto de uma declaração revolucionária de direitos, mas do respeito a uma esfera de liberdade individual (CANOTILHO, 1999, p. 93).

Fica, então, a cargo do Poder Legislativo a elaboração de leis, fonte exclusiva do direito. Ao Poder Judiciário, cabe a atribuição de resolução dos conflitos entre as partes, aplicando o direito material vigente de modo estrito, através de processos lógico-dedutivos de subsunção do caso concreto às hipóteses normativas, sob os ditames da igualdade formal, estando sempre vinculados ao sentido literal, no máximo lógico, da lei. E o Poder Executivo tem como função implementar o Direito, garantindo a certeza e a segurança jurídicas e sociais, internas e externas, na paz e na guerra (CATTONI DE OLIVEIRA, 2002, p. 56-57).

A prática de decisão judicial é entendida como o agir orientado pelo passado, fixado nas decisões do legislador político, diluídas no direito vigente. Esse modelo parte da premissa segundo a qual a Constituição do Estado de Direito deve repelir primariamente os perigos que podem surgir na dimensão que envolve o Estado e o cidadão, portanto nas relações entre o aparelho administrativo, que detém o monopólio do poder, e as pessoas privadas desarmadas (HABERMAS, 1997, v. I, p. 304).

Com a superação do modelo liberal e o surgimento do modelo social de Estado, a Constituição deixa de ser encarada, apenas, como um conjunto de regras estruturadas através de princípios, mas uma "ordem concreta de valores". Nesse paradigma, a Constituição é compreendida como a consubstanciação axiológica concreta da identidade ética e da auto-organização total de uma sociedade política verdadeira, consistindo de um mecanismo ou instrumento de governo com função compatibilizadora.

A Constituição é o estatuto jurídico-político fundamental do Estado e da sociedade: organiza e limita os poderes do Estado e é "medida material da sociedade". A Constituição prescreve programas políticos, define procedimentos, estrutura competências. Questões não só de controle de constitucionalidade da atividade legislativa mas também de omissões legislativas inconstitucionais passam à tela de juízo. A vinculação positiva e negativa do legislador às normas constitucionais é discutida e analisada, embora muitos publicistas, com base numa visão liberal de Direito, defendam a não-aplicabilidade e a falta de eficácia vinculante das normas constitucionais (CATTONI DE OLIVEIRA, 2002, p. 60).

A crítica do Estado Social contra o direito formal burguês concentra-se na dialética que opõe entre a liberdade de direito e a liberdade de fato dos "destinatários" do direito. A liberdade de fato mede-se pelas conseqüências sociais observáveis que atingem os envolvidos, resultantes das regulamentações jurídicas, ao passo que a igualdade de direito refere-se à sua competência em decidir livremente, no quadro das leis, segundo preferências próprias. O princípio da liberdade de direito gera desigualdades fáticas, pois permite o uso diferenciado dos mesmos direitos por parte de sujeitos diferentes; com isso, ele preenche os pressupostos jurídico-subjetivos para uma configuração autônoma e privada da vida.

Nesta medida, a igualdade de direito não pode coincidir com a igualdade de tratamento jurídico, pois as duas modalidades discriminam determinadas pessoas ou grupos, prejudicando realmente as chances para o aproveitamento de liberdades de ação subjetivas, distribuídas por igual. As compensações do Estado do Bem-Estar Social criam a igualdade de chances, as quais permitem fazer uso simétrico das competências de ação asseguradas; por isso, a compensação das perdas em situações de vida concretamente desiguais em termos de condições e de posições de poder serve à realização da igualdade de direito.

No entanto, essa relação se transforma num dilema quando as regulamentações do Estado do Bem-Estar Social, destinadas a garantir, sob o ponto de vista da igualdade do direito, uma igualdade de fato a situações da vida e posições de poder, só conseguem atingir esse objetivo em condições ou com a ajuda de meios que reduzem, significativamente, os espaços para a configuração de uma vida privada autônoma dos presumíveis beneficiários. O direito social revela que, no Estado social, o direito materializado é ambivalente, propiciando e, ao mesmo tempo, retirando a liberdade, o que se explica através da dialética entre liberdade de direito e de fato (HABERMAS, 1997, v. I, p. 154-156).

Sob o paradigma do Estado Social, o princípio da separação de poder toma uma nova dimensão. Não cabe mais falar em separação de poder, mas sim em separação das funções do Estado, já que não há atribuição de diferentes competências a órgãos distintos, mas sim de funções diversas a órgãos distintos, que as exercem cooperativamente, na unidade da soberania estatal.

Assim, uma "decisão justa" no Estado Social de Direito passa pela compreensão e aplicação dos valores contidos na Constituição. É justa a decisão que atenda aos valores constitucionais. Portanto, ao falar em decisão justa, é necessária a aplicação do direito para atender aos fins sociais.

Já no Estado Democrático de Direito e nas idéias defendidas por Habermas, que buscam, a um só tempo, superar o Estado Liberal e Social de Direito, o princípio da democracia passa a ser fundamental para a obtenção de uma decisão justa.

Nesse sentido, afirma Marcelo Cattoni (2001a) que:

> O Direito deve fundamentar-se tão-somente no princípio democrático, não mais compreendido como um mecanismo liberal de decisão majoritária ou a partir de uma pretensa "vontade geral" Republicana, mas como institucionalização de processos estruturados por normas que garantam a possibilidade de participação discursiva dos cidadãos no processo de tomada de decisões.
>
> [...] A teoria do Direito, fundada no discurso, entende o Estado Democrático de Direito como a institucionalização de processos e pressupostos comunicacionais necessários para uma formação discur-

Teoria Tridimensional da Coisa Julgada Constitucional... 183

siva da opinião e da vontade, a qual possibilita, por seu turno, o exercício da autonomia política e a criação legítima do Direito. De outro lado, a teoria da sociedade fundada na comunicação entende o sistema político estruturado segundo o Estado de Direito, como um sistema de ação entre outros. Este pode compensar os eventuais problemas de integração na sociedade global, colocando a formação institucionalizada da opinião e da vontade em contato com comunicações públicas informais, pois está inserido nos contextos de um mundo da vida através de uma esfera ancorada numa sociedade civil.

Finalmente, uma determinada compreensão do Direito estabelece a relação entre a abordagem normativa e a empírica. Segundo essa concepção, a comunidade jurídica pode ser entendida como um *medium* através do qual as estruturas de reconhecimento concretizadas no agir comunicativo passam do nível das simples interações para o nível abstrato das relações organizadas. A rede tecida pelas comunicações jurídicas é capaz de envolver sociedades globais, por mais complexas que sejam. (CATTONI DE OLIVEIRA, 2001a, p. 171-179, 180)

No paradigma democrático, o processo de tomada de decisão justa é o procedimento discursivo, participativo, que garante a geração de decisão participativa. "A intrumentalidade técnica do processo está em que ele se constitua na melhor, mais ágil e mais demo-crática estrutura para que a sentença que dele resulta se forme, seja gerada, com a garantia de participação igual, paritária, simétrica daqueles que receberão os seus efeitos (GONÇALVES, 1992, p. 171).

Desse modo é que a Constituição deverá ser compreendida: como a institucionalização de condições processuais para a formação de vontade e opinião políticas e como instância de reconhecimento reflexivo que, presente a tensão entre faticidade e validade, pretende garantir o exercício das autonomias pública e privada dos co-associados jurídicos (CATTONI DE OLIVEIRA, 2000b, p. 87).

Para Habermas, a legalidade é que determina a legitimidade, mediante a razão comunicativa e tendo a democracia como pano de fundo. A validade social das normas depende de seu processo de formação e só será legítima a norma jurídica e a decisão jurídica que atender ao princípio discursivo do direito. A elaboração, aplicação e controle normativo devem ser realizados argumentativamente, para garantir a legitimidade.

Buscando entender o Direito à luz do Estado Democrático de Direito e pelo princípio da democracia, que, no âmbito jurídico, se converte em princípio do discurso, Habermas propôs uma reflexão procedimental acerca da legitimidade do direito.

> A compreensão procedimentalista do Direito tenta mostrar que os pressupostos comunicativos e as condições do processo de formação democrática da opinião e da vontade são a única fonte de legitimação. Tal compreensão é incompatível, não somente com a idéia platônica, segundo a qual o Direito positivo pode extrair sua legitimidade de um Direito Superior, mas também com a posição empirista, que nega qualquer tipo de legitimidade que ultrapasse a contingência das decisões legisladoras.[...]
>
> O ordenamento jurídico só passa a ser normativo no momento em que incorpora a dimensão da liberdade comunicativa, pois essa normatividade é tão somente mediata, porque, para constituir-se como normativo, o ordenamento jurídico precisa ser reconhecido como legítimo. O simples fato de ser fruto de um procedimento legislativo não confere à norma jurídica autoridade absoluta. Antes, porém, o fato de ser norma jurídica lhe confere o 'status' de autoridade relativa, pois, estando aberta à comprovação tácita, sua legitimidade é tributária de sua vinculação a processos democráticos.
>
> Sob os auspícios do melhor argumento, o Direito dança entre facticidade e validade, vindo a constituir-se como instituição que obtém sua legitimidade à medida que expressa a vontade discursiva dos cidadãos. Como a legitimidade do direito decorre da correição processual e esta última da conjunção entre soberania e direitos humanos, a validade decorrente desse processo é sempre passível de revisão.
>
> O processo de criação do Direito, ou melhor, o processo que permite interpretar o ordenamento jurídico como emanação da opinião e da vontade discursiva dos cidadãos, para ser legítimo, tem de fazer referência aos direitos que cada cidadão tem de se atribuir a fim de obter reconhecimento como sujeito de direito.
>
> Para que o Direito possa ser entendido como emanação da vontade discursiva dos cidadãos, isto é, como expressão, é necessário que os autores possam posicionar-se sobre a manifestação dessa vontade. Como o Direito, ao mesmo tempo em que reúne um caráter de obri-

gatoriedade, também é sempre passível de revogação, a figura da igualdade das liberdades subjetivas assume uma posição crucial, pois, para que o Direito se estabeleça como legítimo, faz-se necessário que os membros de uma dada comunidade jurídica se entendam sobre o que é passível de obrigatoriedade jurídica.

Portanto, a pergunta pela validade de um proferimento, ou ainda pela validade de um costume ou de um ordenamento jurídico, em sociedades pós-metafísicas, desacopla-se do peso de autoridades factuais para fixar-se nas razões que se levantam em sua defesa.

Essa compreensão procedimental funda-se na perspectiva de que o Direito Moderno, para ser legítimo, tem de estar afinado tanto com os direitos humanos quanto com o princípio da soberania do povo. [...] Como mostramos, Habermas elabora uma teoria que se firma através da síntese entre esses dois princípios. Essa síntese tem de ser institucionalizada e acoplada a procedimentos que conservem, em seu seio, regras processuais que eliminem qualquer possibilidade de deturpação.

Essa é a tensão que o Direito é condenado a viver: embora seja legítimo, suas prescrições são sempre passíveis de revogação, caso contrário poderíamos estabelecer preceitos que antes aprisionariam do que proporcionariam liberdade. (MOREIRA, 2002, p. 145-147, 165-167, 170)

Habermas entende que a linguagem é o único meio apto para produzir o consenso. A força geradora do consenso reside na "coerção do melhor argumento". Para que o consenso seja possível, todos aqueles que entram no discurso, se não quiserem abrir mão de sua própria racionalidade, devem se predispor a atacar o melhor argumento, qual seja, aquele que melhor responder às críticas dos demais envolvidos. Um argumento é válido se, e somente se, todos os envolvidos tivessem que atacá-lo, se não quisessem abrir mão de sua racionalidade. Diante disso, a fundamentação das decisões ganha relevância para a legitimidade da decisão.

Portanto, o ato de decidir, no Estado Democrático de Direito, não pode ser exarado unilateralmente, pela clarividência do juiz, dependente das suas convicções ideológicas, mas deve, necessariamente, ser "gerado na liberdade de participação recíproca, e pelo controle dos atos do processo" (GONÇALVES, 1992, p. 188).

Diante disso, "decisão legítimada" e não mais "decisão justa", no Estado Democrático de Direito, não pode e não deve ter o juiz como centro da prestação da tutela jurisdicional, como querem os autores da escola instrumentalista do processo. O juiz é apenas mais um componente necessário à efetiva prestação jurisdicional, mas não o único, e não o principal. As partes, os membros do ministério público e os advogados são também responsáveis pela prestação da tutela jurisdicional. Nota-se, por aí, que há um deslocamento do centro da prestação da tutela jurisdicional do juiz para o processo. A participação em simétrica paridade, garantindo o contraditório, a ampla defesa e a isonomia é que asseguram às partes, ao Ministério Público, aos advogados e ao juiz a efetiva prestação da tutela jurisdicional.

Assim, a legitimação das decisões aponta no sentido do processo, sendo este, entendido como

> Necessária instituição constitucionalizada que, pela principiologia do instituto do devido processo legal, converte-se em direito/garantia impostergável e representativo de conquistas históricas da humanidade na luta secular empreendida contra a tirania, como referente constitucional lógico-jurídico, de interferência expansiva e fecunda, na regência axial das estruturas procedimentais nos segmentos da administração, legislação e jurisdição. (LEAL, 1999, p. 82)

Nas palavras de Rosemiro Leal (2002):

> As decisões no ordenamento jurídico democrático não mais se equacionam na esfera atomística do saber judicante ou pelo solipsismo iluminista da imparcial clarividência do julgador. O direito, em sua produção e aplicação no Estado democrático, não se orienta pela **mítica** sociologista de legitimação nas tradições, sequer cumpre desideratos da realização da utopia da sociedade justa e solidária por inferência direta de um imaginário coletivo de bases utópico-retóricas ou estratégicas de auto-engano (ideologismo). (LEAL, Rosemiro, 2002, p.154-155)

Nessa conjectura, "decisão justa" seria somente aquela que se adequasse às características e objetivos da teoria democrática, processualmente fundacional da normatividade. As *decisões*, nesta acepção, só

Teoria Tridimensional da Coisa Julgada Constitucional... 187

se legitimariam pela "pré-compreensão" teórica do discurso democrático, como base de fundamentação da decidibilidade (LEAL, Rosemiro, 2002, p. 95).

O que garante a legitimidade da formação da decisão jurídica, além da observância do contraditório e da ampla defesa, é a consagração do princípio da fundamentação das decisões judiciais. Fundamentar significa indicar as razões jurídicas pelas quais uma decisão foi tomada em detrimento de outra.

Adverte Brêtas (2004) que:

> Esta justificação, porém, não pode ser abstrata, desordenada, desvairada, ilógica, irracional ou arbitrária, formulada no influxo das ideologias, do particular sentimento jurídico ou das convicções pessoais do agente público julgador, porque ele não está sozinho no processo, não é seu centro de gravidade e não possui o monopólio do saber.[74]

---

[74] Conforme afirma Ronaldo Bretas, em sua obra "Responsabilidade do Estado pela função Jurisdicional": algumas dessas "ideologias" surgem cogitadas em doutrinas prestigiadas. Por exemplo, preconiza-se, no ato estatal de julgar, a interferência das "convicções sócio-políticas do juiz, que hão de refletir as aspirações da própria sociedade" (DINAMARCO, 1987, p. 274). Também, na motivação da sentença, muitas vezes, cogita-se da influência de um "oculto sentimento" do juiz, qual seja, "simpatia, antipatia, desinteresse por uma questão ou argumentação jurídica", "todas as variações dessa realidade misteriosa, maravilhosa e terrível que é o espírito humano", refletidas nos repertórios de jurisprudência (CAPPELLETTI, 1974, p. 3-5). Entretanto, o entrelaçamento técnico dos princípios da reserva legal, do contraditório e da fundamentação, que se dá pela garantia do processo constitucional, tolhe a nefasta intromissão dessas "ideologias" no ato estatal de julgar, ultimamente em voga, eis que repudiadas pela configuração jurídico-fundamental do Estado Democrático de Direito, princípio ao qual a função jurisdicional está sempre vinculada. Daí a lição proeficiente de Rosemiro Pereira Leal: "a reserva legal, como referente lógico-jurídico da legitimidade jurisdicional, erigiu-se em princípio constitucional de racionalidade na prolatação das decisões judiciais, o que torna imprescindível a fundamentação do ato jurisdicional em leis que lhe sejam procedentes" (LEAL, 2000, p. 110). Endossamos essa posição doutrinária, porque as partes, no processo, têm o direito de obter do Estado um provimento conforme o ordenamento jurídico vigente. Logo, a sentença tem de indicar com precisão as normas jurídicas (regras e princípios) que lhe serviram de base à fundamentação. Nessa linha de pensamento, poder-se-ia até mesmo sustentar a incidência do princípio da precisão (ou determinabilidade) das normas jurídicas, a informar a segurança jurídica do ato estatal de julgar. (BRÊTAS, 2004, p 146-147)

A justificação se faz dentro de um conteúdo estrutural normativo que as normas processuais impõem à decisão, em forma tal que o julgador lhe dê motivação racional sob a prevalência do ordenamento jurídico e indique a legitimidade das escolhas adotadas, em decorrência da obrigatória análise dos argumentos desenvolvidos pelas partes, em contraditório, em torno das questões de fato e de direito sobre as quais estabeleceram discussão.

Portanto, a fundamentação da decisão jurisdicional será o resultado lógico da atividade procedimental realizada mediante os argumentos produzidos em contraditório pelas partes, que suportarão seus efeitos. (BRÊTAS, 2004, p. 146-147)

A partir dessas concepções, nota-se um inegável entrelaçamento do princípio do contraditório com o princípio da fundamentação. André Leal (2002), corroborando o entendimento acima exposto, sustenta que:

Mais do que garantia de participação das partes em simétrica paridade, portanto, o contraditório deve ser efetivamente entrelaçado com o princípio [...] da fundamentação das decisões, de forma a gerar bases argumentativas acerca dos fatos e do direito debatido, para a motivação das decisões; concluindo, decisão que desconsidere, ao seu embasamento, os argumentos produzidos pelas partes no seu *iter* procedimental será inconstitucional e, a rigor, não será sequer pronunciamento jurisdicional, tendo em vista que lhe faltaria a necessária legitimidade. (LEAL, André, 2002, p. 105)

Se o órgão julgador do Estado desconhecer essas premissas, haverá ilegalidade ou inconstitucionalidade da decisão jurídica que, sob rigor técnico, não será pronunciamento jurisdicional, via de conseqüência, tratando-se de decisão absolutamente nula. (BATTAGLINI; NOVELLI, 1985, p. 132; GONÇALVES, 1993, p. 115).

Se, para a obtenção de uma decisão legítima, é indispensável a observância do contraditório, só é possível garantir o contraditório com uma modificação no entendimento sobre a questão da "cidadania". Nesse sentido, Habermas esclarece que:

[...] na linguagem dos juristas, a cidadania, *'citoyennete' ou 'citizenship'* teve, durante longo tempo, apenas o sentido de nacionalidade ou de pertença a um Estado; só ultimamente o conceito foi ampliado no sentido de um *status* de cidadão, envolvendo direitos civis. A pertença a um Estado regula a subordinação de pessoas sob um Estado, cuja existência é reconhecida pelo direito internacional. Sem levar em conta a organização interna do poder do Estado, essa definição da pertença, unida à demarcação do território do Estado, serve para a delimitação social do Estado. Segundo a autocompreensão do Estado democrático de direito, que se entende como uma associação de cidadãos livres e iguais, a pertença a um Estado está ligada ao princípio da voluntariedade. As características adscritivas convencionais da residência e do lugar de nascimento (*jus soli e jus sanguinis*) não são suficientes para fundamentar uma submissão irrevogável sob o poder soberano do Estado. Elas constituem apenas critérios administrativos que permitem supor um assentimento implícito, o qual corresponde ao direito de emigrar ou de renunciar à cidadania.

Hoje em dia, no entanto, as expressões "cidadania" ou "*citizenship*" são empregadas, não apenas para definir a pertença a uma determinada organização estatal, mas também para caracterizar os direitos e deveres dos cidadãos (HABERMAS, 1997, v. II, p. 285).

Rosemiro Pereira Leal (2002), em importante consideração, pontua alguns aspectos que podem contribuir para a desbanalização da cidadania como tema retórico e momentoso da preferência televisiva e radiofônica de nossos dias, em que se convocam entrevistados com rótulos de cientistas políticos (meros comentaristas do casuísmo politiqueiro) para se incorporarem à corrente jornalística. Promove-se, então, festiva orgia verbal sobre direitos humanos e soberania popular, tão do agrado dos espetáculos públicos de mitigação capitalista (neoliberal) da democracia.

Nos seguintes termos se manifesta Rosemiro Leal (2002):

> É que, quando escrevemos, em direito democrático, sobre **cidadania** como conteúdo de **processualização** ensejadora da **legitimidade decisória**, o que se sobreleva é o nivelamento de todos os componentes da comunidade jurídica para, individual ou grupalmente, instaurarem procedimentos processualizados à correição (fiscalização) intercorrente da produção e atuação do direito positivado como modo de **auto-inclusão** do legislador-político-originário

(o cidadão legitimado ao **devido processo legal**) na dinâmica testificadora da validade, eficácia, criação e recriação do ordenamento jurídico caracterizador e concretizador do tipo teórico da estabilidade constitucionalizada.

Em **direito democrático**, o processo abre, por seus princípios institutivos (isonomia, ampla defesa, contraditório), um espaço jurídico-discursivo de auto-inclusão do legitimado processual na **comunidade jurídica** para construção conjunta da **sociedade jurídico-política**. Tem-se, assim, no legitimado ao processo, por si próprio, o agente legal (remetente-receptor do exercício e **auto-entrega** de sua pessoal **cidadania** no Estado democrático de Direito. E tal se esclarece para retirar do conceito vulgar de cidadania conotações ligadas a um aleatório e ocasional exercício do voto ou a mobilizações sociais como formas tidas como importantes para provocar significativas transformações ou controles estruturais da sociedade política.

Percebe-se logo a fragilidade e engano de se conceber a **cidadania** como núcleo central mitológico da usinagem da liberdade e dignidade humana. **Cidadania** é um deliberado vínculo jurídico--político-constitucional que qualifica o indivíduo como condutor de **decisões**, construtor e reconstrutor do ordenamento jurídico da sociedade política a que se filiou, porém o exercício desse direito só se torna possível e efetivo pela irrestrita condição legitimada ao **devido processo constitucional**. Somente assim, a partir da legalidade, nas comunidades jurídicas pós-seculares, é atingível a concreção geral do Estado Democrático de Direito que é, nessa versão, um ***status*** (espaço aberto a todos de validação e eficácia processual contínua, negativa ou afirmativa, do ordenamento jurídico). (LEAL, Rosemiro, 2002, p. 151). (grifos do autor)

Portanto, numa posição completamente diversa de Kelsen, Dworkin e Rawls, Habermas busca justificar sua idéia sobre legitimidade decisória através de uma teoria da democracia, em que entende que o processo de formação legítima da decisão jurídica depende da participação dos cidadãos, que podem se identificar tanto como autores quanto destinatários das normas jurídicas. "Decisão legitimada" tem como pressuposto um processo legítimo, que realize a função socialmente integradora da ordem jurídica e a pretensão de legitimidade do Direito, cumprindo simul-

Teoria Tridimensional da Coisa Julgada Constitucional... 191

taneamente atender as condições de uma decisão consistente e da aceitabilidade racional, devendo a aplicação da norma jurídica ao caso concreto ser buscada discursivamente.

7.2 Coisa julgada como "verdade"

A relação entre "coisa julgada" e "verdade" sempre foi muito próxima. Como exemplo dessa afirmativa, pode-se citar o direito romano, no qual Ulpiano chegou a afirmar que a *res iudicata* valia como "verdade", ou melhor, "em lugar" da verdade (TALAMANI, 2005, p. 207-208). E também o direito canônico, no qual a "verdade divina" era uma justificativa para a modificação da coisa julgada nos processos canônicos.[75]

Na Idade Média, a coisa julgada não mais se compreendia como uma exigência prática, mas como presunção de verdade daquilo que o juiz, como tal, declarava, vulgarizando a idéia de que a coisa julgada faz do branco, preto, do quadrado, redondo (NASCIMENTO, 2005, p. 129).

No século XIV, em alguns casos, a sentença revelava a própria verdade (*inducit ipsam veritatem*), mas, em outros, *non facit hoc, sed perinde habetur ficte ac si esset* (não faz isso, porém é igualmente tida, fictamente, como se fosse verdade) (ARAGÃO, 1992, p. 204).

No século XIX, Savigny, citado por Neves (1971), influenciado pelo Código Civil de Napoleão, apresentou a teoria da coisa julgada como "ficção de verdade". Para ele, a coisa julgada era a representação da verdade e que não poderia ser mais discutida em nome da segurança jurídica (NEVES, 1971, p. 108).

No entanto, se a idéia de coisa julgada relacionada com a "verdade" foi muito desenvolvida pelos autores, também não podemos deixar de anotar que muitos combatiam tal afirmação, refutando qualquer ligação entre os dois termos. Tal era, por exemplo, o entendimento de Chiovenda e de Liebman.

Chiovenda busca afastar a idéia de "verdade" ligada à coisa julgada, afirmando que a incontestabilidade da coisa julgada realiza-se mediante a

---

[75] Para mais informações, ver o capítulo sobre a coisa julgada no Direito Canônico.

192   *Coisa Julgada Constitucional*

preclusão de todas as questões que se suscitaram e de todas as questões que se poderiam suscitar em torno da vontade concreta da lei (CHIOVENDA, 2000, p. 450). A coisa julgada, para o autor, seria um efeito decorrente da preclusão.

Liebman também se contrapõe à relação entre coisa julgada e "verdade", sustentando que a coisa julgada é qualquer coisa a mais que se ajunta à sentença para aumentar-lhe a estabilidade. A coisa julgada é um novo elemento que qualifica a sentença, tornando-a imutável (LIEBMAN, 1981, p. 4).

Enfim, o fato é que, quando se estuda o instituto da coisa julgada, a idéia de "verdade" é sempre abordada. E mais, serve, inclusive, de fundamento para justificar a possibilidade de modificação da coisa julgada, por não corresponder à verdade dos fatos e ir de encontro à "justiça nas decisões".

7.2.1 *Teorias clássicas sobre a "verdade"*

Para se entender o sentido do termo "verdade", e, posteriormente, relacioná-lo ao direito processual, é necessário desenvolver, ainda que de forma sintética, as tradicionais teorias substanciais existentes sobre a "verdade". Isso possibilitará uma melhor compreensão do termo, permitindo, na seqüência, um comentário crítico mais fundamentado sobre o tema.

As teorias clássicas ou substanciais sobre a "verdade" podem ser divididas em: a) teoria da correspondência; b) teoria da coerência; c) teoria da convenção ou do consenso; d) teoria pragmatista; e e) teoria da verificação ideal.

A **teoria da correspondência ou evidência** estabelece que a verdade é a adequação do nosso intelecto à coisa ou da coisa ao nosso intelecto. A **teoria da coerência** estabelece que a verdade é a coerência interna, ou a coerência lógica das idéias que, de acordo com as regras e leis dos enunciados, formam um racíocino.

A **teoria da convenção** ou **do consenso** estabelece que a verdade é o consenso a que, observados princípios e convenções que estabelecem sobre o conhecimento, chegam os membros de uma comunidade de pesquisadores ou estudiosos.

A **teoria pragmática** estabelece que a verdade está nos resultados e aplicações práticas do conhecimento, sendo aferível pela experimentação e pela experiência. E, por último, a **teoria da verificação ideal** estabelece que a verdade está nos resultados obtidos dentro de situações ideais de experimentação.

Como ressalta Marilena Chauí (1995):

> Na primeira e na quarta teoria, a verdade é o acordo entre o pensamento e a realidade. Na segunda e na terceira teoria, a verdade é o acordo do pensamento e da linguagem consigo mesmos, a partir de regras e princípios que o pensamento e a linguagem deram a si mesmos, em conformidade com sua natureza própria, que é a mesma para todos os seres humanos (ou definida como a mesma para todos por um consenso). (CHAUI, 1995, p. 100-101)

Diante de tais teorias, e fazendo um paralelo com as decisões jurisdicionais, pode-se afirmar que a sentença é verdade se, e somente se, corresponde a um fato (teoria da correspondência); a sentença é verdade se, e somente se, corresponde a um conjunto de crenças internamente coerente (teoria da coerência); a sentença é verdade se, e somente se, corresponde ao consenso dado aos membros de uma comunidade de pesquisadores ou estudiosos (teoria do consenso); a sentença é verdade se, e somente se, é algo útil a se acreditar (teoria pragmátista); a sentença é verdade se, e somente se, é provável ou verificável em condições ideais.

Em todas as teorias da verdade citadas, há um ponto comum, qual seja, a adequação ou conformidade entre o intelecto e a realidade. O intelecto é a inteligência, o entendimento, a razão, o conhecimento intelectual. A realidade é o ser. Na correspondência entre o intelecto e o ser, firma-se a adequação de idéias constitutivas do objeto (*adaequatio intellectus et rei*) (BARROS, 2002, p. 15).

Verifica-se, também, outro ponto comum nessas teorias. Todas trabalham o conceito de "verdade" no âmbito substancial. Nessa perspectiva, admite justificativa para sua modificação a sentença judicial que não corresponder à verdade dos fatos; ou que não corresponder a um conjunto de crenças internamente coerente; ou, ainda, que não corresponder a um consenso; que não for passível de comprovação em condições ideais; ou na qual não for mais útil acreditar. Como preferem alguns, tais casos permitem a "flexibilização da coisa julgada". Isso impede a garantia da segurança jurídica e a certeza no direito.

Quando se trabalha com qualquer teoria da verdade substancial, fica fácil justificar a modificação da decisão jurisdicional de reconhecimento ou negatória de paternidade. Parece ser essa a orientação dos tribunais brasileiros, que, fundados na verdade substancial, justificam a flexibilização da coisa julgada para garantir a justiça nas decisões.

7.2.2 *"Verdade" e prova*

Firma-se, a cada dia, na jurisprudência brasileira, a possibilidade de ajuizamento de **nova** ação de reconhecimento de paternidade, buscando desconstituir sentença transitada em julgado que declarou a existência ou não de paternidade, mesmo após o prazo de 2 (dois) anos da ação rescisória (art. 495 do CPC). O fundamento utilizado é o de que deve prevalecer, no processo jurisdicional, a "verdade real" sobre a "verdade formal".

Essa é a orientação do Superior Tribunal de Justiça sobre o assunto, no qual colacionamos a ementa do acórdão de número 226436/PR, proferida pela 4.ª turma do Superior Tribunal de Justiça, cujo Relator é o Ministro Sálvio Figueiredo Teixera:

> PROCESSO CIVIL. INVESTIGAÇÃO DE PATERNIDADE. REPETIÇÃO DE AÇÃO ANTERIORMENTE AJUIZADA, QUE TEVE SEU PEDIDO JULGADO IMPROCEDENTE POR FALTA DE PROVAS. COISA JULGADA. MITIGAÇÃO. DOUTRINA PRECEDENTE. DIREITO DE FAMÍLIA. EVOLUÇÃO. RECURSO ACOLHIDO. I – Não excluída expressamente a paternidade do investigado na primitiva ação de investigação de paternidade diante da precariedade da prova e da ausência de indícios suficientes a caracterizar tanto a paternidade como a sua negativa, e considerando que, quando do ajuizamento da primeira ação, o exame pelo DNA ainda não era disponível e nem havia notoriedade a seu respeito, admite-se o ajuizamento de ação investigatória, ainda que tenha sido aforada uma anterior com sentença julgado improcedente o pedido. II – **Nos termos da orientação da Turma, "sempre recomendável a realização de perícia para investigação genética (HLA e DNA), porque permite ao julgador um juízo de fortíssima probabilidade, senão de certeza na composição do conflito. Ademais, o progresso da ciência jurídica, em matéria de prova, está na substituição da verdade ficta pela verdade real.** III – A coisa

julgada, em se tratando de ações de estado, como no caso de investigação de paternidade, deve ser interpretada *modus in rebus*. Nas palavras de respeitável e avançada doutrina, quando estudiosos hoje se aprofundam no reestudo do instituto, na busca, sobretudo, da realização do processo justo, "a coisa julgada existe como criação necessária à segurança prática das relações jurídicas e as dificuldades que se opõem à sua ruptura se explicam pela mesmíssima razão. "Não se pode olvidar, todavia, que, numa sociedade de homens livres, a Justiça tem de estar acima da segurança, porque sem Justiça não há liberdade". IV – Este Tribunal tem buscado, em sua jurisprudência, firmar posições que atendam aos fins sociais do processo e às exigências do bem comum. Decisão: Vistos, relatados e discutidos estes autos, prosseguindo no julgamento, acordam os Ministros da 4.ª Turma do Superior Tribunal de Justiça, na conformidade dos votos e das notas taquigráficas a seguir, por unanimidade, conhecer do recurso e dar-lhe provimento. Votaram com o Relator os Ministros Barros Monteiro, César Asfor Rocha, Ruy Rosado de Aguiar e Aldir Passarinho Júnior. (Recurso Especial n.° 226436/PR (1999/0071498-9), 4ª Turma do STJ, Rel. Min. Sálvio de Figueiredo Teixeira, j. 28.06.2001, Publ. DJU 04.02.2002 p. 370. (grifos nossos)

Deduz-se, pela análise do presente acórdão, que o Ministro Relator justifica a possibilidade de modificação da coisa julgada sob o fundamento de que o que importa no processo jurisdicional é justamente a busca da verdade real. Ao afirmar isso, o Ministro Relator demonstra sua afinidade à teoria da verdade como correspondência. Acrescenta, ainda, que o que está a autorizar a modificação do julgado é, justamente, a prova pericial de DNA, que permite ao julgador atribuir juízo de quase certeza sobre a possibilidade de paternidade.

Tal orientação acima indicada serviu de base para que outras decisões fossem dadas nos demais Tribunais de Justiça dos Estados, ressaltando sempre a possibilidade de rediscussão da paternidade quando não corresponder à verdade dos fatos.

Este livro se guia pelo entendimento de que "verdade" não tem relação com "certeza", principalmente no que diz respeito ao exame de DNA. Quando se busca a "verdade" na ação de reconhecimento de paternidade, isso não implica a certeza da paternidade. Tal afirmativa pode ser verificada nos dizeres de Malatesta (1996), ressaltando que a verdade, em geral, é a conformidade da noção ideológica com a realidade, enquanto a crença na percepção desta conformidade é a certeza; por vezes, tem-se certeza do que, objetivamente, é falso; por vezes, duvida-se do que, objetivamente, é verdadeiro (MALATESTA, 1996, p. 21).

A relação entre "verdade real" e "prova" defendida pelo julgado acima colacionado revelam que o processo jurisdicional brasileiro ainda não conseguiu superar o dogmatismo e a teoria do processo como relação jurídica, que tem como premissas básicas a análise da prova e sua interpretação centrada na figura "mitológica" do juiz.

Conforme adverte Leal (2005b)

> Desservem ao Direito, na contemporaneidade, os estudos da prova, se concebida, como assinalado, em moldes judiciaristas, mediante avaliação de sua eficácia probante pelo "poder" da sensibilidade e do talento da apreensibilidade jurisdicional. (LEAL, 2005b, p. 193)

Nas democracias, a "prova" não é parâmetro para a busca da "verdade real". O ato de "provar" é entendido como "representar e documentar, instrumentando, os elementos de prova pelos meios de prova" (LEAL, 2005b, p. 193). A prova, na democracia, não pretende estabelecer a "verdade", mas, sobretudo, ser uma garantia do devido processo constitucional.

Para cumprir essa sua função de garantia do devido processo constitucional, a "prova" enuncia-se pelos conteúdos lógicos de aproximação dos seguintes princípios: a) indiciariedade; b) ideação; e c) formalização. Na lição de Leal (2005b):

> [...] o princípio da indiciariedade aponta o elemento de prova no espaço. O princípio da ideação rege o meio intelectivo legal da coleta da prova no tempo do pensar. O princípio da formalização realiza o instrumento da prova pela forma estabelecida em lei. De conseqüência, a prova, como instituto jurídico, enuncia-se a partir do mundo da realidade dos elementos sensoriais pelos meios de ideação jurídica para elaboração do instrumento de sua expressão formal. (LEAL, 2005b, p. 192)

De fato, a busca da "verdade" dos fatos não é responsabilidade do juiz, nem do processo e, muito menos, da prova. Nesse sentido, sugere-se que o art. 131 do CPC deve ser reinterpretado, ou até modificado, para atender às bases democráticas que a Constituição da República do Brasil colocou no artigo 1.°

Isso significa que o princípio do **livre convencimento motivado** (art. 131 do CPC) só serve para garantir o devido processo constitucional se permitir que todos os interessados na decisão jurisdicional possam analisar e motivar quais foram suas interpretações sobre a prova produzida. A ausência dessa participação proíbe o juiz de sentenciar e descaracteriza o conceito de "fundamento decisório" a que alude o art. 93, IX e X da CR/88.

Ressalta, com bastante propriedade, Leal (2005b) que:

> Nos arts 131 e 332 do CPC, provar é ato reconhecido pela Jurisdição, e não atividade de demonstrar pelo instituto da prova. O CPC, nesse passo, é de irretocável autocracia (1973). Não tem eixo teórico no paradigma do Estado de Direito Democrático, não adota o instituto da prova em sua plenitude enunciativa de operacionalização de direitos fundamentais.
>
> Assim, quando é suprimida a produção de provas em nome do "livre convencimento"do juiz (art. 131, do CPC) ou de uma *justiça rápida* ou pela retórica da singeleza dos casos, temos a ilusória resolução das demandas pelo delírio enganoso do consenso ou pela utopia do diálogo inesclarecido ou a terminação do caso pelo esquecimento do conflito. Exercer *jurisdição sem procedimento* é abolir a prova legal de existência do *due process*, porque, para existir Processo, é preciso produzir procedimento (espeço-tempo-formalizado), segundo a lei asseguradora da ampla defesa, do contraditório, da isonomia, do direito ao advogado e gratuidade dos serviços judiciários na defesa de direitos fundamentais. (LEAL, 2005b, p. 198-199)

Concluindo, a tentativa presente nos julgados acima de relacionar a "verdade" com a "prova" é de uma total infelicidade. A permissão de revisão da decisão jurisdicional transitada em julgado (coisa julgada) com a simples fundamentação de que as provas colacionadas aos autos não correspondem à verdade dos fatos e que estão a ensejar injustiça carece de fundamentação teórica.

Não é a ausência de prova ou a demonstração de que as provas trazidas aos autos não condizem com a "verdade" que irão autorizar a modificação ou flexibilização da coisa julgada. O que tem que ser observado é se a decisão jurisdicional foi legítima, se observou o contraditório e o devido processo constitucional. Do contrário, nem se pode falar em formação da coisa julgada e, portanto, desnecessária se faz a sua "modificação" ou "flexibilização", como sustentam os julgados acima.

Assim, merece melhor desenvolvimento a questão acerca do que se entende por "verdade real" e "verdade formal".

A doutrina processual tradicional salienta que "verdade real ou material" corresponde aos fatos que realmente aconteceram. Já a "verdade formal" é aquela que representa os fatos perante o processo, limitada ao que foi produzido dentro dos autos. Sustentam que a "verdade real" é norte inarredável do processo penal, e a "verdade formal" seria apenas um princípio informador do processo civil.

O argumento para justificar tal posicionamento, contido na doutrina processual, está focalizado nos **direitos disponíveis,** com os quais trabalha o direito processual civil. O fato incontroverso no processo civil não necessita de produção de prova (art. 334 do CPC), autorizando o julgador a aplicar a pena da revelia, qual seja, a "presunção de verdade" (verdade formal). Já no tocante ao processo penal, a incontroversibilidade dos fatos, por si só, não gera, no julgamento, efeito acolhedor da vontade concorde das partes, uma vez que os direitos são **indisponíveis**, mesmo porque possui o juiz poderes de investigação supletiva diante da omissão ou inércia da acusação e/ou da defesa.

Confirmando o exposto acima, Tourinho Filho (2007) assevera:

> No processo civil vigoram as presunções, as ficções, as transações, elementos todos contrários "à declaração de certeza da verdade material". Se o réu, no Processo Civil, estando em jogo interesses disponíveis (que constitui regra), reconhece a procedência do pedido, extingue-se o processo com a resolução do mérito (art. 269, II, do CPC). No Processo Penal, não; a confissão não passa de simples meio de prova. (TOURINHO FILHO, 2007, v. 1, p.37)

Uma ressalva, porém, merece ser registrada. Apesar de o Código de Processo Civil admitir, em várias hipóteses, a presunção de veracidade dos fatos, que não chegam a ser objeto de prova, o que leva à conclusão de que a sentença será dada à base de verdade apenas formal, isso, todavia, não elimina o compromisso com a verdade real. Antes de acolher qualquer presunção, a lei sempre oferece à parte a oportunidade de alegar e provar efetivamente a veracidade dos fatos relevantes à acolhida da ação ou defesa.

A esse respeito, esclarece Theodoro Jr (2007) que:

> [...] somente depois de a parte não usar os meios processuais a seu alcance é que o juiz empregará mecanismos relativos ao ônus de prova e à *ficta confessio*. É, destarte, a própria parte, e não o juiz, que conduz o processo a um julgamento afastado da verdade real. (THEODORO JÚNIOR, 2007, p. 33-34)

No entanto, alguns doutrinadores não têm poupado críticas à dicotomia existente entre "verdade real" e "verdade formal". Grinover (1982), por exemplo, tece sua crítica a tal dicotomia afirmando que:

> [...] a antítese "material-formal" é criticável quer do ponto de vista terminológico, quer do ponto de vista substancial. É igualmente simplista a ulterior correlação: processo penal – verdade material; processo civil – verdade formal. Pressupõe ela a imagem de um processo civil, imutavelmente preso ao dogma da absoluta disponibilidade do objeto do processo e dos meios de prova, o que é inexato do ponto de vista do direito positivo, bem como do ponto de vista histórico. (GRINOVER, 1982, p. 82)

Ainda no intuito de tecer críticas a essa dicotomia, sustenta Cambi (2001) que:

> [...] resta superada a dicotomia da verdade material e da verdade formal que se costumava fazer atribuindo à primeira ao processo penal e a segunda ao processo civil. A reconstrução dos fatos no processo penal não é mais relevante do que no processo civil, mesmo porque nem todas as condenações penais redundam na aplicação da pena de restrição da liberdade e, mesmo assim, em contrapartida, as conseqüências não patrimoniais de uma condenação civil poderiam ser tão graves quanto a restrição da liberdade (por exemplo, a perda do pátrio poder). Portanto, tanto no processo penal quanto no civil, o melhor conhecimento possível dos fatos constitui pressuposto para uma boa decisão. (CAMBI, 2001, p. 72-73)

Merece acolhida a afirmativa de não ser possível estabelecer diferenciação entre "verdade real" e "verdade formal". No entanto, não se pode corroborar com a fundamentação articulada pelos professores acima referenciados. A colocação da dicotomia e suas críticas acabam por disseminar muito mais dúvidas do que, propriamente, soluções.

Diante dessas alegações, surge o questionamento:

"Qual o entendimento sobre verdade, no processo jurisdicional democrático, e sua relação com a coisa julgada?" Este estudo buscará respostas para tal indagação no próximo item que discorrerá sobre **verdade, justificação e coisa julgada.**

7.2.3 *"Verdade", justificação e coisa julgada*

A relação entre "verdade" e "coisa julgada" será buscada a partir da filosofia da linguagem. Assim, pretende-se retomar a idéia de coisa julgada ligada à verdade, não como correspondência com a realidade dos fatos, mas, sobretudo, como "justificação" que permita a todos os interessados a efetiva participação no processo de formação da decisão jurisdicional.

A compreensão da coisa julgada como sendo uma "sentença" ou "enunciado" da verdade não pode dissociar-se da linguagem. Não há nenhuma possibilidade de isolar as limitações da realidade que tornam um enunciado verdadeiro das regras semânticas que fixam essas condições de verdade.

O "discurso de aplicação" das normas aos casos concretos referem-se sempre aos interesses das partes imediatamente envolvidas. Assim, as perspectivas particulares dos participantes têm que manter, simultaneamente, o contato com a estrutura geral de perspectivas que, durante os "discursos de fundamentação", esteve atrás de normas supostas como válidas.

Nesse sentido, sustenta Habermas (2004) que:

> O mundo objetivo não é mais algo a ser retratado, mas apenas o ponto de referência comum de um processo de entendimento mútuo entre membros de uma comunidade de comunicação, que se entendem sobre algo no mundo. Os fatos comunicados não podem ser separados do processo de comunicação, assim como não se pode separar

a suposição de um mundo objetivo do horizonte de interpretação intersubjetivamente compartilhado, no qual os participantes da comunicação desde sempre já se movem. O conhecimento não se reduz mais à correspondência entre proposições e fatos. É por isso que apenas a virada lingüística, coerentemente conduzida até o fim, pode superar de uma só vez o mentalismo e o modelo congnitivo do espelhamento da natureza. (HABERMAS, 2004, p. 234)

A idéia de que é possível entender a "coisa julgada" como sendo "verdade" só pode ser explicada com o auxílio dos enunciados de linguagem. Os enunciados de linguagem contidos na decisão jurisdicional somente são verdade se puderem ser confrontados com os conhecimentos já pré-concebidos e discutidos pelos interessados do ato final. Tal fato sugere "um conceito antifundamentalista de conhecimento e um conceito holístico de justificação" (HABERMAS, 2004, p. 242).

Habermas, citando Rorty, salienta que "nada pode valer como justificação a não ser por referência ao que já aceitamos" e conclui daí "que não podemos sair de nossa linguagem e de nossas crenças para encontrar algum teste que não seja a coerência" (HABERMAS, 2004, p. 242). Coerência, para Habermas, é justamente a "justificação" da sentença ou enunciado de linguagem por crenças já existente sobre o mundo. No entanto, saliente-se, não basta que uma sentença ou a coisa julgada seja coerente para que seja verdadeira. É necessário atender ao critério de "justificação", que só se realiza através do princípio do discurso.

Segundo informa Dalla-Rosa (2002):

> O discurso nada mais é do que a identificação dos modos pelo qual o homem, pela utilização da palavra, consegue atingir a esfera de outrem, ou modificar sua própria esfera, utilizando-se, para tanto, de instrumentos que permitam compreender o objeto através de seus aspectos lingüísticos, aproximando-os de sua natureza ontotógica e conduzindo seu destinatário à imaginação, à decisão, à concordância ou ao convencimento de premissa afirmada. (DALLA-ROSA, 2002, p. 25)

Na transição do agir para o discurso, a "verdade" de uma decisão jurisdicional se liberta do modo da certeza da ação e toma a forma de um enunciado hipotético, cuja validade fica suspensa durante o discurso.

A argumentação tem a forma de um concurso que visa aos melhores argumentos a favor de ou contra pretensões de validade controversas, servindo à busca cooperativa da verdade (HABERMAS, 2004, p. 249-250).

Nesse sentido, argumenta Habermas que:

> O que consideramos verdadeiro deve poder ser defendido com razões convincentes não só em outro contexto, mas também em todos os contextos possíveis, ou seja, a todo momento, e contra quem quer que seja. A teoria discursiva da verdade se inspira nisso; desse modo, um enunciado é verdadeiro quando, nas exigentes condições de um discurso racional, resiste a todas as tentativas de refutação. (HABERMAS, 2004, p. 254)

No modelo de democracia apresentado por Habermas, com uma visão procedimentalista do direito, a decisão jurisdicional deve refletir a vontade e a opinião dos participantes do processo. No processo jurisdicional, a verdade só pode ser obtida à medida que seja garantida aos participantes a possibilidade de argumentação. Toda decisão tomada discursivamente tem que ser constitucional. O Poder Judiciário tem o papel de proteger o processo de criação democrática do direito, ou seja, de garantir o exercício da cidadania, para que os próprios interessados na decisão jurisdicional possam chegar a um entendimento com base nos argumentos sobre a melhor forma de resolver os problemas (HABERMAS, 1997, v. I, p. 297 e ss).

O que vai influir no resultado de um julgamento e corresponder à "verdade" não é a sua correspondência com a realidade, mas, sobretudo, a argumentação aplicada ao discurso. É isso que vai possibilitar a superação do termo "justiça nas decisões" pelo termo "legitimidade decisória".

A legitimidade da decisão judicial é garantida na mesma medida da respeitabilidade dos princípios do contraditório, da ampla defesa e da fundamentação das decisões. A aplicação da lei aos casos concretos deve ocorrer através do discurso de aplicação. O discurso de aplicação é limitado pelo legislador político, não podendo lançar mão de argumentos arbitrários e contrários às normas legais. Caso isso ocorra, será formalizada uma decisão jurisdcional incontitucional ou ilegal, mas de um ato que não se constitui de uma decisão jurisdicional, por carência de legitimidade e por ausência de fundamentação num discurso de aplicação.

Somente na *praxis* é possível confiar intuitivamente na "verdade", de modo incondicional. Mas quando essa prática do mundo sofre problematizarção, por argumentação, aí se necessita do processo jurisdicional para avaliar se tais pretensões de validade merecem ou não um reconhecimento racionalmente motivado (HABERMAS, 2004, p. 258).

Afirma, ainda mais, Habermas que:

> No mundo da vida, os agentes dependem das certezas de ação. Aqui eles têm de chegar a bom termo com um mundo suposto como objetivo e, por isso, operar com a distinção entre crença e saber. Há a necessidade prática de confiar intuitivamente no **tido-por-verdadeiro** de maneira incondicional. No nível discursivo, essa modalidade aponta para além do contexto de justificação dado a cada vez e leva à suposição de condições ideais de justificação – com a conseqüente descentralização da comunidade de justificação. Por esse motivo, o processo de justificação pode se orientar por uma verdade que, por certo, transcende a justificação, mas é sempre já operativamente eficaz na ação. A função da validade dos enunciados na práxis cotidiana explica por que o fato de resgatar discursivamente pretensões de validade pode, ao mesmo tempo, ser interpretado como a satisfação de uma necessidade pragmática de justificação. Todavia, essa necessidade de justificação, que põe em andamento a transformação de certezas de ação abaladas em pretensões de validade problematizadas, só pode ser satisfeita por uma retradução de opiniões discursivamente justificadas em verdades que orientam a ação. (HABERMAS, 2004, p. 259-260)

Verdadeira é a decisão jurisdicional **justificada** que foi obtida por intermédio do **consenso** entre os interessados no processo jurisdicional. A verdade, em Habermas, significa consenso obtido pelo melhor argumento. E o papel do direito processual não se limita à instituição de procedimentos voltados para a aplicação do direito, mas, sobretudo, em garantir um espaço discursivo no qual os interessados pela decisão jurisdicional também se identifiquem como autores dessa norma jurídica. Nesse sentido:

> O direito processual não regula a argumentação jurídico-normativa enquanto tal, porém assegura, numa linha temporal, social e material, o quadro institucional para decorrências comunicativas

não-circunscritas, que obedecem à lógica de discursos de aplicação. (HABERMAS, 1997, p. 292)

Nesse diapasão, e com base em Habermas, merece crédito a alegação de não ser possível a modificação da decisão jurisdicional transitada em julgado, quando obtida de forma discursiva. Se a coisa julgada é um instituto de direito processual e se foi essa obtida em bases legítimas, não há porque permitir a sua "flexibilização". A "justiça nas decisões", conforme já mencionado, não se obtém pela clarividência do juiz, mas pela garantia de participação dos interessados no processo jurisdicional.

Ainda nesse sentido, ressalta Rosemiro Leal (2002) que:

> O postulado de Habermas de que a força do direito nas democracias se expressa na circunstancialidade de os destinatários das normas se reconhecerem como seus próprios autores só é acolhível num espaço-jurídico processualizado (em conotações fazzalarianas e neo institucionalistas) em que as decisões não seriam atos jurisdicionais de algum protetor ou mero provedor dos procedimentos democraticamente constitucionalizados (devido processo legal), mas atos processualmente preparados na estrutura procedimental aberta a todos os sujeitos (partes: pessoas físicas, jurídicas, coletivas; órgãos judiciais; juízes; instituições estatais, Ministério Público e órgãos técnicos) figurativos e operadores dessa instrumentalidade jurídico--discursiva na movimentação efetivadora, correicional e recriativa dos direitos constitucionalizados por uma comunidade que se candidate a se constituir, a cada dia, em sociedade jurídico-política democrática no Estado constitucionalizado. (LEAL, Rosemiro, 2002, p. 131)

Esta obra pretende demonstrar que é vedado ao Poder Judiciário rever suas decisões quando estas forem constituídas pelo modo discursivo, segundo os ditames do processo democrático. Não há que se falar em verificação de provas, com argumentos que essas não correspondiam à "realidade dos fatos". Não é possível, como sustenta uma corrente da jurisprudência brasileira, autorizar a modificação da coisa julgada em um processo de verificação de paternidade, por exemplo, com o simples fundamento de que, ao tempo da decisão, não existia ou não foi feito o exame de ADN (DNA).

O que se deve perquerir, quando se pretende a modificação de um determinado ato jurisdicional, não é se houve a produção efetiva de provas e se existia meios de provas suficientes para demonstrar, de forma cabal, a realidade dos fatos. O que importa é saber se foi garantido o exercício do contraditório de forma plena.

Ensinam Wambier e Medina (2003) que:

> Dizer que o juiz alcançaria a tão almejada **verdade** ao julgar com espeque em um exame pericial de DNA consiste em algo, no mínimo, ousado, porquanto o conhecimento humano é sabidamente limitado, mesmo nas searas da genética, em que pesem os louváveis avanços recentes desta área da ciência. (WAMBIER; MEDINA, 2003, p. 191)

E concluem:

> O exame pericial de DNA, assim, mesmo que realizado em conformidade com os mais rígidos padrões procedimentais, pode não revelar a **verdade**, efetivamente, porquanto todo e qualquer enunciado científico somente deve ser considerado mais ou menos **convincente** – pois isto é o que importa para o juiz que deverá ser convencido de que algo ocorreu desta ou daquela maneira – e não **verdadeiro,** efetivamente, porquanto este valor é almejado, mas jamais poderá ser **assegurado** pelo Direito (WAMBIER; MEDINA, 2003, p. 191).

A prova pericial de DNA, como qualquer outro instituto jurídico dentro do paradigma democrático, deve sofrer incessante fiscalização pelas partes, através do contraditório. Isso é que vai permitir a legitimidade da decisão jurisdicional. Não é o perito que dá a ultima palavra sobre a paternidade, ele apenas contribui, com seu laudo, para a argumentação desenvolvida pelas partes.

Retomando a pergunta feita no subitem anterior, a respeito do entendimento sobre verdade no processo jurisdicional democrático e sua relação com a coisa julgada, a resposta é fornecida através de uma "verdade procedimental" desenvolvida pelo consenso entre as partes no processo, e que só pode ser efetivada mediante a garantia do contraditório.

A "coisa julgada", quando formada discursivamente, não pode sofrer modificação ou flexibilização. Com bastante propriedade, adverte Leal que:

> O instituto da **coisa julgada** em sua nova concepção constitucionalizada não é, **em si**, permissivo (comissivo) de revisibilidade de sentenças de mérito transitadas em julgado ou de atos performativos (determinativos) de direitos de base constituinte (ato jurídico perfeito ou direito adquirido), **porém** é preventivo e assegurador de que a possível abertura legal à retificação ou rejeição dos julgados e de outros provimentos há de obedecer à hermenêutica de fundamentação do sistema jurídico constitucionalmente adotado. Percebe-se, assim, que a **coisa julgada**, atualmente à sua compreensão, sugere uma revisitação aos vetustos conceitos de rescisoriedade jurídica ainda expressos em prazo radicalmente fatalizado ou em decisões salvacionistas (interditais), bem como uma reconcepção dos vigentes conceitos de exceção substancial, competência, preclusão, prescrição, decadência, perempção, inépcia. (LEAL, 2005a, p. 14).

O instituto que poderia ser modificado é, justamente, o do **trânsito em julgado**. No paradigma democrático, tal instituto deixa de ser apenas a preclusão máxima para ser, acima de tudo, um elemento verificador da legitimidade da decisão. Só transita em julgado a decisão que atenda, a um só tempo, os dois requisitos: preclusão e legitimidade.

Necessitaria o Estado de dispor de normas procedimentais especiais que permitissem a discussão sobre a ocorrência ou não do "trânsito em julgado" da sentença, respeitando o devido processo constitucional.

> Se o ordenamento não dispõe do meio procedimental a esse objetivo, não é a **coisa julgada** que deve sofrer abalos em seus contornos teórico-constitucionais pelo talento de um decisor hercúleo, mas o que falta é a via democrática (criada em lei) para encaminhar tal finalidade. A criação legal dessas **vias democráticas** (devido processo constitucional pelos procedimentos) também se sujeita ao controle de constitucionalidade para obtenção de legitimidade. (LEAL, 2005a, p. 15).

Pelo exposto, afigura-se inconstitucional e antidemocrática qualquer tentativa de "relativização da coisa julgada" que não seja através do

Teoria Tridimensional da Coisa Julgada Constitucional...   207

devido processo constitucional. A "verdade" processual não deve ser objeto de análise apenas por meio interdital e isolado do juiz. Ela deve ser buscada discursivamente, e só pode ser entendida através do consenso.

7.3 **Coisa julgada e segurança jurídica**

Em que pese toda a argumentação até agora aduzida, a legislação brasileira acabou por editar normas procedimentais que permitem a chamada "flexibilização da coisa julgada", tornando inexigível a sentença que foi fundada em lei ou ato normativo declarados inconstitucionais pelo Supremo Tribunal Federal, ou fundada em aplicação ou interpretação da lei ou ato normativo tidas pelo Supremo Tribunal Federal como incompatíveis com a Constituição Federal.

Tais normas procedimentais passaram a fazer parte do ordenamento jurídico brasileiro após a publicação da Lei n. 11.232/2005, que modificou e incluiu diversos artigos no Código de Processo Civil, especialmente o parágrafo primeiro do artigo 475-L e parágrafo único do artigo 741, que, para uma melhor análise, serão transcritos a seguir:

> Art. 475-L. A impugnação somente poderá versar sobre:
> I – falta ou nulidade da citação, se o processo correu à revelia;
> II – inexigibilidade do título;
> III – penhora incorreta ou avaliação errônea;
> IV – ilegitimidade das partes;
> V – excesso de execução;
> VI – qualquer causa impeditiva, modificativa ou extintiva da obrigação, como pagamento, novação, compensação, transação ou prescrição, desde que superveniente à sentença.
> § 1º Para efeito do disposto no inciso II do *caput* deste artigo, considera-se também inexigível o título judicial fundado em lei ou ato normativo declarados inconstitucionais pelo Supremo Tribunal Federal, ou fundado em aplicação ou interpretação da lei ou ato normativo tidas pelo Supremo Tribunal Federal como incompatíveis com a Constituição Federal.

> Art. 741. Na execução contra a Fazenda Pública, os embargos só poderão versar sobre:
>
> I – falta ou nulidade da citação, se o processo correu à revelia;
>
> II – inexigibilidade do título;
>
> III – ilegitimidade das partes;
>
> IV – cumulação indevida de execuções;
>
> V – excesso de execução;
>
> VI – qualquer causa impeditiva, modificativa ou extintiva da obrigação, como pagamento, novação, compensação, transação ou prescrição, desde que superveniente à sentença;
>
> VII – incompetência do juízo da execução, bem como suspeição ou impedimento do juiz.
>
> <u>Parágrafo único. Para efeito do disposto no inciso II do **caput** deste artigo, considera-se também inexigível o título judicial fundado em lei ou ato normativo declarados inconstitucionais pelo Supremo Tribunal Federal, ou fundado em aplicação ou interpretação da lei ou ato normativo tidas pelo Supremo Tribunal Federal como incompatíveis com a Constituição Federal.</u>[76] (grifos nossos)

Assim, ficou estabelecida pelas normas procedimentais presentes no Código de Processo Civil a possibilidade de o juízo monocrático declarar, incidentalmente, a inexigibilidade de sentença transitada em julgado, quando esta tiver como fundamento uma lei ou ato normativo reconhecido como inconstitucional pelo Supremo Tribunal Federal. Em certa medida, o parágrafo único do art. 741 do CPC fez ressurgir a figura dos embargos de executado "infringentes do julgado", do antigo processo luso-brasileiro (TALAMINI, 2005, p. 424).

A Ordem dos Advogados do Brasil, entendendo que tais dispositivos legais estavam por ferir a Constituição Federal, especialmente o inciso XXXVI do artigo 5.°[77], ajuizou Ação Direta de Inconstitucionalidade, que foi distribuída ao Ministro Relator Cezar Peluso, na data de 30/05/2006, sob o número 3740/2006.

---

[76] O parágrafo único do art. 741, do CPC brasileiro, introduzido pela Lei federal 11.232/2005, repete, em essência, a redação antes conferida pela Medida Provisória 2.180, de 24.08.01.

[77] Art. 5.°, inciso XXXVI – a lei não prejudicará o direito adquirido, o ato jurídico perfeito e a coisa julgada;

Sustenta a Ordem dos Advogados do Brasil que:

> De fato. Ao ser permitida pelos comandos normativos atacados seja tornada sem efeito decisão judicial transitada em julgado, quando fundada em lei ou ato normativo declarados inconstitucionais pelo Supremo Tribunal ou quando fundada em aplicação ou interpretação de lei tidas por incompatíveis com a Constituição pelo STF, as normas impugnadas **atentaram contra a <u>intangibilidade</u> da coisa julgada.** Os preceitos, a toda evidência, criaram hipótese na qual lei prejudica a coisa julgada, desafiando o inciso XXXVI do artigo 5.° da CF.[78]

E continua a sustentação, fundamentando a inconstitucionalidade de tais dispositivos na afirmação de que:

> A coisa julgada, indiscutivelmente existente ante o manifesto interesse público em que os litígios sejam compostos de maneira definitiva, garantindo-se assim a segurança e a paz social, foi, entre nós, desde 1934, com exceção apenas à carta de 37, por motivos evidentes, alçada à categoria de garantia constitucional. Na Constituição de 1988, reveste-se de especial dignidade, constituindo-se em cláusula pétrea.
>
> No sentido e alcance do que seja coisa julgada – expressão de natureza técnica que foi incorporada à Constituição – encontram-se as qualidades do **imutável** e do **indiscutível**, termos, aliás, empregados no artigo 467 do Código de Processo Civil.
>
> Admite-se, por certo, sua desconstituição via ação rescisória.
>
> A possibilidade de sua constituição em tal hipótese, porém, **deriva do próprio texto constitucional. Em diversos dispositivos, a Lei Fundamental, ao atribuir a tribunais competência para rescindir julgados, está, a toda evidência, permitindo sua rescisão em tais casos. Indispensável atentar-se, entretanto, para o fato de que o único instrumento contemplado <u>no nosso sistema constitucional</u> capaz de conduzir a esse resultado – a desconstituição da**

---

[78] Fundamentos retirados da petição inicial da ação direta de inconstitucionalidade n. 3740, disponível no sítio: www.stf.gov.br.

coisa julgada –, na jurisdição civil, é a ação rescisória. Não há outro! Até mesmo a reclamação, que tem por escopo preservar, *in concreto*, a autoridade das decisões do STF e STJ, condiciona-se a ser ajuizada antes do trânsito em julgado do provimento que pretensamente violou o decidido por aqueles Tribunais (vide RCL 365).

A bem da verdade, a admissão da impugnação da decisão transitada em julgado, porque fundada em norma declarada inconstitucional pelo Supremo Tribunal Federal ou escorada em interpretação divergente daquela agasalhada pela Suprema Corte, fora do âmbito da ação rescisória, significa negar aos juizes e tribunais a plena capacidade para – em controle difuso de constitucionalidade – julgar causa nas quais há debate acerca de norma legal em confronto com a Constituição Federal. Com efeito, pelos textos ora impugnados, qualquer decisão judicial só terá, de fato, a imutabilidade própria da coisa julgada, após a apreciação da matéria pelo STF. A prevalecerem os dispositivos atacados, como observa Sacha Calmon, com razão, ter-se-á "a provisoriedade de todas as decisões que não sejam do STF sobre questão constitucional, ainda que já transitadas em julgado, formal e materialmente falando."

Os preceitos fustigados na presente ação direta de inconstitucionalidade são inconstitucionais, não há dúvida. Atentam contra a coisa julgada e devem, por tais razões, serem expurgados do ordenamento jurídico pátrio.[79]

Por fim, requer a Ordem dos Advogados do Brasil uma decisão interlocutória liminar, para impedir e suspender a eficácia dos artigos sob discussão. Tal requerimento liminar ainda não foi apreciado pelo Ministro Relator do Supremo Tribunal Federal, Cezar Peluso, que aplicou o permissivo contido no artigo 12 da Lei n. 9.868/99, abaixo transcrita:

> Art. 12. Havendo pedido de medida cautelar, o relator, em face da relevância da matéria e de seu especial significado para a ordem social e a segurança jurídica, poderá, após a prestação das informações, no prazo de dez dias, e a manifestação do Advogado-Geral

---

[79] Fundamentos retirados da petição inicial da ação direta de inconstitucionalidade n. 3740, disponível no sítio: www.stf.gov.br.

da União e do Procurador-Geral da República, sucessivamente, no prazo de cinco dias, submeter o processo diretamente ao Tribunal, que terá a faculdade de julgar definitivamente a ação.

O último andamento processual de que se tem notícia está datado de 26/09/2006, informando que os autos da ação direta de inconstitucionalidade n. 3740/2006 estão com vista ao Procurador Geral da República, para que possa este emitir um parecer sobre a questão.

Percebe-se que a petição inicial elaborada pela Ordem dos Advogados do Brasil é muito singela e carente de fundamentação teórica. Utiliza apenas, como justificativa para a declaração de inconstitucionalidade do §1.°, do art. 475-L e do parágrafo único do art. 741 do CPC, uma argumentação meramente dogmática, limitando-se a colocar como dogma a intangibilidade da coisa julgada e, como preceito fundamental, a manutenção da segurança jurídica (Art. 5.°, inciso XXXVI, Constituição Federal).

Se a coisa julgada é instrumento de garantia da segurança jurídica, devemos buscar entender o que significa "segurança jurídica" no Estado Democrático de Direito. Assim, a questão que se pretende abordar, tomada como objeto de reflexão no próximo item, é a seguinte: Será que uma decisão jurisdicional transitada em julgado pode ser modificada, incidentalmente, como permitem os artigos sob comento, sem que isso constitua um grave atentado à segurança jurídica?

7.3.1 *Segurança jurídica no Estado Democrático de Direito*

A problemática acerca da "segurança jurídica" correlacionada com a "coisa julgada" sempre foi um tema abordado pelos estudiosos do direito. A questão fundamental sobre a intangibilidade da coisa julgada tem seu foco de discussão transitando entre a "legalidade" e a "justiça". Alguns sustentam ser impossível a modificação da coisa julgada pelo simples fato de que isso levaria a uma insegurança jurídica. Já outros sustentam ser possível essa modificação, para atender à "justiça nas decisões", sendo que, para tais autores, isso não leva a uma insegurança jurídica; pelo contrário, a garante.

De fato, o tema sobre a segurança jurídica é uma tônica nos ordenamentos jurídicos. E não poderia ser diferente, quando trata da intangibilidade da coisa julgada e a instabilidade jurídica que advirá se houver a permissão para sua modificação.

Pode-se dividir o pensamento jurídico a respeito da segurança jurídica em cinco grupos, quais sejam: a) os negativistas; b) a segurança jurídica como valor principal; c) a segurança jurídica como valor autônomo; d) a segurança jurídica como justiça; e) a segurança jurídica como valor anexo à justiça (VIGO, 1998, p. 497-500).

Os "negativistas" são aqueles que ignoram, desconfiam ou repudiam a segurança jurídica. Tal posição resulta de uma posição política que visa a estabelecer críticas ao modelo liberal burguês (VIGO, 1998, p. 497). Tal posição não encontrou muita anuência no âmbito jurídico, ficando sem muita aceitação pelos operadores do direito, que acreditavam ser isso uma forma de perpetuar a instabilidade.

A "segurança jurídica como valor", ao contrário do que pregam os negativistas, constitui-se de um valor significativo da sociedade para que se possa atingir a estabilidade social e a certeza do direito. A segurança jurídica trabalhada como valor estabelece que a sociedade, para garantir sua função agregadora do direito, necessitaria da aplicação do direito conforme determina a lei. O fim do Estado é, justamente, a garantia da segurança jurídica.

No paradigma liberal, a segurança jurídica estava estritamente relacionada com o conceito de legalidade, sendo um sistema fechado de regras, com função estabilizadora das expectativas de comportamento temporal, social e materialmente generalizadas, determinando os limites e, ao mesmo tempo, garantindo a esfera privada de cada indivíduo.

A segurança jurídica, no Estado Liberal, significava a observância e a aplicação da lei, no intuito de garantir as liberdades privadas do indivíduo. Várias foram as técnicas de interpretação desenvolvidas pelos juristas para tentar garantir aos indivíduos a não ingerência do Estado na esfera privada. A principal delas foi a interpretação exegética, fruto do liberalismo e do racionalismo jurídico francês do século XVIIII.

Pela escola exegética do direito, a segurança jurídica passou a significar, a um só tempo, a garantia de aplicação da lei – como vontade do legislador – e a garantia da inafastabilidade do poder judiciário, diante da ausência de lei específica para o caso. É inseguro, juridicamente, o Estado que não tem lei; e é inseguro o Estado que se furta de sua obrigação de resolver os problemas sociais sob a justificativa de ausência da lei.

Em resposta ao cientificismo inaugurado pela França, surge, na Alemanha, a escola histórica do direito, cujo maior expoente foi Savigny. Esta escola pretendia fazer frente ao movimento racionalista francês, buscando substituir a razão pelas verdades oriundas de manifestações espontâneas e concretizadas sobre a realidade. Tal escola buscava no passado a explicação para o presente e a motivação para o futuro, valorizando a individualidade do ser humano. Foi nessa escola que surgiu o método interpretativo histórico-evolutivo.

Nessa escola, a segurança jurídica era tida como uma reinterpretação histórica dos conceitos jurídicos, para possibilitar aos julgadores a condição de analisar se tais conceitos correspondiam aos fatos em discussão. Portanto, a segurança jurídica deveria atender a uma análise histórica do direito e a uma análise da realidade dos fatos atuais.

Tanto na Escola Exegética quanto na Escola Histórica do Direito, ficou consignado o afastamento da metafísica e a consolidação do positivismo jurídico. Sustenta Lacombe Camargo (2001) que a vontade do Estado soberano prevalece sobre a vontade difusa da nação. O direito positivo, com isso, passa a reconhecer-se no ordenamento jurídico, posto e garantido pelo Estado, como direito respectivo a cada Estado. O direito positivo passa a ser o único direito que interessa ao jurista, porque é o único direito existente. A valorização do direito corresponderá também a critérios objetivos. Bom é aquilo que o Estado quer e prescreve como conduta obrigatória; e mau aquilo que não se valorizou a ponto de se incorporar à ordem jurídica (CAMARGO, 2001, p. 91-92).

Em contraposição ao formalismo exagerado da escola histórica do direito na Alemanha, surge, com Philipp Heck, a chamada "Jurisprudência dos Interesses". Dessa forma, a Jurisprudência dos Interesses nega-se a confiar ao juiz mera função de conhecimento e subsunção entre lei e fato; ao contrário, propugna a adequação da decisão às necessidades práticas da vida, mediante os interesses em pauta.

A atividade do juiz é criadora, à proporção que procura conjugar os interesses postos na lei, pelo legislador, com os interesses da ocasião em que ela é chamada a ser aplicada; ao que se soma o conteúdo emocional do próprio juiz, que contribui com a sua experiência de vida e com o seu sentimento de justiça. Heck chama sua teoria da interpretação de "teoria histórico-objetiva" (CAMARGO, 2001, p. 95-96).

Nessa escola, a segurança jurídica não era encarada apenas em sua concepção objetivo-normativa, como sendo um problema de aplicação da lei aos fatos, mas, sobretudo, uma garantia social em que, para ser realizada, era necessário observar, acima de tudo, os fins sociais da lei. E para garantir a realização dos fins sociais da lei, a atividade judicial era fundamental.

No mesmo diapasão crítico da Jurisprudência dos Interesses, que pretendia se contrapor ao formalismo jurídico, surge o movimento para o Direito livre, que defende a livre busca do direito em lugar da aplicação mecânica da vontade do legislador prevista na lei. O juiz tem compromisso apenas com a justiça; age conforme a sua exclusiva convicção.

Nesse sentido, afirma Camargo (2001):

> O Movimento para o Direito Livre procurou resolver a lacuna provocada pelo distanciamento entre o direito estanque e a sociedade em movimento. A lei, tornando-se retrógada, por não acompanhar as transformações vividas pela sociedade, acaba por gerar instabilidade, ao invés de segurança. (CAMARGO, 2001, p. 103)

Com o desenvolvimento do Estado de Bem-Estar Social, que surge como uma crítica ao Estado liberal, a idéia de segurança jurídica também sofre modificações. É nesse contexto que nasce a idéia de "segurança jurídica como valor autônomo".

Como bem ressalta Luño (1991):

> [...] o trânsito do Estado liberal ao Estado Social de Direito supõe, entre outras coisas e não a menor trancedência, considerar a ordem e a segurança jurídica como o pressuposto, não a conseqüência, das libertades e direitos fundamentais. A segurança deve ser assim concebida como mero apéndice resultante do exercício das libertades individuais, para definir condição necessária de um sistema de direitos fundamentais plenamente garantidos[80]. (LUÑO, 1991, p. 47) (tradução livre)

---

[80] [...] el tránsito del Estado liberal ao Estado Social de Derecho supuso, entre otras cosas y no la de menor trancedencia, considerar al orden y la seguridad jurídica como el **presupuesto**, no la **consecuencia**, de las libertades y derechos fundamentales. La seguridad deja así de concebirse como un mero apéndice resultante del ejercicio de las libertades individuales, para devenir condición necesaria de un sistema de derechos fundamentales plenamente garantizados (LUÑO, 1991, p. 47).

Não se prendendo à literalidade da lei e à de uma enormidade de regulamentos administrativos ou a uma possível intenção do legislador, deve (o juiz?) enfrentar os desafios de um Direito lacunoso, cheio de antinomias. E será exercida tal função através de procedimentos que, muitas vezes, fogem ao ordinário, nos quais deve ser levada mais em conta a eficácia da prestação ou tutela do que propriamente a certeza jurídico--processual-formal: no Estado Social, cabe ao juiz, enfim, no exercício da função jurisdicional, uma tarefa densificadora e concretizadora do Direito, a fim de se garantir, sob o princípio da igualdade materializada, "a Justiça no caso concreto" (CATTONI DE OLIVEIRA, 2002, p. 60-61).

A interpretação ganha novos elementos, como a realidade social e a justiça nas decisões. Tal atividade de interpretação centra-se no objetivo de fornecer aos cidadãos a aplicação das normas jurídicas válidas dentro de um quadro interpretativo possível de validade. Essa é a idéia defendida por Hans Kelsen em sua obra "Teoria Pura do Direito".

Para Kelsen, portanto, "interpretar", significa uma relação de determinação ou vinculação entre normas superiores e normas inferiores. Leis ou atos administrativos devem ser interpretados observando-se a Constituição; sentenças judiciais devem ser interpretadas observando-se a norma que lhe sirva de fundamento.

Nesse sentido, de acordo com Kelsen (1996, p. 390-391) a interpretação de uma lei não deve, necessariamente, conduzir a uma única solução como sendo a única correta. Dizer que uma sentença judicial é fundada na lei não significa, na verdade, senão que ela se contém dentro da moldura ou quadro que a lei representa. – não significa que ela é **a** norma individual, mas apenas que é **uma** das normas individuais que podem ser produzidas dentro da norma geral.

Para este autor, a segurança jurídica tem seu significado no contexto de validade do direito. Isso significa que a segurança jurídica somente pode se revelar quando a norma inferior atender ao pressuposto de validade ditado pela norma hierarquicamente superior. A segurança jurídica corresponderia à validade do ordenamento jurídico. Essa validade seria buscada atendendo a vontade do legislador, a realidade social e a justiça.

A segurança jurídica defendida por Kelsen como sendo uma idéia ligada à validade do direito traz a idéia de discricionariedade. Isso significa que o problema de escolha pela melhor interpretação jurídica, dentro do quadro possível de validade do direito, dependeria de uma escolha individual e isolada do aplicador do direito, o que, por si só, revelaria uma tendência ao autoritarismo estatal.

Pérez Luño (1991), tecendo críticas às idéias de Kelsen, sustenta que o equívoco do positivismo jurídico, cuja mais acabada formulação se despreende da tese de Hans Kelsen, reside em ter identificado a segurança e o Estado de direito com a noção de legalidade. O Estado de Direito não é somente um Estado de legalidade formal, senão aquele Estado de Direito em que a legalidade se funda na soberania popular e se dirige à tutela dos direitos fundamentais. O Estado de Direito é, portanto, uma expressão de legitimidade política e, precisamente por sê-lo, identifica-se com esse princípio de legitimidade jurídica que representa a segurança. (LUÑO, 1991, p. 58-59).

Alguns autores afirmam que a "segurança jurídica" teria sua identificação com a "justiça". Essa foi a idéia defendida Massini (1987), que buscou justificar a "segurança jurídica" como "justiça". Para o autor, esta prevalência da justiça subordina todos os atos jurídicos, não existindo nenhum outro valor a ser buscado, senão a justiça. (MASSINI, 1987, p. 319)

Outros entenderam que o conceito de segurança jurídica não poderia ser correspondente ao conceito de justiça, pois não teria sentido, então, a existência desses dois elementos; mas, pela proximidade dos dois institutos, a segurança jurídica seria um apêndice da justiça, ou melhor, um anexo que serviria para atingir a justiça. Essa foi a idéia amparada pelos defensores da "segurança jurídica como valor anexo da justiça".

A equiparação da "segurança jurídica como justiça" ou como "anexo da justiça" trouxe uma nova problemática hermenêutica. Em determinados casos, poderia ocorrer que a segurança jurídica ficasse contrária à justiça, e, para resolver tal questão, era necessário desenvolver uma interpretação que permitisse superar o positivismo jurídico.

A busca por uma interpretação do conceito de "segurança jurídica" que possibilitasse interpretá-lo com "justiça" foi objeto de estudo por Alexy (2002). Para esse filósofo, os direitos, numa perspectiva axiológica, são ponderáveis, à luz de um princípio da proporcionalidade que envolve uma relação de custo/benefício. O autor considera o discurso jurídico, ou seja, a argumentação jurídica como um caso especial do discurso prático geral, isto é, do discurso moral. Propõe, assim, uma teoria discursiva da fundamentação das decisões judiciais, a partir da perspectiva axiológica dos discursos jurídicos. Nesse aspecto, prega a necessidade de introdução, pelos juízes, de argumentos morais externos ao Direito, para que as decisões se tornem aceitáveis.

Os princípios estão vinculados aos valores da sociedade, e afirma Alexy que:

> É facil reconhecer que os princípios e os valores estão estreitamente vinculados entre si num duplo sentido: por uma parte, da mesma maneira que pode se falar de uma colisão de princípios e de uma ponderação de princípios, pode-se também falar de uma colisão de valores e de uma ponderação de valores; por outro lado, o cumprimento gradual dos princípios tem sua equivalência na realização gradual dos valores.[81] (ALEXY, 2002, p.138-139) (tradução livre)

Segundo a concepção de Alexy, os princípios considerados espécie – juntamente com as regras – do gênero norma, possuem o caráter de "mandatos de otimização", porque determinam que algo seja realizado, na maior medida possível, dentro das possibilidades jurídicas e reais existentes. Portanto, os princípios são mandatos de otimização caracterizados pelo fato de que podem ser cumpridos ou não, em graus diferentes, sendo a medida do seu cumprimento dependente não somente das possibilidades fáticas (determinadas no caso concreto a partir do qual são invocados princípios opostos pelas partes), mas também jurídicas, relacionadas com os princípios mesmos que se encontram em colisão e necessitam ser ponderados (ALEXY, 2002, p.82-87).

Portanto, se fosse colocada para o autor a discussão sobre a possibilidade ou não de modificação da coisa julgada em confronto com suas idéias, Alexy responderia a questão ponderando, no caso concreto, o princípio da segurança jurídica e o princípio da justiça. Somente no caso concreto seria possível decidir sobre a possibilidade ou não de modificação da coisa julgada.

---

[81] *Es fácil reconocer que los principios y los valores están estrechamente vinculados entre sí en un doble sentido: por una parte, de la misma manera que puede hablarse de una colisión de principios y de una ponderación de principios, puede también hablarse de una colisión de valores y de una ponderación de valores; por outra, el cumplimiento gradual de los principios tiene su equivalente en la realización gradual de los valores.* (ALEXY, 2002, p.138-139).

Portanto, para Alexy, a segurança jurídica não é apenas um elemento adstrito à aplicação da lei ao caso concreto, mas, sobretudo, um princípio valorativo que só atingira sua plena satisfação quando confrontado com outros valores da sociedade, através de uma ponderação axiológica. A relação de ponderação atribui a cada princípio um peso, por serem eles exigências de otimização, e só seriam valorados no momento de análise do caso concreto.

Na mesma perspectiva das idéias defendidas por Alexy, buscando superar o positivismo jurídico, encontra-se o jurista Dworkin, que entende o direito como integridade. Em suas idéias, o direito só pode cumprir sua função de integridade à medida que as proposições jurídicas decorram do princípio de justiça, da equidade e do devido processo legal.

Para garantir a segurança jurídica nas decisões judiciais, deve-se buscar o princípio ou os princípios que convêm para o caso em questão, de modo a que esta venha a ser considerada pertencente ao todo do direito, juntamente com os precedentes e com a legislação que lhe serve de base (RODRIGUES, 2005, p. 41).

A segurança jurídica, tanto em Alexy quanto em Dworkin, estão a cargo do aplicador do direito (juiz) que, desenvolvendo suas habilidades sobre-humanas, aplica técnicas de interpretação, buscando descobrir quais são os valores otimizáveis defendidos pela sociedade (Alexy) ou quais são os idéias defendidas pelo ordenamento jurídico para garantir a integridade do direito.

Com essas considerações, é possível retomar a indagação apresentada no final do item anterior, qual seja: Será que uma decisão jurisdicional transitada em julgado pode ser modificada, incidentalmente, como permitem os artigos sob comento, sem que isso constitua um grave atentado à segurança jurídica?

A resposta à indagação acima parte, justamente, da compreensão que se tem do conceito de segurança jurídica.

Para os "negativistas" da segurança jurídica, a resposta seria fácil. A segurança jurídica não pode servir de fundamento para a imutabilidade da coisa julgada e, portanto, sua revisão pode ser feita a qualquer tempo. A dúvida ficaria por conta da determinação do procedimento próprio para possibilitar essa revisão. Assim, a existência de "impugnação" ou "embargos do devedor", que viabiliza a modificação da coisa julgada, é perfeitamente aceitável para tais defensores.

Para os defensores da "segurança jurídica como valor", a resposta também não traria maiores problemas. Ou seja, para eles, não se poderia autorizar a modificação da decisão jurisdicional em hipótese alguma, pois a segurança jurídica constitui o fim principal da sociedade, valor que deve ser obedecido sob pena de se estabelecer a instabilidade social e a desagregação. A possibilidade de modificação da decisão jurisdicional através de "impugnação" ou "embargos do devedor", como pretende o Código de Processo Civil brasileiro, constitui uma afronta não somente à Constituição, mas a toda a sociedade.

Para os defensores da "segurança jurídica como valor autônomo", a resposta começa a ficar mais elaborada e bem menos óbvia. Para estes, a possibilidade de revisão da decisão jurisdicional transitada em julgado, através de "impugnação" ou "embargos do devedor", como pretende o CPC, é uma resposta que deve ser buscada atendendo também a "justiça" e a realização do "bem comum". A interpretação a ser desenvolvida deve ter como objetivo não apenas a aplicação literal da lei, levando em consideração também elementos históricos e sociais.

A possibilidade de modificação da decisão jurisdicional já transitada em julgado pela declaração de inconstitucionalidade da lei que serviu de fundamentação só seria possível se, diante da análise do caso concreto, se chegasse à conclusão de que tal modificação da decisão atingiria o valor da segurança jurídica prescrito pelos elementos sociais e históricos. Restaria afastada, portanto, a idéia de legalidade adstrita à interpretação literal da lei, buscando-se uma interpretação que atendesse à realidade histórico-social.

Os defensores da "segurança jurídica como justiça" ou como "valor anexo da justiça" buscariam responder a indagação feita tentando superar o positivismo jurídico e trabalhando a idéia de ponderação de valores. A resposta seria, então, no sentido de afirmar que somente no caso concreto, diante de uma ponderação de valores, é que seria possível a modificação da decisão jurisdicional já transitada em julgado. Não existe possibilidade de generalizar a resposta, que somente seria dada diante da análise do caso concreto, confrontando os princípios da "justiça" e da "segurança jurídica".

Nessa perspectiva, até se poderia modificar a decisão jurisdicional transitada em julgada, via "impugnação" ou "embargos do devedor", mas não seria possível aplicar tal solução para todos os casos. Estes deveriam ser analisados separadamente, chegando-se a respostas diferentes para casos diferentes. Assim, não bastaria apenas alegar a inconstitucionalidade de lei que serviu de base para a elaboração de determinada sentença para permitir sua modificação. O juiz exerceria uma interpretação com base em critérios axiológicos para buscar estabelecer, no caso concreto, a melhor solução, que atendesse à "justiça".

Em importante consideração, sustenta Vieira (2006), em seu artigo intitulado "Coisa Julgada e Transrescindibilidade" que o problema da coisa julgada inconstitucional não está focado na rescindibilidade da decisão jurisdicional já transitada em julgado, mas no exercício de outra pretensão, com seus próprios prazos, não havendo – quer a coisa julgada, quer a eficácia – preclusiva sobre a prejudicial (própria, subordinante) constitucional. O novo julgamento não pode, a nenhum título, ser *rescissorium*, mas de lide diversa.

E conclui o autor com a seguinte lição:

> Caberá a advogados e julgadores o exame da identidade ou da diversidade de lides. Lide diversa, esta deverá ter a seu favor a garantia constitucional da jurisdição. E este nos parece o problema a que se reduz a chamada flexibilização ou relativização – terminologias indireta e inadequadamente aplicadas à lide diversa, **conexa** por preju-dicialidade, a exemplo dos embargos relativamente à execução. (VIEIRA, 2006, p. 65)

Tudo isso implica uma consideração. Diante das idéias apresentadas pelos defensores da "segurança jurídica como justiça" ou como "anexo da justiça", o responsável pela análise de atribuição de valor à segurança jurídica é o juiz, que, num esforço heculiano de interpretação, deve buscar compreender e aplicar a melhor solução para o caso concreto, que atenda, de uma só vez, os valores da justiça e da segurança jurídica.

No entanto, as respostas que foram dadas, levando em consideração os diferentes entendimentos sobre a segurança jurídica, incorrem em grave erro, qual seja, tratam tal princípio como sendo um valor fundante da sociedade. Isso implica uma carga extremamente subjetivista de interpretação, impondo ao juiz a responsabilidade total no sentido de determinar em que hipóteses a coisa julgada pode ou não ser modificada.

Analisando o direito processual brasileiro e levando em consideração que a coisa julgada é um instituto que garante a segurança jurídica, tal segurança não pode ser atribuída, como pretendem os defensores supra mencionados, como sendo um elemento axiológico que fica à disposição da discricionariedade judicial, que, exercendo uma atividade hermenêutica, dirá se a coisa julgada poderá ser modificada ou não.

Para Habermas (1997, v. I, p. 181), não é necessário trabalhar o ordenamento jurídico como fonte de valores. Pretende o autor ressaltar que a garantia da segurança jurídica deve ser buscada numa perspectiva procedimentalista do direito, em que o princípio do discurso garante aos interessados na decisão a ampla participação. Nesse sentido, pouco importa a interpretação que se dê as normas jurídicas, desde que se garanta aos interessados a participação efetiva no processo de tomada de decisão.

A busca de garantia da segurança jurídica deve ser feita pela possibilidade de participação dos cidadãos no processo de tomada de decisão. O que garante, no Estado Democrático de Direito, a efetiva segurança jurídica é, justamente, saber que as decisões que interferem na realidade social são tomadas de forma discursiva.

Nessa teoria, a Constituição não representa apenas uma norma superior que dita os critérios de validade para as normas inferiores, nem constitui uma reunião de valores ou, muito menos, um instrumento de garantia da justiça. A Constituição busca, pelo contrário, reunir condições de institucionalização de processos estruturados por normas que garantam a possibilidade de participação discursiva dos cidadãos no processo de tomada de decisões (HABERMAS, 1997, v. I, p. 181).

O que garante a segurança jurídica, para Habermas, é, justamente, a legitimidade das decisões. E o que garante a legitimidade das decisões jurídicas é, justamente, o processo de formação das mesmas; só será legítima a norma jurídica e a decisão jurídica que atender ao princípio discursivo do direito.

Assim, a Constituição, a lei e a decisão jurisdicional, para que sejam constitucionais, devem atender ao processo participativo de formação do ato. No momento em que se altera o Código de Processo Civil brasileiro para permitir que o juízo de primeiro grau declare inexigível título executivo fundado em lei inconstitucional declarado pelo Supremo Tribunal Federal, isso, por si só, está a gerar a mais "insegurança jurídica". Se mantida a legislação procedimental sob comento, nenhuma sentença, no Brasil, passará em julgado, até que o Supremo Tribunal Federal a declare constitucionalidade ou inconstitucionalidade de lei no qual se funda a decisão.

Até o próprio entendimento sobre o trânsito em julgado restou modificado, a perdurar a constitucionalidade dos parágrafos primeiro do artigo 475-L, e parágrafo único do artigo 741, ambos do CPC. Agora, para que uma decisão transite em julgado, além da preclusão, é necessário aguardar o pronunciamento do Supremo Tribunal Federal sobre a constitucionalidade da lei que serviu de base para a formação da sentença.

São boas as colocações de Ovídio Baptista da Silva (2005), ressaltando que a tentativa dos legisladores brasileiros em tornar inexigível a execução de sentença fundada em ato ou lei inconstitucional remonta ao direito romano e pode ser visualizada no Dig. 2, 15, 11, em que o condenado poderia desconhecer o julgado inexistente (*si negetur iudicatum*) (SILVA, 2005, p. 978).

A busca pela constitucionalidade de lei ou da sentença não se revela, exclusivamente, como entendem alguns juristas, como sendo uma hipótese de interpretação de uma norma inferior com base em critérios de validade de uma norma superior, ou seja, um valor a ser protegido pelo Estado. O que garante a segurança jurídica não é a busca pela justiça, mas, efetivamente, a elaboração de uma decisão legitimada.

7.4 Coisa julgada constitucional – teoria tridimensional

Todo o esforço de compreensão até aqui desenvolvido permite verificar que, realmente, para que se consiga uma decisão jurisdicional que viabilize o trânsito em julgado, é necessário fazer uma correlação com as idéias de "justiça", "verdade" e "segurança jurídica". Tal relação é que vai permitir justificar sua formação no Estado Democrático de Direito e impedir a falaciosa possibilidade de "flexibilização da coisa julgada" que tanta instabilidade gera ao direito.

A observância do processo como necessária instituição de constitucionalidade é o que vai possibilitar atingir uma decisão jurisdicional que contemple, a um só tempo, a "justiça", a "verdade" e a "segurança jurídica". Ressalte-se que, nas palavras de Habermas, tem-se que:

> [...] a prática de decisão está ligada ao direito e à lei, e a racionalidade da jurisdição depende da legitimidade do direito vigente. E esta depende, por sua vez, da racionalidade de um processo de legislação, o qual, sob condições da divisão de poderes no Estado de Direito, não se encontra à disposição dos órgãos de aplicação do direito. Ora, o dis-

Teoria Tridimensional da Coisa Julgada Constitucional...

> curso político e a prática da legislação constituem, sob pontos de vista do direito constitucional, um tema importante da dogmática jurídica; mesmo assim, uma teoria do direito que leva em conta discursos jurídicos só se abre a eles na perspectiva da jurisprudência. E, a partir do momento em que pretendemos analisar a relação problemática entre justiça e legislação, na perspectiva da teoria do direito, a autorização para exercitar o controle judicial da constitucionalidade oferece-se como um ponto de refe-rência metódico, institucionalmente palpável. (HABERMAS, 1997, v. I, p. 297-298)

A construção participada da decisão judicial, garantida em um nível institucional, e o direito de saber sobre quais foram as bases tomadas como parâmetros para as decisões dependem não somente da atuação do juiz, mas também do Ministério Público e, fundamentalmente, das partes e de seus advogados. O advogado é elemento garantidor da legitimidade jurisdicional "uma vez que é o mesmo é juridicamente capaz de estabelecer um diálogo técnico-jurídico que permite a construção do provimento em simétrica paridade, garantindo o contraditório e a ampla defesa, bem como um controle da jurisdição (SOARES, 2004, p. 75-76).

O que possibilita que uma decisão jurisdicional atenda ao critério de constitucionalidade e a certeza do direito e, portando, inviabiliza a sua modificação, não é a interpretação jurídica que se desenvolve para no caso concreto, mas, sobretudo, a garantia da democracia, que se realiza no âmbito jurisdicional, com a garantia do contraditório.

O "acesso à justiça", para ser garantido na democracia, não deve ser analisado somente no plano quantitativo, mas, sobretudo, em seu plano qualitativo, que se reverte na questão de legitimidade do procedimento e da decisão jurisdicional. Não é a quantidade de decisões que reduz os problemas de operacionalidade e de eficiência, o que garante efetividade é a "qualidade" das decisões, ou seja, uma decisão formada pela participação discursiva de todos os afetados. No paradigma democrático, o ato decidir depende do processo de formação e de participação dos interessados.

Nesse sentido, afirma Cattoni (2000a) que:

> No quadro do exercício do Poder Jurisdicional, o Direito realiza sua pretensão de legitimidade e de certeza da decisão através, por um lado, da reconstrução argumentativa no processo da situação de aplicação, e por outro, da determinação argumentativa de qual, entre

as normas jurídicas válidas, é a que deve ser aplicada, em razão de sua adequação, ao caso concreto. Mas não só por isso. A argumentação jurídica através da qual se dá a reconstrução do caso concreto e a determinação da norma jurídica adequada está submetida à garantia processual de participação em contraditório dos destinatários do provimento jurisdicional. O contraditório é uma das garantias centrais dos discursos de aplicação jurídica institucional e é condição de aceitabilidade racional do processo jurisdicional. (CATTONI DE OLIVEIRA, 2000a, p. 164-165)

Compreendendo, portanto, o ato de decidir como fruto do contraditório, e trabalhando a questão acerca da legitimidade das decisões judiciais, Cattoni, de forma clara, afirma que:

> Há muito a questão acerca da legitimidade das decisões judiciais deixou de ser um problema que se reduza à pessoa do juiz. Uma tutela jurisdicional dos direitos fundamentais não coaduna com concepção liberal de legitimidade democrática reduzida à representação política de interesses majoritários. [...] **O que garante a legitimidade das decisões são, antes, garantias processuais atribuídas às partes e que são, principalmente, a do contraditório e da ampla defesa, além da necessidade de fundamentação das decisões. A construção participativa da decisão judicial, garantida num nível institucional, e o direito de saber sobre quais bases foram tomadas as decisões dependem não somente da atuação do juiz, mas também do Ministério público e, fundamentalmente, das partes e dos seus advogados.** (CATTONI DE OLIVEIRA, 2001a, p. 107)

No Estado Democrático de Direito, é necessário que as decisões proferidas assumam o aspecto de legalidade, pois é a legalidade que determina a legitimidade das decisões, que deflui da adequabilidade das decisões as particularidades do caso concreto e gera segurança jurídica.

Nessa direção, ressalta Leal que:

> Se não for possível, na atualidade, exercitar a teoria constitucional democrática, para neutralizar as ideologias do liberalismo e do republicanismo, em suas variáveis do pseudo-universalismo e comunitarismo (populista ou estatalista), pela qual inteligências mitificadas

de uma assembléia de especialistas (juízes) se apoderam da qualidade inalienável de guardiães ou depositários do **garantismo jurídico** da realização de **JUSTIÇA e PAZ** Social como controladores e dadores de direitos, certamente não nos restará outra alternativa a não ser o retorno funesto à tradição da sacralidade, que hoje tem roupagens lingüísticas sofisticadas pelas designações de ética dos sistemas, **acesso à justiça**, senso de eqüidade, poder público, lógica dos mercados, forças sociais, tendências políticas, relações de produção que compõem uma pauta de valores e conceitos advindos da absolutização do saber tópico-retórico como técnica elisiva do **espaço discursivo-procesimental** de testificação e legitimação do ordenamento jurídico do Estado democrático de direito.

A desmitificação do Judiciário no Estado democrático de direito **não** se faz pela melhoria do nível técnico dos juízes, e por juramentos mais fervorosos de obediência à lei e à prática de justiça, mas por sua inclusão e submissão, como instância pública, ao espaço jurídico-processual de comprometimento institucional com o direito democrático que pressupõe a compreensão da teoria do discurso como base de validade da construção jurisprudencial (jurisdiscente). (LEAL, Rosemiro, 2002, p. 141-142)

O processo judicial legítimo pressupõe a observância do contraditório. E, como corolário da observância do contraditório, a fundamentação das decisões passam a ser imperativas. Em síntese, percebe-se que, no Estado Democrático de Direito, a exigência constitucional de fundamentação das decisões jurisdicionais tem assento em quatro razões lógicas:

> 1. Controle de constitucionalidade da função jurisdicional, permitindo verificar se o pronunciamento estatal decisório está fundado no ordenamento jurídico vigente (princípio da reserva legal);
> 2. Tolhimento da interferência de ideologias e subjetividades do agente público julgador no ato estatal de julgar;
> 3. Verificação da racionalidade da decisão, ao apreciar os argumentos desenvolvidos pelas partes em contraditório e ao resolver analiticamente as questões postas em discussão no processo, a fim de afastar os erros de fato e de direito cometidos pelos órgãos jurisdicionais, causadores de prejuízos às partes, ensejando a responsabilidade do Estado;

4. Possibilidade de melhor estruturação dos recursos eventualmente interpostos, proporcionando às partes precisa impugnação técnica e jurídica dos vícios e erros que maculam as decisões jurisdicionais, perante órgão jurisdicional diverso daquele que as proferiu, viabilizando a concretização dos princípios da recorribilidade e do duplo grau de jurisdição. (BRÊTAS, 2004, p. 150-151).

A efetiva participação dos cidadãos no processo jurisdicional é o que permite um novo entendimento sobre a cidadania, no qual a atividade jurisdicional deve ser construída, buscando atender ao princípio da democracia.

Assim, a correspondência da "verdade" na coisa julgada se torna relevante para a caracterização de sua constitucionalidade e impede a sua modificação, uma vez que essa verdade é o que vai permitir a formação do consenso entre as partes. A obtenção do consenso só pode ser realizada através do princípio do discurso, que revela a identificação da formação da coisa julgada como uma atividade em que os participantes do processo jurisdicional se entendem como autores e destinatários das normas.

O princípio do discurso é que vai permitir a institucionalização jurídica e legitimar o processo de normatização, no qual se insere, inclusive, a coisa julgada. Somente quando houver um processo que garanta a efetiva **participação** dos interessados no resultado final (decisão jurisdicional) é que existirá a possibilidade de afirmar que a existência de "coisa julgada" correspondente à "verdade". Nesse aspecto, a linguagem ganha relevância para a obtenção do consenso. Afirmam Fernandes e Pedron que:

> A linguagem passa ser vista como aquilo que possibilita a compreensão do individuo do mundo, de modo que essa mesma linguagem é necessariamente fruto de um processo de comunicação envolvendo uma relação de intersujetividade, isto é, onde antes havia uma relação sujeito/objeto, instaura-se uma relação sujeito/sujeito. Alem disso a própria linguagem começa a ser compreendida como elemento mediação das interações existentes na sociedade. Assim a linguagem não resume a uma racionalidade epstemologica, mas transborda essa esfera ao apresentar-se como condição para uma racionalidade prática, de modo a unir racionalidade teórica (preocuapada, por exemplo com a verdade de um enunciado) a uma racionalidade pratica (concernente a avaliação de uma dada ação humana). (FERNANDES; PEDRON, 2008, p. 183-184)

Teoria Tridimensional da Coisa Julgada Constitucional...

A verdade de uma decisão jurisdicional e da coisa julgada deve ser algo obtido mutuamente, por intermédio de uma argumentação que possibilite aos interessados se reconhecerem também como autores das normas. Assim:

> Quando desejamos convencer-nos mutuamente da validade de algo, nós nos confiamos intuitivamente a uma prática, na qual supomos uma aproximação suficiente das condições ideais de uma situação de fala especialmente imunizada contra a repressão e a desigualdade – uma situação de fala na qual proponentes e oponentes, aliviados da pressão da experiência e da ação, tematizam uma pretensão de validade que se tornou problemática e verificam, num enfoque hipotético e apoiados apenas em argumentos, se a pretensão defendida pelo proponente tem razão de ser. A intuição básica que ligamos a esta prática de argumentação caracteriza-se pela intenção de conseguir o assentimento de um auditório universal para um proferimento controverso, no contexto de uma disputa não-coercitiva, porém regulada pelos melhores argumentos, na base das melhores informações. (HABERMAS, 1997, p. 283-284)

Sempre que são levantadas pretensões de "verdade" na base de bons argumentos e evidências convincentes, supõe-se que, no futuro, não aparecerão novos argumentos ou evidências capazes de colocar em questão essa pretensão de verdade. Nessa afirmativa reside a impossibilidade de que uma decisão já transitada em julgado possa sofrer qualquer alteração ou modificação ("flexibilização" da coisa julgada).

> Talvez fosse melhor dizer que os participantes da argumentação, que querem se convencer da legitimidade de uma pretensão de validade controversa chegaram a um ponto em que a força não-coercitiva do melhor argumento os leva a mudar de perspectiva. Quando, no decorrer de um processo de argumentação, os envolvidos se convencem de que, dispondo de todas as informações pertinentes e depois de pesar todas as razões relevantes, esgotado o potencial de objeções possíveis contra "p", não há motivos para continuar a argumentação. Em todo caso, não existe mais um motivo racional para manter uma atitude hipotética em relação à pretensão de verdade levantada para 'p', mas que foi temporariamente suspensa. Do ponto

> de vista dos atores, que haviam provisoriamente assumido uma atitude reflexiva a fim de restabelecer uma compreensão de fundo parcialmente abalada, a desproblematização da pretensão de verdade controversa significa a licença para retornar à atitude de agentes que estão enredados numa relação mais ingênua com o mundo. Tão logo se dissipem as divergências entre "nós" e "os outros" a respeito do que é o caso, o "nosso" mundo pode se fundir com "o" mundo. (HABERMAS, 2004, p. 256-257)

Assim, trabalhar a questão de "verdade como prova" é um equívoco tão grande quanto permitir a modificação da coisa julgada fundada em técnica nova de produção de prova, pois nenhuma prova serve para demonstrar a verdade dos fatos, que somente é conseguida através do consenso dos participantes no processo jurisdicional discursivo.

Se uma decisão jurisdicional não foi gerada a partir do processo democrático e não atender ao princípio do contraditório, esse ato nem mesmo pode ser chamado de decisão judicial, e sua modificação pode ser feita a qualquer tempo, pois se trata de um ato incapaz de gerar efeitos jurídicos. Se nem mesmo poderia ser chamado de "decisão", descabida se torna a idéia de "flexibilização" a que os doutrinadores processuais insistem em trazer à discussão.

Não há que se falar em "flexibilização da coisa julgada" pelo simples fato de que decisão jurisdicional alguma se formou, quando foi desrespeitado o princípio da democracia. Tal afirmação permite concluir que toda coisa julgada é constitucional quando os princípios da democracia são garantidos aos participantes do processo jurisdicional.

A segurança jurídica, no Estado Democrático de Direito, somente será atendida à medida que seja garantida aos interessados no processo jurisdicional a possibilidade de participação.

Assim, a formação da "**coisa julgada constitucional**", para atender ao princípio democrático e evitar a sua modificação, só pode ser advinda de uma decisão jurisdicional legítimada, que corresponda a um consenso entre os participantes, gerando a segurança jurídica indispensável para o direito. Do contrário, defender a "flexibilização da coisa julgada" é, sem sombra de dúvida, admitir uma volta ao passado e o retorno à instabilidade social, tão perniciosos ambos à certeza do direito.

8. NOVO CONCEITO DE TRÂNSITO EM JULGADO

A essa altura da discussão, impõe-se a necessidade de fazer algumas digressões sobre a expressão "trânsito em julgado", que mantém estrita relação com "coisa julgada". Os autores tradicionais do direito processual, sejam eles nacionais ou estrangeiros, trabalham o tema de uma forma muito singela, acreditando que não alcança grande importância no direito processual.

Em sintonia com o que será desenvolvido neste capítulo, a expressão "trânsito em julgado" irá adquirir novos contornos, constituindo-se de pedra fundamental para a formação da coisa julgada. Daí, a relevância de desenvolver algumas idéias a respeito do assunto.

Segundo a doutrina processual brasileira tradicional, a sentença transitada em julgado é, justamente, aquela contra a qual não caiba mais nenhum recurso, seja ordinário ou extraordinário. Tal definição revela dois ângulos do termo. O primeiro é o aspecto temporal; o segundo é o aspecto recursal.

Ultrapassado o prazo para a interposição dos recursos sem que haja a impugnação da sentença, ocorre o trânsito em julgado da sentença por "preclusão". Esgotados os recursos cabíveis, também ocorre o trânsito em julgado da sentença. Por esses dois aspectos, verifica-se a existência de elementos meramente "procedimentais" para a conceituação do termo sob análise.

O Código de Processo Civil brasileiro vai mais além, afirmando, em seu art. 474, que: "Passada em julgado a sentença de mérito, reputar-se-ão deduzidas e repelidas todas as alegações e defesas que a parte poderia opor, assim, ao acolhimento como à rejeição do pedido." Tal dispositivo confere ao trânsito em julgado uma eficácia preclusiva consumativa, que impede que, em novo processo, possam ser rediscutidos fatos e fundamentos jurídicos que deveriam ser objeto de alegação, mas que, por qualquer motivo, não foram.

O Código de Processo Civil brasileiro não possui uma definição exata para a expressão "trânsito em julgado", deixando a interpretação do termo para os doutrinadores, que acabam recorrendo a outros ordenamentos jurídicos para explicar o significado de tal instituto processual.

Sob o aspecto recursal, dispõe o Código de Processo Civil Português, em seu artigo 677.°[82], que é considerada transitada em julgado a decisão que não seja mais suscetível de recurso ordinário ou de reclamação. Tal definição, em parte, acaba servindo para o direito processual brasileiro, que acrescentou a possibilidade também dos recursos extraordinários, para ocorrência do trânsito em julgado.

Já o Código de Processo Civil italiano, ao definir "trânsito em julgado", o faz como sinônimo de coisa julgada formal. Sustenta o artigo 324[83] do Código de Processo Civil italiano que se entende transitada em julgado a sentença que não é mais sujeita a nenhum tipo de impugnação, seja ordinária ou extraordinária, e nem mesmo de ação rescisória (*revocazione*).

A noção de trânsito em julgado é mais abragente para os italianos do que para os portugueses. Contudo, tanto no direito processual português quanto no italiano, a idéia de se mostra ligada à noção de "preclusão".

Segundo a clássica definição de Chiovenda, a "preclusão" consiste na perda, na extinção ou na consumação de uma faculdade processual. Isso pode ocorrer: a) se a parte não observar a ordem assinalada pela lei ao exercício da faculdade; b) se a parte realizar atividade incompatível com o exercício da faculdade; c) se a parte já tiver exercitado validamente a faculdade (CHIOVENDA, 1993, v. 3, p. 233). Diante dessa definição, pode-se concluir pela existência de três modalidades de preclusão: a) temporal; b) lógica e c) consumativa.

Nesse sentido, ocorre o "trânsito em julgado" da decisão se a parte deixar de opor impugnação à decisão dentro do prazo estabelecido em lei para tal ato (preclusão temporal); se opuser à decisão impugnação não

---

[82] Código de Processo Civil Português, Artigo 677.° (Noção de trânsito em julgado): A decisão considera-se passada ou transitada em julgado, logo que não seja susceptível de recurso ordinário, ou de reclamação nos termos dos artigos 668.° e 669.°

[83] *Código de Processo Civil Ialiano, Artigo. 324. (Cosa giudicata formale): Si intende passata in giudicato la sentenza che non e' piu' soggetta ne' a regolamento di competenza, ne' ad appello, ne' a ricorso per cassazione, ne' a revocazione per i motivi di cui ai numeri 4 e 5 dell'articolo 395.*

prevista em lei (preclusão lógica); ou se opuser impugnação prevista em lei e dentro do prazo, mas sem aduzir todos os fatos e fundamentos jurídicos necessários, não podendo mais completá-la (preclusão consumativa).

Fazzalari, ao discorrer sobre o tema, prefere utilizar o termo "irretratabilidade" da sentença. Para o autor, tal irretratabilidade significa o "exaurimento" – por efeito da preclusão – das faculdades, dos poderes e dos deveres atinentes aos recursos (FAZZALARI, 2006, p. 539).

No entender de Fazzalari, a irretratabilidade da sentença (trânsito em julgado) pode ocorrer na sentença que julga ou não o mérito da demanda. É um efeito exclusivamente processual. Essa situação processual imposta pela exigência de colocar fim à lide envolve:

> *a*) que a sentença se torna "incontestável" em juízo por obra das partes, dado justamente a sua carência de outros poderes processuais para prosseguir o processo ou para instaurar um novo sobre o mesmo objeto, obliterando a sentença já emitida (e não mais impugnável: com efeito, não é mais necessário configurar, em relação àqueles sujeitos, uma proibição de contestar a sentença, bastando a constatação de que a lei não concede a eles novos poderes para fazê-lo;
>
> *b*) que, por conseguinte, se torna "intocável" por assim dizer, por parte do juiz que a emitiu e por qualquer outro juiz, ainda aqui não por causa de uma proibição, mas pela simples falta de poderes (*rectius:* deveres): ***nemo iudex sine actore***. (FAZZALARI, 2006, p. 541)

No entanto, tal concepção desenvolvida por Fazzalari, apesar de muito interessante, não leva em consideração os novos contornos constitucional-processuais que a decisão jurisdicional precisa conter para atender aos procedimentos democráticos.

Insta observar que, na democracia, o trânsito em julgado da decisão jurisdicional não pode ter relação exclusiva com a preclusão ou com o exaurimento dos poderes, faculdades e deveres das partes. É necessário superar tal conceito para se entender a expressão "trânsito em julgado" no paradigma democrático.

O entendimento acima delineado limita a expressão a um aspecto puramente processual-dogmático. Para compreendermos o termo inserido no Estado Democrático de Direito, é preciso superar a idéia de que a formação da decisão jurisdicional se dá de forma isolada, na ação autoritária do juiz.

O que realmente importa, no estudo do trânsito em julgado, é saber se a decisão jurisdicional encontra **legitimidade** na base produtiva e fiscalizadora do processo. Só podem transitar em julgado as decisões que encontram legitimidade em sua formação. Para justificar tal afirmativa, utilizaremos a teoria discursiva do direito desenvolvida por Habermas.

Esclarecendo sua idéia de legitimidade, Habermas se pautou pela teoria do discurso, no qual as normas somente são legítimas se encontrarem assentimento de todos os cidadãos (partes processuais) no processo discursivo. Para que as partes se reconheçam como elaboradores e destinatários de uma decisão legitimada, há a necessidade de garantir a autonomia pública e privada. Nesse sentido, afirma o autor que:

> O nexo interno da democracia com o Estado de direito consiste no fato de que, por um lado, os cidadãos só poderão utilizar condizentemente a sua autonomia pública se forem suficientemente independentes graças a uma autonomia privada assegurada de modo igualitário. Por outro lado, só poderão usufruir de modo igualitário da autonomia privada se eles, como cidadãos, fizerem um uso adequado da sua autonomia política. Por isso, os direitos fundamentais liberais e políticos são indivisíveis. A imagem do núcleo e da casca é enganadora – como se existisse um âmbito nuclear de direitos elementares à liberdade que devesse reivindicar precedência com relação aos direitos à comunicação e à participação. Para o tipo de legitimação ocidental é essencial a mesma origem dos direitos à liberdade e civis. (HABERMAS, 1997, p. 149)

Para garantir a legitimidade da decisão jurisdicional que permita o natural trânsito em julgado, é indispensável a existência de um espaço lingüístico que garanta uma situação paritária dos participantes no processo de tomada de decisão. Tal situação só é possível em um procedimento em contraditório. Conforme ressalta Gonçalves (1992), "o contraditório é a igualdade de oportunidade no processo, é a igual oportunidade de igual tratamento, que se funda na liberdade de todos perante a lei" (GONÇALVES, 1992, p. 127).

Para que o contraditório possa, efetivamente, possibilitar a construção de decisões legitimadas e, assim, permitir o trânsito em julgado, é também indispensável que seja ligado ao requisito da fundamentação das decisões[84], de maneira que possa "gerar bases argumentativas acerca dos fatos e do direito debatido para a motivação das decisões" (LEAL, André, 2002, p. 105).

A decisão jurisdicional e o seu conseqüente trânsito em julgado, nas democracias, têm como causa justificadora a estrutura do procedimento realizado em contraditório (direito-garantia-fundamental). A ausência dessa vinculação descaracteriza o conceito de fundamento decisório nas democracias, a que alude o art. 93, inciso IX da CR/88.

A completa ausência de fundamentação, ou a sua presença de forma ineficaz, contraria a democracia e, via de conseqüência, nega ao cidadão o direito a uma decisão jurisdicional legítima, inviabilizando o seu trânsito em julgado. Nessa perspectiva e com propriedade, Calmon de Passos (1995) tece crítica a algumas expressões utilizadas nos procedimentos judiciais brasileiros, que contribuem para tornar as decisões jurisdicionais ilegítimas:

> Estamos acostumados, neste nosso país que não cobra responsabilidade de ninguém, ao dizer de magistrados levianos, que fundamentam seus julgados com expressões criminosas como estas: atendendo a quanto nos autos está fartamente provado... á robusta prova dos autos... ao que disseram as testemunhas ... e outras leviandades dessa natureza que, se fôssemos apurar devidamente, seriam, antes de leviandades, prevaricações, crimes, irresponsabilidade e arbítrio, desprezo à exigência constitucional de fundamentação dos julgados, cusparada na cara dos falsos cidadãos que somos quase todos nós. Nós, advogados, que representamos os cidadãos em juízo, devemos nos mobilizar aguerridamente contra as sentenças desfundamentadas ou inadequadamente fundamentadas, quando se cuida de antecipação de tutela, arma de extrema gravidade em mãos de juízes inescrupulosos ou fáceis, num sistema em que não se consegue, jamais, respon-

---

[84] Conforme sustenta COUTURE, 2004, p. 234: *"La motivación del fallo constituye un deber administrativo del magistrado. La ley se lo impone como una manera de fiscalizar su actividad intelectual frente al caso, a los efectos de poderse comprobar que su decisión es un acto reflexivo, emanado de un estudio de las circunstancias particulares, y no un acto discrecional de su voluntad autoritaria".*

> sabilizá-los. E isso para se preservar, inclusive, os muitos dignos e sacrificados magistrados, com os quais convivemos quotidianamente e cujo calvário acompanhamos, solidários. Vítimas da organização inadequada do nosso Judiciário e vítimas da concorrência malsã dos marginais da magistratura, privilegiados com o atual estado de coisas. (CALMON DE PASSOS, 1995, p. 15-16)

Ressalte-se que, para garantir a legitimidade da decisão e permitir a ocorrência do trânsito em julgado, não basta que o juiz exponha o itinerário de seu pensamento para que a decisão atenda ao requisito constitucional da fundamentação. Se assim fosse, aceitar-se-ia a possibilidade de uma decisão discricionária.

Portanto, a função jurisdicional tem sua legitimidade garantida à medida que estejam vinculados ao princípio do Estado Democrático de Direito. Segundo adverte Brêtas (2004), este princípio se otimizará pela incidência articulada de dois outros princípios concretizadores, quais sejam: o princípio da supremacia da Constituição e o princípio da reserva legal (ou princípio da prevalência da lei) (BRÊTAS, 2004, p. 132).

Aproveitando as idéias desenvolvidas por Habermas, Fazzalari e Gonçalves, Leal (2005) apresenta sua "teoria neo-institucionalista do processo", que serve para embasar a legitimidade das decisões jurisdicionais e o trânsito em julgado. Nessa teoria, o processo é encarado como sendo uma instituição jurídica que, no entender do autor, é um conjunto de princípios jurídicos que permite preservar o espaço discursivo (LEAL, 2005b, p. 100). Tais princípios jurídicos que balizam o processo e permitem a legitimidade decisória são: o "contraditório", a "ampla defesa" e a "isonomia".

A esse respeito, ressalta Leal que:

> É que, no paradigma do direito democrático, o eixo das decisões não se encontra na razão imediata e prescritiva do julgador, mas se constrói no espaço procedimental da razão discursiva (linguagem) egressa da inter-relacionalidade normativa (conexão) do ordenamento jurídico obtido a partir da teoria da Constituição democrática. Nesse sentido, os argumentos de fundamentação do direito a legitimar pretensões de validade são retirados da teoria processual que se concebe pela isonomia entre produtores e destinatários das normas jurídicas de tal modo que, no apontamento incessante de falibilidade do sistema

> jurídico no espaço procedimental acessível a todos, os destinatários das normas se reconhecem autores da produção do direito. (LEAL, Rosemiro, 2002, p. 183-184)

Assim, no paradigma democrático, a expressão "trânsito em julgado" adquire novos contornos, não sendo mais entendida apenas como um efeito da **preclusão,** mas, sobretudo, como sendo uma conseqüência da **legitimidade das decisões jurisdicionais.**

Portanto, "decisão jurisdicional transitada em julgado", no paradigma democrático, significa a impossibilidade de retratação ou modificação, tendo em vista o exaurimento dos poderes, faculdades e deveres das partes no processo (**preclusão**), uma vez que tal decisão se formou através de um procedimento em contraditório (direito-garantia-fundamental), que possibilitou às partes o assentimento como sendo autores e destinatários do conteúdo decisional.

Não pode transitar em julgado a sentença que não atendeu aos critérios de legitimidade e nem pode operar os efeitos da preclusão. Qualquer decisão em que não se verifique esses dois elementos é uma decisão que não "transita em julgado", podendo a qualquer momento ser modificada.

9. AÇÃO RESCISÓRIA, *QUERELA NULLITATIS* E "COISA JULGADA INCONSTITUCIONAL"

Diante do desenvolvimento do tema coisa julgada constitucional, surge a seguinte dúvida: qual o procedimento cabível para modificar uma aparente formação da coisa julgada? Este é o problema cuja resposta será buscada neste capítulo. No entanto, para uma exata compreensão do tema e para uma melhor abordagem, será feita uma análise comparativa entre a ação rescisória e a *querella nullitatis*.

9.1 Ação rescisória e "coisa julgada inconstitucional"

O estudo da ação rescisória é fundamental para compreender o problema da invalidação da "coisa julgada inconstitucional". Cada país adota um procedimento distinto para a possibilidade de modificação da decisão jurisdicional transitada em julgado, no entanto, a existência de pontos em comum permite traçar algumas regras gerais.

No direito espanhol, a coisa julgada pertence ao campo do direito material, influenciada pelo direito francês e italiano. Basta observar que tal instituto é trabalhado pelo Código Civil espanhol no livro IV, relativo às obrigações dos contratos (artigos 1251 e 1252).

Para a modificação da coisa julgada no direito espanhol, adotou-se um modelo procedimental de revisão que se caracteriza por ser um **recurso extraordinário** previsto na *Ley de Enjuiciamiento Civil* – LEC de 7 de janeiro de 2000, nos artigos 509/516.

O órgão competente para a apreciação da revisão da coisa julgada no direito espanhol é o Tribunal Supremo ou o Tribunal Superior de Justiça, qualquer que seja o órgão que houver dado a sentença que transitou em julgado, conforme dispõe a Lei Orgânica do Poder Judiciário (art. 509 da LEC).

Tem cabimento a revisão da coisa julgada no direito espanhol nas hipóteses previstas no artigo 510 da LEC. Em síntese, pode-se dizer que a revisão acontece em virtude da verificação de existência de novos documentos decisivos à demanda ou que foram falsificados em processo penal. Também pode ser revista a coisa julgada com base na comprovação de falsidade de prova testemunhal ou pericial que serviu de fundamento para a sentença, ou se a sentença foi dada em virtude de violência, fraude ou corrupção.[85]

Ressalte-se que a revisão não é uma reiteração do julgamento ou um reexame do mesmo estado de coisas já valorado, mas, sobretudo, uma análise distinta de uma situação fática a respeito do mesmo caso. A questão litigiosa já decidida permanece estática, a dinâmica recai sobre os elementos que podem levar a modificar a sentença (documentos novos ou ignorados, falsos testemunhos, corrupção, violência ou fraude) (HITTERS, 2001, p. 65).

O prazo para a interposição da revisão da coisa julgada é de 5 (cinco) anos, a contar da publicação da sentença definitiva. Após esse prazo, todas as questões que poderiam ser levantadas estarão afastadas. No entanto, o prazo estabelecido de cinco anos possui uma advertência interessante, que merece destaque. Se for descoberto um documento novo ou ignorado, a corrupção, a violência ou a fraude, a parte possui o prazo de 3 meses para o ajuizamento da revisão. É o que dispõe o art. 512 da LEC[86].

---

[85] *Ley de Enjuiciamiento Civil Español. Artículo 510. Motivos. Habrá lugar a la revisión de una sentencia firme: 1.º Si después de pronunciada, se recobraren u obtuvieren documentos decisivos, de los que no se hubiere podido disponer por fuerza mayor o por obra de la parte en cuyo favor se hubiere dictado. 2.º Si hubiere recaído en virtud de documentos que al tiempo de dictarse ignoraba una de las partes haber sido declarados falsos en un proceso penal, o cuya falsedad declarare después penalmente. 3.º Si hubiere recaído en virtud de prueba testifical o pericial, y los testigos o los peritos hubieren sido condenados por falso testimonio dado en las declaraciones que sirvieron de fundamento a la sentencia. 4.º Si se hubiere ganado injustamente en virtud de cohecho, violencia o maquinación fraudulenta.*

[86] *Ley de Enjuiciamiento Civil Español. Artículo 512. Plazo de interposición. 1. En ningún caso podrá solicitarse la revisión después de transcurridos cinco años desde la fecha de la publicación de la sentencia que se pretende impugnar. Se rechazará toda soli-*

Como condição processual de revisão da coisa julgada no direito espanhol, a parte deverá realizar um depósito no valor de 50.000 pesetas[87], que poderá ser devolvido em caso de procedência do pedido. A falta ou insuficiência do depósito acarretará a não apreciação do pedido de revisão (art. 513 da LEC).

Em todo processo de revisão da coisa julgada, é exigida a participação do Ministério Público espanhol (art. 514 – LEC). O fato de ter sido apresentada a revisão não obsta a execução, salvo na hipótese prevista no art. 566 da LEC[88] (art. 515 – LEC).

Se a revisão da coisa julgada for procedente, caberá ao Tribunal Supremo ou ao Tribunal Superior de Justiça declarar essa situação e rescindir a sentença, devolvendo os autos ao juízo de origem para que as partes usem de seu direito segundo as suas conveniências. Não mais será permitido que, no juízo de origem, seja novamente discutida a decisão que

---

citud de revisión que se presente pasado este plazo. 2. Dentro del plazo señalado en el apartado anterior, se podrá solicitar la revisión siempre que no hayan transcurrido tres meses desde el día en que se descubrieren los documentos decisivos, el cohecho, la violencia o el fraude, o en que se hubiere reconocido o declarado la falsedad.

[87] *A Espanha não mais possui essa moeda. Fazendo parte da Comunidade Européia, utiliza, portanto, o Euro como moeda corrente.*

[88] *Ley de Enjuiciamiento Civil Español Artículo 566. Suspensión, sobreseimiento y reanudación de la ejecución en casos de rescisión y de revisión de sentencia firme. 1. Si, despachada ejecución, se interpusiera y admitiera demanda de revisión o de rescisión de sentencia firme dictada en rebeldía, el tribunal competente para la ejecución podrá ordenar, a instancia de parte, y si las circunstancias del caso lo aconsejaran, que se suspendan las actuaciones de ejecución de la sentencia. Para acordar la suspensión el tribunal deberá exigir al que la pida caución por el valor de lo litigado y los daños y perjuicios que pudieren irrogarse por la inejecución de la sentencia. Antes de decidir sobre la suspensión de la ejecución de la sentencia objeto de revisión, el tribunal oirá el parecer del Ministerio Fiscal. La caución a que se refiere el párrafo anterior podrá otorgarse en cualquiera de las formas previstas en el párrafo segundo del apartado 3 del artículo 529. 2. Se alzará la suspensión de la ejecución y se ordenará que continúe cuando le conste al tribunal de la ejecución la desestimación de la revisión o de la demanda de rescisión de sentencia dictada en rebeldía. 3. Se sobreseerá la ejecución cuando se estime la revisión o cuando, después de rescindida la sentencia dictada en rebeldía, se dicte sentencia absolutoria del demandado. 4. Cuando, rescindida la sentencia dictada en rebeldía, se dicte sentencia con el mismo contenido que la rescindida o que, aun siendo de distinto contenido, tuviere pronunciamientos de condena, se procederá a su ejecución, considerándose válidos y eficaces los actos de ejecución anteriores en lo que fueren conducentes para lograr la efectividad de los pronunciamientos de dicha sentencia.*

240   *Coisa Julgada Constitucional*

determinou a revisão da coisa julgada. Contra a sentença que determinou a revisão não cabe nenhum tipo de recurso (art. 516 – LEC).

No direito italiano, diferentemente do direito espanhol, a ação rescisória (*revocazione*) tem natureza de ação de impugnação. É nesse sentido a afirmação de Hitters:

> Impõe-se consignar respeito à natureza desta figura, que, no direito italiano, é um meio "extraordinário" de atacar os pronunciamentos que têm pesado sobre a autoridade da coisa julgada, tendo características de uma típica ação de impugnação tendente a obter a invalidação de um pronunciamento judicial não sujeito a recurso quando esta estiver viciada por um dos defeitos enunciados taxativamente pela lei. (HITTERS, 2001, p. 73-74)[89] (tradução livre)

Somente as sentenças transitadas em julgado, ou seja, que não admitam mais recursos, é que podem sofrer impugnação através da ação de rescisória (*revocazione*) no direito italiano. Segundo determina o artigo 398[90] do *Codice di Procedura Civile*, a ação rescisória deve ser proposta perante o mesmo juízo que pronunciou a sentença, salvo se o motivo da rescisão for o dolo do julgador (art. 395, inciso sexto do *Codice di Procedura Civile*).

Os motivos que autorizam a *revocazione* da coisa julgada no direito italiano estão previstos no artigo 395 do *Codice di Procedura Civile* e podem ser agrupados em três grupos: a) pela atuação anômala do julgador; b) por anomalias na atividade das partes e c) pela falsidade das provas (HITTERS, 2001, p. 75).

Assim, no direito italiano, a coisa julgada pode ser impugnada pelos seguintes motivos: 1.°) quando a sentença for pronunciada mediante dolo de uma das partes; 2.°) quando baseada em provas falsas; 3.°) quando, após

---

[89] *Se impone consignar respecto de la naturaleza de esta figura, que en el derecho italiano es un medio "extraordinario" de atacar los pronunciamientos que han pasado en autoridad de cosa juzgada, participando de los caracteres de una típica acción de impugnación tendiente a obtener la invalidación de un pronunciamiento judicial no sujeto a grvamen (y que por consiguiente ha adquirido, en principio, el carácter de inmutable) cuando esté viciado por uno de los defectos enunciados taxativamente por la ley.*

[90] *Codice di Procedura Civile. Art. 398. La revocazione si propone con citazione davanti allo stesso giudice che ha pronunciato la sentenza impugnata.*

a sentença, surgirem novos documentos; 4.°) quando a sentença for motivada por erro de fato, resultante de atos ou documentos; 5.°) quando ferir a coisa julgada; 6.°) quando for proferida mediante dolo do julgador[91].

Segundo ressalta Hitters, a *revocazione* da coisa julgada baseada nas hipóteses previstas no 1.°, 2.°, 3.° e 6.° incisos do artigo 395 do *Codice di Procedura Civile* implica uma verdadeira ação de nulidade, muito semelhante às das leis materiais de direito privado. A *revocazione* baseada no inciso 4.° do artigo 395 traduz-se num *error in iudicando*, constituindo um verdadeiro defeito jurídico lógico. A *revocazione* prevista no inciso 5.° significa uma típica *actio nullitatis* contra um *error in procedendo* (HITTERS, 2001, p. 76).

Assim, verificada a presença de alguns dos vícios indicados no artigo 395 do *Codice di Procedura Civile*, a parte terá o prazo de 30 (trinta) dias, a partir da constatação do vício, para propor a *revocazione* (art. 399 do *Codice di Procedura Civile*).

O procedimento de *revocazione* se desenvolve com a sujeição às mesmas regras do processo impugnado. É o que estabelece o artigo 400 do *Codice di Procedura Civile*, sempre indicando, de forma expressa, o motivo da revogação e as provas que comprovam o fato. Também é necessário um depósito prévio como condição de procedimentalidade, em conformidade com o prescrito para o recurso de apelação, lembrando sempre que, em regra, tal ação não possui efeito suspensivo, salvo para evitar alguma lesão grave ou irreparável.

---

[91] *Codice di Procedura Civile. Art. 395. Le sentenze pronunciate in grado di appello o in unico grado possono essere impugnate per revocazione: 1) se sono l'effetto del dolo di una delle parti in danno dell'altra; 2) se si e' giudicato in base a prove riconosciute o comunque dichiarate false dopo la sentenza oppure che la parte soccombente ignorava essere state riconosciute o dichiarate tali prima della sentenza; 3) se dopo la sentenza sono stati trovati uno o piu' documenti decisivi che la parte non aveva potuto produrre in giudizio per causa di forza maggiore o per fatto dell'avversario; 4) se la sentenza e' l'effetto di un errore di fatto risultante dagli atti o documenti della causa. Vi e' questo errore quando la decisione e' fondata sulla supposizione di un fatto la cui verita' e' incontrastabilmente esclusa, oppure quando e' supposta l'inesistenza di un fatto la cui verita' e' positivamente stabilita, e tanto nell'uno quanto nell'altro caso se il fatto non costitui' un punto controverso sul quale la sentenza ebbe a pronunciare; 5) se la sentenza e' contraria ad altra precedente avente fra le parti autorita' di cosa giudicata, purche' non abbia pronunciato sulla relativa eccezione; 6) se la sentenza e' effetto del dolo del giudice, accertato con sentenza passata in giudicato.*

A decisão que resolve pela revogação da coisa julgada deve fornecer outra decisão ao caso, sendo permitida a impugnação da sentença de *revocazione* pelos mesmos recursos previstos na ação original. É o que dispõe o art. 403[92] do *Codice di Procedura Civile*.

No direito processual brasileiro, a ação rescisória é um procedimento de natureza constitutiva negativa, cujo objetivo é a revisão de julgamento anterior, com sua substituição por outro ou, em alguns casos, apenas de sua invalidação (TALAMINI, 2005, p. 137).

Como bem ressalta Câmara (2007, p. 30), "[...] a ação rescisória é uma demanda autônoma, e não um recurso. Dá início a um processo autônomo, que tem por objeto a desconstituição de um provimento jurisdicional transitado em julgado." (CÂMARA, 2007, p. 30).

A ação rescisória não se constitui de recurso, mas de ação autônoma. Aliás, é interessante verificar que o Código de Processo Civil brasileiro não inclui a ação rescisória entre os recursos que regula. Tecendo comentários importantes sobre a diferenciação entre o *recurso* e ação rescisória, afirma Theodoro Jr. (2007, p. 768) que:

> O recurso visa a evitar ou minimizar o risco de injustiça do julgamento único. Esgotada a possibilidade de impugnação recursal, a coisa julgada entra em cena para garantir a estabilidade das relações jurídicas, muito embora corra o risco de acobertar alguma injustiça latente no julgamento. Surge, por último, a ação rescisória, que colima reparar a injustiça da sentença transitada em julgado, quando o seu grau de imperfeição é de tal grandeza que supere a necessidade de segurança tutelada pela *res iudicada*.
>
> A ação rescisória é tecnicamente ação, portanto. Visa a rescindir, a romper, a cindir a sentença como ato jurídico viciado. Conceituam-na Bueno Vidigal e Amaral Santos como "ação pela qual se pede a declaração de nulidade da sentença". Assim, hoje, não se pode mais pôr em dúvida que a rescisória "é ação tendente à sentença constitutiva". (THEODORO JÚNIOR, 2007, p. 768)

---

[92] *Codice di Procedura Civile. Art. 403. Non puo' essere impugnata per revocazione la sentenza pronunciata nel giudizio di revocazione. Contro di essa sono ammessi i mezzi d'impugnazione ai quali era originariamente soggetta la sentenza impugnata per revocazione.*

As hipóteses de cabimento da ação rescisória estão dispostas no artigo 485 do Código de Processo Civil brasileiro. Assim, é possível a rescisão da sentença definitiva, transitada em julgado, em que houve: a) prevaricação, concussão ou corrupção do juiz da causa; b) juiz impedido ou absolutamente incompetente; c) dolo da parte vencedora em detrimento da parte vencida, ou conluio com objetivo de fraudar a lei; d) ofensa à coisa julgada; e) violação literal à disposição de lei; f) baseada em prova, cuja falsidade tenha sido apurada em processo criminal, ou seja, provada na própria ação rescisória; g) fundamento para invalidar confissão, desistência ou transação em que se baseou a sentença; h) documento novo, depois da sentença, cuja existência a parte ignorava ou do qual não pôde fazer uso, capaz, por si só, de lhe assegurar pronunciamento favorável.

No direito brasileiro, a competência para processar e julgar a ação rescisória é do Tribunal de Justiça dos Estados, do Superior Tribunal de Justiça ou do Supremo Tribunal Federal, nos termos do que dispõe o art. 493 do CPC. O tribunal competente possui a atribuição de analisar a ação rescisória e proferir julgamento rescindindo a decisão anterior (*ius rescindens*) e, em determinados casos, proferindo um novo julgamento para a causa (*ius rescissorum*), conforme determina o artigo 494 do Código de Processo Civil.

A ação rescisória, no processo civil brasileiro, obedece a três etapas diferentes, quais sejam: o exame de admissibilidade, no qual o julgador observa se a ação atendeu aos requisitos previstos no artigo 490[93], do Código de Processo Civil; o *iudicium rescidens*, no qual o julgador observa se é possível a rescisão do julgado dentro das normas estabelecidas no artigo 485 do Código de Processo Civil; e o *iudicium rescissorium*, no qual o julgador irá fornecer nova decisão, em caso de rescisão da sentença definitiva já transitada em julgado.

O prazo para a interposição da presente ação rescisória é de dois anos, contados do trânsito em julgado da sentença ou do acórdão rescindível. Este prazo é decadencial, não se sujeita à possibilidade de suspensão ou interrupção e nem fica adstrito à contagem de prazo previsto no

---

[93] Código de Processo Civil brasileiro. Artigo. 490. Será indeferida a petição inicial: I – nos casos previstos no art. 295; II – quando não efetuado o depósito exigido pelo art. 488, II.

244   *Coisa Julgada Constitucional*

art. 184 do Código de Processo Civil, podendo, portanto, vencer em dia não útil, férias ou feriado.

É interresante assinalar que, dentro do dogmatismo processual brasileiro, muitos doutrinadores processuais admitem a possibilidade de "flexibilização" da coisa julgada, sob o fundamento de **violação literal de dispositivo de lei** e desde que respeite o prazo decadencial de 2 (dois) anos. Assim, a interpretação do art. 485, V do Código de Processo Civil deveria ser ampliada, de maneira a abarcar as situações em que o dispositivo de lei infringido pertença à Constituição da República Federativa do Brasil de 1988.

Wambier e Medina (2003, p.157) entendem que um dos caminhos mais adequados para que se consiga evitar a perpetuação de situações indesejáveis, ou seja, a subsistência, "para todo o sempre", de decisões que afrontam o sistema, é entender-se que estão abrangidas pelo art. 485, inc. V do CPC (WAMBIER; MEDINA, 2003, p. 157).

O próprio Superior Tribunal de Justiça vem-se pronunciando, em reiteradas decisões, acerca da admissibilidade da ação rescisória para a desconstituição da "coisa julgada inconstitucional", especialmente em matéria tributária, como no exemplo a seguir:

> Processo civil. Ação rescisória. Matéria constitucional. STF – Sum. 343. A lei comporta mais de uma interpretação, mas ela não pode ser válida e inválida, dependendo de quem seja o encarregado de aplicá-la, circunstância que excepciona da Sum. 343/STF a ação rescisória que versa matéria constitucional. Recurso especial conhecido e provido[94].

O entendimento do Supremo Tribunal Federal quanto ao cabimento da ação rescisória nas hipóteses de declaração de constitucionalidade ou inconstitucionalidade de lei é no sentido de que

> [...] a conformidade, ou não, da lei com a Constituição é um juízo sobre a validade da lei; uma decisão contra a lei ou que lhe negue a vigência supõe lei válida. A lei pode ter uma ou mais interpretações, mas ela não pode ser válida ou inválida, dependendo de

---

[94] STJ, 2ª. Turma; Resp n. 128239, rel Min. Ari Pargendler; DJU de 01/12/1997.

quem seja o encarregado de aplicá-la. Por isso, se a lei é conforme a Constituição e o acórdão deixa de aplicá-la à guisa de inconstitucionalidade, o julgado se sujeita à ação rescisória ainda que na época os tribunais divergissem a respeito. Do mesmo modo, se o acórdão aplica lei que o Supremo Tribunal Federal, mais tarde, declare inconstitucional.

Ocorre que, ao fundamentarem a possibilidade de modificação da coisa julgada, os doutrinadores insistem na questão hermenêutica, afirmando que a interpretação feita por algum juízo não foi a "correta". Em interessante pronunciamento jurisdicional, contrário a jurisprudência majoritária do Superior Tribunal de Justiça, a 2ª. Turma, cujo Relator foi o Ministro Adhemar Maciel, entendeu que o ato de colocar o problema sobre a possibilidade de modificação da coisa julgada como sendo um problema de interpretação jurisdicional poderia instaurar uma insegurança jurídica.

Nesse sentido, entendeu que o respeito à coisa julgada não pode ficar condicionado a futuro e incerto julgamento do Supremo Tribunal Federal. Para que a ação rescisória fundada no art. 485, V, do Código de Processo Civil prospere, é necessário que a interpretação dada pelo *decisum* rescindindo seja de tal modo aberrante que viole o dispositivo legal em sua literalidade. Se, ao contrário, o acórdão rescindindo elege uma dentre as interpretações cabíveis, ainda que não seja a melhor, a ação rescisória não merece vingar, sob pena de tornar-se um mero "recurso" com prazo de "interposição" de dois anos[95].

Além disso, alguns doutrinadores processualistas brasileiros insistem em modificar o prazo decadencial de 2 (dois) anos previstos para ação rescisória, com o claro objetivo de justificar a modificação da coisa julgada. É, por exemplo, o que defende Porto (2006, p. 31):

> [...] em tempos de reformas processuais, parece oportuna a revisão das hipóteses de cabimento da ação rescisória e, quiçá, até mesmo, o exame da vigência do prazo decadencial existente, observando, por derradeiro, que, no plano criminal, a revisão – irmã siamesa da rescisória – não goza desta limitação, em face da natureza

---

[95] STJ, 2ª. Turma; REsp 168.836; rel. Min. Adhemar Maciel; DJU de 01.02.1999.

relevante do direito posto em causa e, ao que conta, tal circunstância não gera uma crise social intolerável. (PORTO, 2006, p. 31)

A bem da verdade, a justificativa de modificação da coisa julgada através do procedimento da ação rescisória, em que pesem os esforços doutrinários, incorre num equívoco grave, que este livro pretende combater. A formação da coisa julgada constitucional não depende, exclusivamente, da interpretação judicial que se dá no caso concreto e, muito menos, da observância do prazo decadencial de 2 (dois) anos.

Conforme já visto, quando o processo não ocorrer dentro da legitimidade constitucional, a "decisão" gerada deixa de atender à constitucionalidade, não podendo transitar em julgado[96]. Ela é inexistente, e não nula, não podendo integrar o ordenamento jurídico.

Partindo do pressuposto de que a formação da "coisa julgada constitucional" depende de um processo legítimo e da preclusão impugnativa, isso, por si só, afasta a possibilidade legal de utilização da ação rescisória. Pois a decisão que não atende a um processo legítimo não transita em julgado; logo, não permitirá a utilização da ação rescisória, que tem como requisito legal para seu ajuizamento o trânsito em julgado.

Com efeito, uma coisa é a possibilidade de rescisão da decisão jurisdicional por motivos legalmente previstos, e que, no caso, estão previstos no artigo 485 do Código de Processo Civil brasileiro. Outra coisa é a possibilidade de declaração da nulidade da decisão jurisdicional fundamentada em ausência de observância do processo legítimo, hipótese esta não prevista no artigo 485 do Código de Processo Civil, que, por esforço hermenêutico, não pode ser estendido.

O que se busca com a ação rescisória é a verificação de vícios taxativamente indicados nos incisos I a IX do artigo 485 do Código de Processo Civil brasileiro. Pode ocorrer que o contraditório seja respeitado ao longo do procedimento, mas, por algum dos motivos previstos nos incisos acima indicados, a decisão mereça ser rescindida.

---

[96] Esta tese defende um novo conceito para o "trânsito em julgado", não mais buscado em contornos temporais, mas, sobretudo e inclusive, pela legitimidade do processo. Decisão jurisdicional só transita em julgado se verificadas a legitimidade processual e a preclusão.

Ação Rescisória, Querela Nullitatis *e "Coisa Julgada Inconstitucional"*   247

Utilizar o procedimento da ação rescisória para possibilitar a modificação da "coisa julgada inconstitucional[97]" é um equívoco doutrinário. Este livro entende que, para a modificação da "coisa julgada inconstitucional", o melhor seria a utilização da *querela nullitatis*. Segue, no próximo subtítulo, a justificativa para tanto.

9.2 *Querela nullitatis* e a "coisa julgada inconstitucional"

No direito romano é que se criou a possibilidade de atacar as sentenças que contivessem *errores in procedendo*. Tal possibilidade recebeu o nome de *querela nullitatis*[98]. Ensina Macedo (1998, p. 49-50) que o mesmo se desdobrava em duas modalidades: *querela nullitatis sanabilis*, para os vícios menos graves; e *querela nullitatis insanabilis*, para os mais graves, sendo certo que aquela primeira modalidade acabou por ser absorvida pela apelação, enquanto a segunda modalidade continuou adequada para o ataque a vícios da sentença que não se sanavam com a coisa julgada (MACEDO, 1998, p. 49-50).

Tal instituto sobrevive no direito brasileiro. Desde muito, o Supremo Tribunal Federal tem admitido a *querela nullitatis*. Eis o conteúdo de ementa de Recurso Extraordinário no qual foi relator o Ministro Moreira Alves, publicado no Diário da Justiça em 17/11/1982:

> Ação declaratória de nulidade de sentença por ser nula a citação do réu revel na ação em que ela foi proferida. 1. Para a hipótese prevista no artigo 741,I[99], do atual CPC – que e a da falta ou nulidade

---

[97] Ressalte-se que esta tese não aceita a existência da coisa julgada inconstitucional. Ou a coisa julgada se formou a partir de um procedimento legítimo e se reveste de constitucionalidade, ou, então, ela nunca se formou.

[98] Conforme preceitua Carlos Valder do Nascimento, em sua obra Coisa Julgada Inconstitucional, 4 ed., Rio de Janeiro: América Jurídica, 2004, p. 22, o termo querela nullitatis refere-se à expressão latina que tem o significado de nulidade de litígio, indicando a ação, criada e utilizada na Idade Média, para impugnar a sentença, independentemente de recurso, apontada como a origem das ações autônomas de impugnação.

[99] O texto vigente à época do julgamento no Supremo Tribunal Federal era o seguinte: Art. 741. Quando a execução se fundar em sentença, os embargos serão rece-

248   *Coisa Julgada Constitucional*

> de citação, havendo revelia – persiste, no direito positivo brasileiro –
> a *"querela nullitatis"*, o que implica dizer que a nulidade da sentença,
> nesse caso, pode ser declarada em ação declaratória de nulidade, inde-
> pendentemente do prazo para a propositura da ação rescisória, que,
> em rigor, não é a cabível para essa hipótese. 2. Recurso extraordinário
> conhecido, negando-se-lhe, porém, provimento.[100]

Segundo afirma Câmara (2007, p. 276), comentando a hipótese prevista na antiga redação do artigo 741, inciso I do Código de Processo
Civil, era permitida, por meio dos embargos, a cassação de sentença transitada em julgado, independentemente da propositura da ação rescisória e,
até mesmo, depois do decurso do prazo bienal do art. 495. Ocorre que, por
serem os embargos exclusivos daqueles casos em que a sentença era condenatória, não se poderia deixar de considerar que era preciso reconhecer
a existência de remédio semelhante em favor de quem ficou revel (sem ter
sido regularmente citado) nos casos em que a sentença fosse meramente
declaratória ou constitutiva. Além disso, não fazia sentido exigir do lesado
que aguardasse a iniciativa da parte contrária em dar início à execução
para que fosse possível o ajuizamento dessa demanda, devendo-se admitir
o oferecimento da mesma de forma absolutamente autônoma, e em caráter
preventivo (CÂMARA, 2007, p. 276).

Inicialmente, em sede doutrinária, a *querela nullitatis* só poderia ser
usada diante da ausência de citação. Assim, ainda segundo entendimento
de Câmara,

> [...] durante o prazo decadencial a que se submete o direito à
> rescisão da sentença, a parte interessada teria à sua disposição a pos-
> sibilidade de escolher entre propor ação rescisória ou *querela nulli-
> tatis*. Ultrapassado esse prazo, não seria mais possível rescindir a sen-
> tença, mas a *querela nullitatis* continuaria a poder produzir seus
> resultados. Além disso, no caso de ser condenatória a sentença, ainda
> seria possível ao interessado escolher entre aquele remédio e os
> embargos do executado fundados no art. 741, I, do CPC. (CÂMARA,
> 2007, p. 276)

---

bidos com efeito suspensivo se o devedor alegar: I – falta ou nulidade de citação no
processo de conhecimento, se a ação lhe correu à revelia.

   [100] STF, RE 97589; Tribunal Pleno. Tel. Min. Moreira Alves. DJ de 03/06/1983.

No entanto, neste livro, entende-se que a decisão jurisdicional que não foi formada a partir de um processo legítimo não poderia integrar o ordenamento jurídico brasileiro. Seria ela uma "decisão" inexistente. O mesmo raciocínio utilizado para a ausência de citação poderia ser usado também para justificar a *querela nullitatis* quando faltasse a legitimidade processual.

Importa frisar que **nulidade** e **inexistência** são conceitos diversos e, por não se confundirem, não podem ser utilizados indiscriminadamente. Nos casos de nulidade da sentença, o procedimento cabível para sua modificação seria a ação rescisória; no caso de inexistência, o procedimento cabível seria a *querela nullitatis*.

A não garantia da legitimidade processual não autoriza o ajuizamento da ação rescisória, pois as hipóteses previstas no artigo 485 do Código de Processo Civil não podem ser interpretadas extensivamente. No entanto, a discussão sobre legitimidade tem seu cabimento na *querela nullitatis,* que se desenvolve, no direito brasileiro, pelo procedimento ordinário, no juízo de primeiro grau. Até porque, a pretensão que fundamenta a *querela nullitatis* é diversa da ação rescisória. Nesta, o que será discutido é, justamente, se houve a garantia do contraditório; se o procedimento atendeu ao princípio da finalidade; e, ainda, se não causou prejuízos às partes, conforme dispõe o artigo 249, parágrafos 1.° e 2.° do Código de Processo Civil brasileiro.

Insta observar que a *querela nullitatis* não possui a mesma causa de pedir da ação rescisória e com essa não se confunde. Essa dificuldade de distinção é causada, em parte, pela etimologia da expressão *"querela nullitatis"*, que induz ao entendimento equivocado de se tratar de remédio aplicável ao ataque de sentenças nulas (nulidade). Ocorre que a distinção entre nulidade e inexistência é fato recente para o direito e, em virtude dessa atual diferenciação, conclui-se que a *querela nullitatis* é adequada para atacar, na verdade, sentenças inexistentes (WAMBIER; MEDINA, 2003, p. 213).

A ação rescisória serve para desconstituir uma sentença nula que transitou em julgado. Já a *querela nullitatis* é utilizada para as sentenças que não transitam em julgado pelo simples fato de que nunca existiram, por lhes faltar pressuposto fundamental, qual seja, a legitimidade do processo.

O argumento que vem a fortalecer a sobrevivência da *querela nullitatis* e a possibilidade de sua utilização nos casos de ausência de legitimidade processual e contraditório está, justamente, nos artigos 457-L, inciso I, e 741, inciso I do Código de Processo Civil brasileiro. A ausência de citação é um fator que demonstra a ausência do contraditório e, nesse sentido, pode ser anulado todo o procedimento que se instaurou e culminou com uma "sentença inexistente".

Sendo assim, verifica-se que a *querela nullitatis*, embora seja denominada por muitos como ação declaratória de nulidade, refere-se à inexistência, não se podendo aceitar o uso das expressões nulidade e inexistência jurídica como se fossem iguais.

Processos ilegítimos e inconstitucionais que levam à formação de uma "sentença inconstitucional" nada mais são que sentenças inexistentes, que não podem autorizar a formação da coisa julgada pelo simples fato de que não transitam em julgado. E, não ocorrendo a coisa julgada, não há que se falar em ação rescisória. O que não existe não pode ser rescindido.

Compartilham do mesmo entendimento Assis (2004, p. 217), realçando que "a rescindibilidade da sentença pressupõe a existência de coisa julgada" (ASSIS, 2004, p. 217); e Wambier e Medina (2003, p. 237), que afirmam: "o que é rescindível não pode ser inexistente, e a decisão de mérito transitada em julgado, ainda que nula, é ato existente" (WAMBIER; MEDINA, 2003, p. 226).

Dessa forma, não cabe ação rescisória para sanar situações em que se verifique a violação do processo constitucional e dos princípios do contraditório e da legitimidade, uma vez que se acham ausentes os pressupostos processuais para autorizar a formação da decisão jurisdicional e da coisa julgada.

Por se tratar de ação declaratória, a *querela nullitatis* não se sujeita a prazo para sua propositura. Segundo afirma Wambier, "pode-se pretender, em juízo, a declaração no sentido de que aquele ato se consubstancia em sentença juridicamente inexistente por meio de ação de rito ordinário, cuja propositura não se sujeita à limitação temporal" (WAMBIER; MEDINA, 2003, p. 237).

A competência para processar e julgar a presente ação de declaração de inexistência de processo legítimo seria, então, o juízo de primeiro grau, adotando o procedimento ordinário. E não há que se falar em afronta à coisa julgada, pois a pretensão que embasa a *querela nullitatis* é diversa da ação que, anteriormente, foi julgada em desrespeito ao processo jurisdicional legítimo. Em outros termos, não será objeto da *querela nullitatis* um novo pronunciamento acerca do pedido na primeira ação, já que a questão central a ser discutida será a verificação da ausência ou não da legitimidade processual e a presença do contraditório.

A declaração de inexistência da sentença e, consequentemente, da coisa julgada está atrelada à idéia do controle de constitucionalidade. Qualquer juiz de direito pode realizar a verificação da constitucionalidade processual e de sua legitimidade, declarando a inexistência da decisão jurisdicional. Portanto, a decisão jurisdicional declarada inexistente produz efeitos *ex tunc*, não produzindo efeito algum. Aquilo que é inconstitucional é natimorto, não teve vida e, por isso, não produz efeitos; e aqueles casos que, porventura, ocorreram ficam desconstituídos desde as suas raízes, como se não tivessem existido (THEODORO JÚNIOR; FARIA, *In:* NASCIMENTO, 2002, p. 160).

Na avaliação deste estudo, a utilização da ação de declaração de inexistência (*querela nullitatis*) seria a melhor técnica para se discutir se houve a garantia do processo legítimo. E tal verificação tem que ser feita de modo a garantir também, taxativamente, a discursibilidade processual.

10. ASSISTÊNCIA E COISA JULGADA

Muitos autores têm trabalhado a questão da "coisa julgada inconstitucional", especialmente no Brasil, alegando que a temática é nova e que se desenvolveu a partir dos estudos de Paulo Otero, em 1993, quando publicou suas idéias na tese intitulada *"Ensaios sobre caso julgado inconstitucional"* (OTERO, 1993). Ocorre, porém, que, no âmbito da dogmática jurídica brasileira, verifica-se que a questão desenvolvida sobre a possibilidade ou não de modificação da coisa julgada já encontrava previsão legal desde a publicação do Código de Processo Civil de 1973.

Estabelece o artigo 55 do Código de Processo Civil brasileiro (1973) que, transitada em julgado, a sentença, na causa em que interveio o assistente, este não poderá, em processo posterior, discutir a "justiça" da decisão, salvo se alegar e provar que, pelo estado em que recebera o processo, ou pelas declarações e atos do assistido, fora impedido de produzir provas suscetíveis de influir na sentença; ou que desconhecia a existência de alegações ou de provas de que o assistido, por dolo ou culpa, não se valeu.

Uma análise criteriosa do presente artigo, previsto no Código de Processo Civil brasileiro (1973), permite observar que ele é de pouca ou nenhuma aplicação prática. A inaplicabilidade desse artigo se deve, *a priori,* a dois motivos principais: 1) o conceito de "justiça" da decisão não é ponto pacífico entre os aplicadores do direito pátrio; e 2) o dogma da coisa julgada, que impede a sua modificação, em nome da segurança jurídica.

A leitura do art. 55 do CPC faz surgir a seguinte indagação sobre sua aplicação: "Será possível discutir a justiça da decisão sem que isso signifique a possibilidade de relativização da coisa julgada?"

Para se discutir a indagação acima, antes de mais nada, é necessário estabelecer algumas premissas importantes sobre o instituto da assistência. A assistência inclui-se – ao lado da oposição, dos embargos de terceiro, do recurso do terceiro prejudicado e do concurso de credores – entre as figuras de intervenção voluntária de terceiro na demanda entre as partes, previstas no Código em vigor.

10.1 Assistência no direito comparado

No Direito português, a modalidade de assistência é chamada de "intervenção espontânea" e possui previsão legal no artigo 320.° do Código de Processo Civil. Percebe-se, na leitura do citado artigo, que a lei processual portuguesa faz também a diferenciação entre "assistência simples" (alínea "a") e "litisconsorcial" (alínea "b"). Para uma melhor análise, segue sua transcrição:

> Estando pendente uma causa entre duas ou mais pessoas, pode nela intervir como parte principal:
> a) Aquele que, em relação ao objecto da causa, tiver um interesse igual ao do autor ou do réu, nos termos dos artigos 27.° e 28.°;
> b) Aquele que, nos termos do artigo 30.°, pudesse coligar-se com o autor, sem prejuízo do disposto no artigo 31.°.

Não existe, no direito processual português, nada que corresponda especificamente ao que dispõe o artigo 55 do Código de Processo Civil brasileiro. No entanto, a simples leitura dos demais artigos do Código de Processo Civil Português, especialmente o artigo 321.° e 322.°, conduz a um posicionamento bastante similar ao empreendido no direito brasileiro.

Assim, dispõe o artigo 321.° do Código de Processo Civil que "o interveniente principal faz valer um direito próprio, paralelo ao do autor ou do réu, apresentando o seu próprio articulado ou aderindo aos apresentados pela parte com quem se associa."

Já o artigo 322.° do Código de Processo Civil Português determina que "a intervenção fundada na alínea a) do artigo 320.° é admissível a todo o tempo, enquanto não estiver definitivamente julgada a causa; que se baseia na alínea b) só é admissível enquanto o interveniente possa deduzir a sua pretensão em articulado próprio." O interveniente aceita a causa no estado em que se encontrar, sendo considerado revel quanto aos atos e termos anteriores; mas goza de todos os direitos de parte principal a partir do momento da sua intervenção.

No Direito francês, o instituto da assistência também é chamado de "intervenção espontânea". A previsão sobre tal intervenção está prevista nos artigos 328 a 330 do *Nouveau Code de Procedure Civile*[101].

Como não podia deixar de ser, diferentemente do que ocorre no Código de Processo Civil brasileiro, o Direito francês estabelece uma diferenciação entre intervenção voluntária "principal" e "acessória" (art. 328 do NCPC francês). A intervenção principal é admissível ao terceiro que possui o mesmo direito de agir da parte principal (art. 329 do NCPC); já a intervenção voluntária, prevista no art. 330 do NCPC, estabelece que é permitida quando uma parte possui "interesse" na conservação de seus direitos.

O Código de Processo Civil Francês não estabelece qual a amplitude do termo "interesse" previsto no art. 330 do NCPC. Isso pode levar o intérprete a entender que qualquer interesse na causa possibilitaria a intervenção do terceiro. Ocorre que o art. 330 do NCPC expressa claramente que se trata da "parte" que tiver "interesse" na conservação de seus direitos. Assim, apesar da omissão quanto à qualidade do "interesse", verificase que, para que haja intervenção acessória, o NCPC exige que o terceiro estabeleça o grau de conexão entre a causa principal e os seus direitos.

Também no Código de Processo Civil Italiano, especificamente na redação do art. 105, utilizou-se a nomenclatura *intervento volontario* como sendo modalidade de intervenção de terceiros, bastante próxima do instituto da assistência do direito brasileiro. Ocorre que o art. 105[102] do *Codice di Procedure Civile* não faz diferença entre a assistência e oposição, como

---

[101] **NCPC, Article 329:** *L'intervention est principale lorsqu'elle élève une prétention au profit de celui qui la forme. Elle n'est recevable que si son auteur a le droit d'agir relativement à cette prétention. **NCPC, Article 330:** L'intervention est accessoire lorsqu'elle appuie les prétentions d'une partie. Elle est recevable si son auteur a intérêt, pour la conservation de ses droits, à soutenir cette partie. L'intervenant à titre accessoire peut se désister unilatéralement de son intervention.*

[102] *Codice di Procedure Civile, art. 105: Ciascuno puo' intervenire in un processo tra altre persone per far valere, in confronto di tutte le parti o di alcune di esse, un diritto relativo all'oggetto o dipendente dal titolo dedotto nel processo medesimo. Puo' altresi' intervenire per sostenere le ragioni di alcuna delle parti, quando vi ha un proprio interesse.*

256   *Coisa Julgada Constitucional*

ficou destacado no Código de Processo Civil brasileiro. E muito menos estabelece uma diferenciação para a assistência simples ou litisconsorcial. Isso ficou a cargo da doutrina italiana, que desenvolveu as expressões *intervento adesivo dipendente* (equivalente a "assistência simples") e *intervento adesivo autonomo* (equivalente a "assistência litisconsorcial").

A doutrina italiana aponta três formas pelas quais a intervenção voluntária pode acontecer. Segundo afirma Ustárroz (2004):

> Na primeira parte, aparece a intervenção principal *(intervento principale*, quando há litígio contra todas as partes) e a liticonsorcial (*intervento litisconsortile*, caso no qual o litígio envolve apenas algumas das partes originárias). Justificam-se a partir da conexão objetiva entre o processo originário e a demanda oferecida. Nesses casos, o interveniente ostentava legitimidade para ingressar com demanda própria, antes mesmo da propositura do processo alheio, pois se reputava titular do bem disputado por outros. Por fim, admite o dispositivo a participação de terceiro quando o intente defender um interesse próprio e dependente. Neste caso, ocorre o *intervento adesivo* (USTÁRROZ, 2004, p. 30).

A intervenção será adesiva tendo em vista o fito exclusivo de aderir à defesa alheia, não fazendo valer um direito autônomo, à medida que é titular de uma relação dependente. As três notas que caracterizam a intervenção adesiva são: a) *interveniente con esclusivo fine di adesione;* b) *terzo che non fa valere um diritto autônomo;* e c) "*titolare di um rapporto dipendente* (COMOGLIO; FERRI; TARUFFO, 1998, p. 313-314). Será a intervenção adesiva autônoma tendo em vista que o interveniente faz valer um direito próprio, **independente** do direito das partes em litígio.

No direito processual italiano, referendando o movimento denominado *ativismo judicia,* ficou consagrada a possibilidade da intervenção *per ordine del giudice,* ou seja, determinada pelo próprio magistrado, conforme se verifica no art. 107[103] do *Codice di Procedure Civile.* Nessa hipótese, a aceitação da intervenção pelas partes é dispensada. Entendem

---

[103] *Cf. dispõe o art. 107 do Codice di Procedure Civile: Il giudice, quando ritiene opportuno che il processo si svolga in confronto di un terzo al quale la causa e' comune, ne ordina l'intervento.*

os doutrinadores italianos que tal intervenção apresenta um caráter subsidiário em relação à intervenção por iniciativa da parte, prevista no art. 106[104] do *Codice di Procedure Civile*. Tal dispositivo serviria também como uma válvula de segurança para evitar o óbice da preclusão.

Todavia, percebe-se que o instituto da "assistência" previsto no direito processual civil brasileiro tem suas bases fundacionais no Código de Processo Civil Alemão (ZPO). O direito processual civil alemão chama essa modalidade de intervenção de *nebenintervention* (Intervenção adesiva), e traz sua previsão legal no § 66 do ZPO[105].

Foi o Código de Processo Civil Alemão que utilizou, em primeiro momento, a expressão "rechtliches interesse" (interesse jurídico), que foi incorporada pelo direito processual brasileiro.

Estabeleceu-se aí, com a utilização na nomenclatura "interesse jurídico" um diferencial que ainda não é visto em outros ordenamentos. Isso significa que não é qualquer interesse na causa que autoriza a intervenção, mas sim o interesse jurídico. Assim, a partir dessa nomenclatura "vaga", muito se discute acerca da legitimidade dessa intervenção voluntária. O adjetivo "jurídico" certamente exclui outros adjetivos como "econômico", "social" ou "afetivo". O assunto "interesse jurídico" será retomado quando do enfoque específico para o direito processual brasileiro.

10.2 **Parte processual**

Para que se possa entender melhor a figura do interveniente (terceiro) que "supostamente" sofre os efeitos da coisa julgada, é necessário estabelecer o significado de "parte" e de "terceiro". No direito processual civil

---

104 *Cf. dispõe o art. 106 do Codice di Procedure Civile: Ciascuna parte puo' chiamare nel processo un terzo al quale ritiene comune la causa o dal quale pretende essere garantita.*

105 *Cf § 66 do ZPO, Nebenintervention: (1) Wer ein rechtliches Interesse daran hat, dass in einem zwischen anderen Personen anhängigen Rechtsstreit die eine Partei obsiege, kann dieser Partei zum Zwecke ihrer Unterstützung beitreten. (2) Die Nebenintervention kann in jeder Lage des Rechtsstreits bis zur rechtskräftigen Entscheidung, auch in Verbindung mit der Einlegung eines Rechtsmittels, erfolgen.*

brasileiro, vigora o princípio da "singularidade do juízo", segundo o qual a este se vinculam somente as partes. Assim, somente as partes, em princípio, estão abrangidas pela *res judicata*[106]. Essa é a orientação prevista no artigo 472 do CPC.[107]

No entanto, tal regra prevista no art. 472 do CPC pode levar o intérprete a um equívoco, entendendo que jamais alguém que não esteja participando do processo poderia sofrer a influência da "autoridade da coisa julgada". Ressalta Dinamarco (2006) que a realidade mostra que as coisas se passam de modo diferente, indicando que esse artigo revela somente um princípio, e compete ao direito positivo disciplinar a expansão da coisa julgada até a órbita jurídica de alguns terceiros (sucessores, devedores solidários) (DINAMARCO, 2006, p. 19).

Sustenta Dinamarco que:

> [...] salvo os sucessores e os co-titulares do próprio direito em disputa, nenhum dos demais terceiros, enquanto terceiro, suportará a eficácia direta da sentença, nem estará sujeito à ***auctoritas rei judicatae*** em relação a seus próprios direitos e interesses. Mas ocorrem situações da vida em que o terceiro, mesmo não lhe podendo ser impostos os efeitos da sentença ou a autoridade da coisa julgada, suportará certos inconvenientes reflexos daqueles, convindo-lhe tomar a iniciativa de intervir para evitar que se produzam. Ele intervirá **opondo** às pretensões do demandante e do demandado a sua própria (oposição) ou oferecendo ajuda a uma das partes (assistência). (DINAMARCO, 2006, p. 20)

Em determinadas hipóteses, o terceiro acaba sofrendo os efeitos da sentença e da coisa julgada sem, contudo, figurar como parte na lide.

Assim, para definir o conceito de "terceiro", é necessário, antes, estabelecer o conceito de "parte". O conceito de parte é um dos mais tormentosos e problemáticos do direito processual. Fixada a autonomia do

---

[106] Regra constante no Digesto, 42, 163.

[107] Cf. dispõe o art. 472 do Código de Processo Civil Brasileiro: "A sentença faz coisa julgada às partes entre as quais é dada, não beneficiando, nem prejudicando terceiros. Nas causas relativas ao estado de pessoa, se houverem sido citados no processo, em litisconsórcio necessário, todos os interessados, a sentença produz coisa julgada em relação a terceiros."

Assistência e Coisa Julgada

processo em face do direito material, não é mais cabível a diferenciação entre "parte" no sentido formal e "parte" no sentido material. Quando se refere à parte, a referência se faz no âmbito processual.

Nesse sentido, segundo Carneiro (2006):

> Os autores clássicos encaravam o conceito de parte tendo em vista a relação de direito material: **autor** seria a designação atribuída **ao credor** quando postulava em juízo; **réu** o nome pelo qual se designava o **devedor**. Esta vinculação do conceito de parte à relação de direito material deduzida no processo não resiste à análise crítica: se a ação de cobrança é julgada 'improcedente', v.g., porque a dívida já fora anteriormente paga, então já não existia a relação de direito material, nem credor nem devedor; e todavia o processo, com autor e réu, desenvolveu-se normal e validamente até a sentença de mérito. (CARNEIRO, 2006, p. 4)

Rosemberg (1955), buscando estabelecer o conceito eminentemente processual de parte, afirma que as "partes no processo civil são as pessoas que solicitam e contra as quais se solicita, em nome próprio, a tutela jurídica do Estado" (ROSENBERG, 1955, p. 211). A doutrina tradicional e prevalente liga o conceito de parte à atividade jurisdicional e ao direito de ação. Conforme sustenta Miranda Leão (1999), o autor é parte desde o momento em que ajuíza sua demanda, e parte será até o final, mesmo que a sentença venha a declará-lo "parte ilegítima". E o réu adquire a qualidade de parte pela citação, queira ou não queira (MIRANDA LEÃO, 1999, p. 51).

Na lição de Calamandrei (1962):

> As partes são o sujeito ativo e o sujeito passivo da demanda judicial, com abstração de toda referência ao direito substancial, parte de uma premissa elementar: fato de natureza exclusivamente processual, da proposição de uma demanda perante o juiz, a pessoa que propõe a demanda, e a pessoa contra quem se propõe adquirem sem mais, por este fato, *status* de partes do processo que com tal proposição se inicia; ainda que a demanda seja infundada, improponível ou inadmissível[108]. (CALAMANDREI, 1962, p. 297) (tradução livre).

---

[108] *Las partes son el sujeto activo e el sujeto pasivo de la demanda judicial, con abstracción de toda referencia al derecho substancial, parte de una premisa elemen-*

A opção por focar o conceito de parte apenas pelo momento da dedução da pretensão e da pretensão resistida demonstra uma opção pela teoria do processo como relação jurídica. Nessa teoria, as partes, para figurarem como tais, devem cumprir pressupostos processuais indispensáveis para que haja a prestação jurisdicional.

Evidencia-se que, para uma melhor compreensão do conceito de parte, há necessidade de superar tal teoria e aplicar a "teoria do processo como procedimento em contraditório", desenvolvido por Fazzalari (FAZZALARI, 2006).

Na aplicação de tal teoria, as partes ganham um novo enfoque. O processo constitui um procedimento do qual participam (são habilitados a participar) aqueles em cuja esfera jurídica o ato final é destinado a desenvolver seus efeitos, em contraditório, e de modo que o autor do ato não possa obliterar as suas atividades (FAZZALARI, 2006, p. 119). Nessa perspectiva, o conceito de parte ganha um novo elemento fundamental para sua caracterização, que é, justamente, o contraditório.

Com isso, o conceito de parte é definido por Fazzalari como *contraditor* (FAZZALARI, 2006, p. 119). O contraditor é o "sujeito processual que pode exercitar um conjunto de escolhas, de reações, de controles, e deva sofrer os controles e as reações dos outros, e que o autor do ato deva prestar contas dos resultados" (FAZZALARI, 2006, p. 119-120) A própria essência do contraditório exige que dele participem, ao menos, dois sujeitos, um "interessado" e um "contra-interessado", para os quais o ato final é destinado. Para que as partes (autor e réu) possam exercer o contraditório, é indispensável a existência de "legitimação para agir"[109]. Tal legitimação deve ser vista por dois ângulos: a "situação legitimante" e a "situação legitimada".

---

tar: hecho de naturaza exclusivamente procesal, de la proposición de una demanda ante el juez; la persona que propone la demanda, y la persona contra quien se la propone adquierem sin más, por este solo hecho, localidad de partes del proceso que con tal proposición se inicia; aunque la demanda sea infundada, improponible o inadmisible (CALAMANDREI, 1962, p. 297).

[109] O termo "legitimação para agir" utilizado por Fazzalari não diz respeito apenas às partes. Ele também serve para todos os sujeitos processuais: juiz, auxiliares, partes e ministério público.

Assistência e Coisa Julgada

Nas palavras de Fazzalari:

> Chamamos de "situação legitimante" o ponto de contato da legitimação de agir, ou seja, tirando a metáfora, a situação com base na qual se determina qual é o sujeito que, concretamente, pode e deve cumprir um certo ato; e de "situação legitimada" o poder, ou faculdade, ou o dever – ou uma série deles – que, por conseqüência, cabe ao sujeito identificado, vale dizer, corresponde ao conteúdo da legitimação no qual ela consiste. (FAZZALARI, 2006, p. 369)

Com tal definição de "parte" desenvolvida por Fazzalari, verifica-se que um novo enfoque foi dado, no sentido de permitir a verificação de que a parte não é somente quem deduz pretensão ou pretensão-resistida, mas também quem efetivamente, em contraditório pode sofrer os efeitos da decisão. Isso significa uma mudança conceitual fundamental na estrutura do processo, pois não basta apenas o ajuizamento da ação ou a citação válida para a identificação das partes, é necessário, ainda, que haja "participação" em simétrica paridade dos destinatários do ato final (provimento).

A participação das partes deve acontecer na fase preparatória do ato final (decisão), em simétrica paridade das suas posições, na mútua implicação das suas atividades (destinadas, respectivamente, a promover e impedir a emanação do provimento); na relevância das mesmas para o autor do provimento; de modo que cada contraditor possa, efetivamente, como já referenciado, "exercitar um conjunto de escolhas, de reações, de controles, e deva sofrer os controles e as reações dos outros, e que o autor do ato deva prestar contas dos resultados" (FAZZALARI, 2006, p. 119-120).

Ressalta, ainda mais, Fazzalari que:

> Existe, em resumo, o "processo", quando em uma ou mais fases do *iter* de formação de um ato é contemplada a participação não só – e obviamente – do seu autor, mas também dos destinatários dos seus efeitos, em contraditório, de modo que eles possam desenvolver atividades que o autor do ato deve examinar, e cujos resultados ele pode desatender, mas não ignorar. (FAZZALARI, 2006, p. 120)

A parte autora e parte ré no processo não devem ser verificadas apenas pontualmente. A dimensão de "parte" deve ser vislumbrada durante o *iter* procedimental. Independe do fato de a decisão ser "procedente" ou "improcedente", ou mesmo se foi declarada a "ilegitimidade da parte". Em qualquer dos casos, houve processo efetivo, pois o que o caracteriza é, justamente, a "participação em simétrica paridade".

Apesar de as considerações de Fazzalari se mostrarem fundamentais para o entendimento do conceito de parte, suas reflexões sobre tal tema não foram feitas diante do paradigma democrático. Não foi levado em consideração pelo autor italiano o aspecto de que a parte tem intrínseca relação com a cidadania e a democracia.

O adjetivo "democrático" qualifica o Estado no sentido de manter estrita relação com duas idéias indissociáveis: "prévia regulamentação legal" e "democracia", constituindo uma organização política na qual devem ser assegurados a todos a dignidade e a eficácia dos direitos e liberdades fundamentais. Democracia se coaduna soberania popular; negar à parte uma participão discursiva na construção da sentença é negar o paradigma que vivemos.

A noção de Estado Democrático de Direito obriga a reestruturar a abordagem feita pelos doutrinadores tradicionais sobre o conceito de parte, buscando compreendê-lo diante de uma visão procedimentalista do direito, mostrando "que os pressupostos comunicativos e as condições do processo de formação democrática da opinião e da vontade são a única fonte de legitimação" (HABERMAS, 1997, p. 309).

A legitimidade das decisões jurisdicionais se fundamenta no processo democrático de criação do direito. Nessa perspectiva, as decis-ões jurisdicionais extraem sua legitimação da idéia de autodeterminação, pois as pessoas devem se entender, a qualquer momento, como autoras do direito, ao qual estão submetidas como destinatários (HABERMAS, 1997, p. 308-309).

Não basta transformar as pretensões conflitantes em pretensões jurídicas e decidi-las obrigatoriamente perante o tribunal, pelo caminho da ação. O que define, essencialmente, "parte processual" na democracia é justamente a "participação" isonômica das mesmas, em contraditório, sem que o impreciso e idiossincrático conceito de "justiça" da decisão decorra da clarividência do julgador, de sua ideologia ou magnanimidade.

Para que a parte processual atenda aos critérios do processo democrático com efetiva participação, é necessário o reconhecimento da cidadania. O termo "cidadania" não significa mais apenas nacionalidade ou vínculo jurídico com um Estado, mas, sobretudo, uma garantia de efetivo exercício dos direitos e deveres do cidadão.

Assistência e Coisa Julgada 263

Concluindo, o novo conceito de parte processual tem sua idéia ligada ao processo constitucional, ao contraditório e à cidadania, à medida que as partes, autora ou ré, devem figurar no procedimento em contraditório em simétrica paridade, participando, efetivamente, do processo de tomada de decisão, cujo ato final possibilitará que ambas se identifiquem, conjuntamente, como sendo autoras e destinatárias do ato.

A parte processual é que vai operacionar o Processo Constitucional, arcabouço fundamental de implantação do devido processo constitucional, que se constitui de garantia de realização desses procedimentos nos planos do direito constituído, mediante instalação do contraditório, observância de defesa plena, isonomia e direito ao advogado.

10.3 **Terceiro processual**

Tradicionalmente, os processualistas buscam conceituar "terceiro processual" por intermédio da negação de quem não é parte processual. "Terceiro" seria aquele que participa no processo sem ser parte na causa, com o fim de auxiliar ou excluir os litigantes para defender algum direito ou interesse próprio que possam ser prejudicados pela sentença (SILVA *et. al,* 1993, p. 169). Ocorrendo algum caso em que a sentença possa produzir efeitos indiretos (efeitos reflexos) sobre determinada pessoa estranha à relação jurídica processual, esta poderá intervir para tentar evitar que tais conseqüências se produzam em detrimento de seus direitos.

Cabe observar, preliminarmente, que a nomenclatura "terceiro processual" serve para indicar a pessoa legitimada a intervir na relação jurídica processual. A partir do desenvolvimento da autonomia do processo frente ao direito material, já não é mais possível trabalhar com esse termo, pois remonta a um período nebuloso do direito processual. Quando se fala em terceiro, necessariamente, quer-se referir àquela pessoa legitimada a intervir no processo. Tal pessoa, após seu ingresso na lide, assume uma posição idêntica à de parte. Portanto, esse interveniente é parte processual.

Assim, entende-se que a nomenclatura que melhor se adequa ao momento processual vigente é justamente "interventor", pois, conforme se verificará, diferença alguma existe entre parte e terceiro quando se trabalha no campo do direito processual. Também merece ser refutada a idéia de que o interveniente (terceiro), seja a que título for, ao ingressar no processo, estabelece nova relação jurídica processual.

O trinômio autor-juiz-réu, com o qual se costuma indicar a estrutura subjetiva da relação processual não é mais que um esquema mínimo decorrente da natureza dialética do processo (princípio do contraditório). O acréscimo de mais sujeitos à relação processual significa somente que ela se torna subjetivamente mais complexa e, como qualquer outra relação, sua complexidade subjetiva a multiplica ou cinde em várias (DINAMARCO, 2006, p. 24).

Para explicar que o interveniente (terceiro processual) é também parte processual, utiliza-se a "teoria do processo como procedimento em contraditório", desenvolvida por Fazzalari. Para o autor, diferença alguma existe entre os dois elementos, já que, após o ingresso no processo, o interveniente assume poderes processuais próprios e idênticos aos das partes. A única diferença que se pode assinalar entre a "parte" e o "interveniente" é o momento em que ingressam no processo.

O critério norteador de interveniente (terceiro), para Fazzalari, é, justamente, a participação em contraditório e a sujeição à decisão (provimento). Ressalta o autor que *"dopo la chiamata, il terzo cessa di essere tale, diventa parte: egli è investido di tutte le facoltà, i poteri i doverei della parte, cioé um 'azione"* (FAZZALARI, 2002, p. 57).

Nesse sentido, segundo Ustárroz (2004),

> Se a noção de parte pertence ao mundo do processo, os critérios para sua definição devem passar pela atividade desenvolvida no procedimento, principalmente com a valorização dos princípios constitucionais do processo (especialmente o contraditório). Partes, portanto, não são apenas as pessoas que, originalmente, figuram como autor e demandado, mas também aquelas que são chamadas a ingressar no feito, e participam do contraditório, sujeitando-se à parcela da eficácia da sentença (quer direta ou reflexa. (USTÁRROZ, 2004, p. 28)

Assim, parte não é somente quem instaura o procedimento ou quem é citado, mas também quem intervém no processo, espontânea ou provocadamente, e que, em contraditório, sofre os efeitos da decisão (provimento). Esse é o conceito de "terceiro processual". O que caracteriza o interveniente como parte processual não é a situação de direito material, mas sim a situação de direito processual que ocupa. Os atos procedimentais possibilitados às partes (autor e réu) são idênticos aos permitidos ao interveniente. Portanto, ressalta-se que diferença alguma existe entre os dois, quando se trabalha unicamente na perspectiva processual.

Diante dessa definição de interveniente, cabe apenas uma consideração, já referenciada no item anterior. Quando Fazzalari desenvolveu sua teoria do processo como procedimento em contraditório, ele não o fez na perspectiva constitucional. Não trabalha o autor com o contraditório como sendo "direito-garantia", indispensável à democracia e ao exercício da cidadania. Autor, réu e interveniente são contraditores, e, como tais, buscam a legitimidade da decisão através do processo constitucionalizado.

10.4 Assistência no direito brasileiro – Aspectos gerais

Caracteriza-se a intervenção de terceiros no processo quando alguém dele participa sem ser parte na causa, com o objetivo de auxiliar ou excluir os litigantes, para defender direito ou interesse próprio que possam sofrer influências por efeito da sentença. Essa intervenção pode ocorrer de maneira **espontânea** ou **provocada.** A "assistência" e a "oposição" são formas espontâneas de intervenção de terceiros; a "nomeação à autoria", a "denunciação da lide" e o "chamamento ao processo" são formas provocadas de intervenção de terceiros.

O legislador pátrio, contudo, ao regular a "assistência", optou por deixá-la de fora das modalidades de intervenção de terceiros, preferindo regulá-la junto ao capítulo que trata sobre o litisconsórcio. Tal opção legislativa revela uma adoção à teoria de Carnelutti, que define o assistente como sujeito de ação, e, portanto, como parte adesiva ou assessória, embora não seja sujeito da lide (SILVA *et al.*, 1993, p. 171).

Segundo dispõe o art. 50 do Código de Processo Civil brasileiro, "pendendo uma causa entre duas ou mais pessoas, o terceiro que tiver interesse jurídico em que a sentença seja favorável a uma delas poderá intervir no processo para assisti-la".

Ressalta Gusmão Carneiro (2006) que:

> O terceiro, ao intervir no processo na qualidade de assistente, não formula pedido algum em prol de direito seu. Torna-se **sujeito** do processo, mas **não se torna parte**. O assistente insere-se na relação processual com a finalidade ostensiva de coadjuvar a uma das partes, de ajudar ao assistido, pois o assistente tem **interesse** em que a sentença venha a ser favorável ao litigante a quem assiste. (CARNEIRO, 2006, p. 177-178)

No direito processual brasileiro, divide-se a assistência sob duas modalidades: adesiva **simples** e adesiva **litisconsorcial**. Essa distinção leva em consideração a "intensidade" do interesse do assistido no resultado da demanda.

Na lição de Baptista da Silva (1993),

> Dá-se a intervenção adesiva simples quando o terceiro ingressa no processo com a finalidade de auxiliar uma das partes em cuja vitória tenha interesse, uma vez que a sentença contrária à parte coadjuvada prejudicaria um direito seu, de alguma forma ligado ao direito do assistido. (SILVA et al., 1993, p. 171)

O terceiro, na assistência simples, não está ligado juridicamente com o adversário de seu assistido. Seu "interesse" reside na circunstância de que, caso seu assistido saia vitorioso, o assistente afastará uma parcela ou a totalidade de efeitos reflexos que a sentença favorável ao adversário do assistido poderia ter sobre seu patrimônio jurídico (USTÁRROZ, 2004, p. 36-37) (Artigo 50 do Código de Processo Civil).

Ressalte-se que não é qualquer "interesse" que autoriza o terceiro a ser assistente, mas sim o "interesse jurídico". Tal interesse é o que resulta do nexo de interdependência entre a relação jurídica de que seja titular o terceiro e a relação jurídica deduzida no processo, por força da qual, precisamente, a decisão se torna capaz de causar prejuízo àquele.

Segundo Dinamarco (2003):

> O interesse que legitima a assistência é sempre representado pelos reflexos jurídicos que os resultados do processo possam projetar sobre a esfera de direitos do terceiro. Esses possíveis reflexos ocorrem quando o terceiro se mostra titular de algum direito ou obri-

Assistência e Coisa Julgada 267

gação cuja existência ou inexistência depende do julgamento da causa pendente, ou vice-versa. (DINAMRCO, 2003, v. 2, p. 386)

Entendem os doutrinadores processuais que a atividade do assistente simples está subordinada à atividade da parte principal a que adere, não podendo ele praticar atos que já tenha perdido o direito de fazê-lo e nem assumir atitude que esteja em oposição à conduta do assistido. Dessa sua posição subalterna, deriva a conseqüência de que o assistente não pode desistir da ação, reconhecer o pedido ou confessar, bem como lhe é vedado praticar qualquer ato processual contrário à vontade do assistido.

O objetivo da assistência é impedir que sentença futura seja desfavorável ao terceiro assistente, mas, desde o primeiro momento de seu ingresso, está este ciente de que é alheio à relação discutida e que, portanto, terá que se sujeitar ao poder de disposição do assistido.

A assistência não obsta a que a parte principal reconheça a procedência do pedido, desista da ação ou transija sobre direitos controvertidos; casos em que, terminando o processo, cessa a intervenção do assistente. É o que podemos perceber do disposto no art. 52 e 53 do Código de Processo Civil.

No direito processual brasileiro, a figura do "assistente litisconsorcial" é regulada pelo art. 54, do Código de Processo Civil. Tal figura processual se constitui de um híbrido entre o litisconsórcio e a intervenção de terceiros. Isso gera dificuldades para seu entendimento e aplicação.

> Na intervenção denominada adesiva litisconsorcial, ou autônoma, o terceiro tem interesse em intervir na causa em virtude de estar ligado à parte contrária àquela a que auxilia, por uma relação jurídica que poderá sofrer influência em virtude da sentença desfavorável ao assistido. (SILVA *et al.*, 1993, p. 178)

Vale ressaltar que a maioria dos processualistas brasileiros entende que o assistente litisconsorcial não é parte. Na locução "assistente litisconsorcial" prevalece o substantivo (assistente) sobre o adjetivo que o qualifica (litisconsorcial) (CARNEIRO, 2006, p. 188). O interveniente litisconsorcial assume dupla posição, uma vez que desfruta da qualidade de litisconsorte no plano processual, embora não seja um verdadeiro litisconsorte, mas um simples terceiro auxiliar da parte principal a que adere.

No enfoque deste livro, segundo o exposto sobre a "teoria do processo como procedimento em contraditório", prevalece o entendimento de que o assistente (interveniente) é parte processual sim, gozando das mesmas possibilidades e faculdades atinentes às partes. A ressalva que aqui se faz é apenas quanto ao momento em que cada um dos sujeitos processuais ingressa no processo, nada mais.

Na assistência litisconsorcial, ao mesmo tempo em que o assistente alia sua defesa à do assistido, ele litiga em face do adversário comum, preocupado em defender sua esfera jurídica, na qual há um vínculo jurídico com o adversário comum a ser diretamente influenciado pela sentença.

A expressão "considera-se litisconsorte", contida no art. 54, significa que os poderes processuais do assistente serão iguais aos de uma parte principal. Esse dispositivo tem somente o efeito de definir o tratamento destinado ao interveniente nos casos em que a assistência é qualificada por uma proximidade maior entre sua própria situação jurídica e a pretensão que o autor trouxera para julgamento.

O direito do assistente litisconsorcial está em discussão e, portanto, será considerado um litigante distinto do assistido e seus atos e suas omissões não prejudicarão nem beneficiarão os assistidos. Pode o interveniente litisconsorcial, independentemente de autorização da parte principal, requerer provas, recorrer, prosseguir no processo, mesmo com a desistência da parte principal.

Tanto para a assistência simples quanto para a assistência litisconsorcial, aplicar-se-á o mesmo procedimento judicial. O assistente, segundo dispõe o parágrafo único do art. 50 do CPC, pode, a qualquer momento do processo, requerer o seu auxílio. O limite temporal para que a assistência tenha limite é, justamente, o trânsito em julgado.

Assim, em reduzida síntese, foram apresentadas as principais idéias sobre a assistência. O próximo item se ocupará de desenvolver a pergunta apresentada no primeiro item deste capítulo, qual seja: "Será possível discutir a justiça da decisão sem que isso signifique a possibilidade de relativização da coisa julgada? Na tentativa de buscar uma resposta consistente para a questão, serão investigadas as possibilidades de interpretação do artigo 55 do Código de Processo Civil brasileiro.

10.5 Assistência e coisa julgada

Dispõe o art. 55 do Código de Processo Civil:

> Art. 55. Transitada em julgado a sentença, na causa em que interveio o assistente, este não poderá, em processo posterior, discutir a justiça da decisão, salvo se alegar e provar que:
> I – pelo estado em que recebera o processo, ou pelas declarações e atos do assistido, fora impedido de produzir provas suscetíveis de influir na sentença;
> II – desconhecia a existência de alegações ou de provas, de que o assistido, por dolo ou culpa, não se valeu.

A primeira consideração que deve ser feita sobre a análise do artigo supra mencionado é, justamente, definir corretamente o significado e a extensão do termo "justiça da decisão". A interpretação que os doutrinadores processuais brasileiros vêm atribuindo ao artigo sob comento é que o termo "justiça da decisão" significa os "motivos da sentença". Assim, para tais processualistas, é defeso ao assistente, em novo processo, rediscutir os "motivos da sentença", não ficando sujeito à coisa julgada.

Sustenta Baptista da Silva (1993) que o disposto no art. 55 do CPC é, justamente, a ocorrência de um efeito externo da assistência (efeito de intervenção). Segundo suas próprias palavras:

> O importante para caracterizar o chamado **efeito de intervenção** é observar que a porção da sentença que se transfere para a segunda demanda, como coisa indiscutível, não é o **decisum** que contém a coisa julgada, mas os fundamentos de fato e de direito que determinaram a decisão anterior. Nesse sentido, o **efeito de intervenção** produz resultado mais amplo do que a coisa julgada, à medida que o juiz do segundo processo possa reapreciar os fundamentos jurídicos e também os fatos aceitos pelo juiz da ação em que a intervenção teve lugar. A coisa julgada, ao contrário, como o próprio Código dispõe (art. 469), jamais torna indiscutíveis os fatos e fundamentos jurídicos em que se tenha fundado a sentença. Como a autoridade da coisa julgada se refere à resolução da pretensão formulada pelas partes, seus limites objetivos circuns-

crevem-se à conclusão do silogismo judicial, ao passo que o **efeito de intervenção**, tornando indiscutíveis os fatos, alcança a **premissa menor do silogismo**, tornando-a incontrovertível na demanda de regresso entre o assistido e o interveniente. (Silva *et al.*, 1993, p. 177)

Nessa perspectiva, existe uma clara diferenciação entre a "coisa julgada" e o "efeito da intervenção". A primeira impede a rediscussão da parte dispositiva da sentença. Já a segunda impede a rediscussão dos fatos e fundamentos jurídicos que serviram de fundamento para a parte dispositiva da sentença.

Diante disso, o efeito de intervenção mostra-se mais amplo que a coisa julgada, contudo mais reduzido quanto à possibilidade de revisão da sentença, uma vez que a matéria que possibilita tal revisão está prevista taxativamente nos incisos I e II do art. 55 do Código de Processo Civil brasileiro.

Trabalham os doutrinadores processuais brasileiros dentro da dogmática jurídica, interpretando o sentido da expressão "justiça da decisão" como sendo "motivos da sentença" para atender, a um só tempo, a imodificabilidade da coisa julgada e a aplicação prática do art. 55 do Código de Processo Civil.

Portanto, a resposta para a pergunta feita no início deste texto sobre a possibilidade de discutir a justiça da decisão sem que isso signifique a relativização da coisa julgada é dada pelos processualistas pátrios diferenciando a coisa julgada dos efeitos da intervenção.

No entanto, faz-se possível outra análise sobre o art. 55 do Código de Processo Civil, agora superando o dogmatismo que aflora dos tradicionais processualistas brasileiros, que, em sua grande maioria, filiam-se à teoria do processo como relação jurídica.

Diante de toda essa argumentação, torna-se imperioso frisar que essas considerações sobre "parte processual" e "terceiro" ocorreram dentro de reflexões sobre a teoria do processo constitucional. Essa será, uma vez mais, a perspectiva utilizada para desenvolver um novo entendimento sobre o art. 55 do Código de Processo Civil.

Este livro defende que o termo "justiça da decisão" **não** pode ser interpretado como sendo "motivos ou fundamentos da decisão", como entendem os processualistas brasileiros, mas, sim, como sendo "legitimidade da decisão". Legitimidade significa a garantia constitucional do devido processo constitucional (garantia do contraditório, ampla defesa e isonomia).

A análise sobre a justiça da decisão, não pode mais ser feita tomando como fundamento a clarividência do juiz, dependente das suas convicções ideológicas, mas deve, necessariamente, ser "gerada na liberdade de participação recíproca, e pelo controle dos atos do processo (GONÇALVES, 1992, p. 188)." A construção participativa da decisão jurisdicional, garantida em nível institucional, é o que vai impossibilitar que o interveniente exija a modificação da decisão. Somente o interveniente que participar efetivamente em contraditório do processo é que **não** poderá rediscutir a legitimidade da decisão.

A análise acerca da "legitimidade da decisão" na perspectiva do interveniente demonstra ser desnecessária a previsão legal enumerada nos incisos I e II do art. 55 do CPC, pois bastaria perquerir sobre se houve ou não a garantia efetiva do contraditório para que tais hipóteses fossem respondidas.

Buscando responder a indagação apresentada sobre a possibilidade de se discutir a "justiça da decisão" sem que isso signifique a relativização da coisa julgada, a resposta, em termos democráticos, é respondida com a busca pela legitimidade da decisão.

Assim, se uma sentença vier a influir na esfera de direitos de determinada pessoa que figurou como interveniente, mas que, pelo estado em que aderiu, ficou impossibilitada de exercer o contraditório pleno, tal decisão é ilegítima em relação a esse interveniente, que poderá, em novo processo, rediscutir a "justiça da decisão", ou melhor, a "legitimidade da decisão", sem que isso se constitua numa hipótese de relativização da coisa julgada. Como se pode verificar, não houve a formação de coisa julgada que justificasse tal nomenclatura.

O entendimento sobre a diferenciação entre "parte processual" e "terceiro" está voltado para o direito material, e não para o direito processual. Qualquer sentença que influa nos direitos materiais de um terceiro não poderá impedir a sua rediscussão, não fazendo coisa julgada. Se o interveniente ingressou na lide, mas não participou efetivamente, pois ficou impossibilitado devido ao estado em que ingressou, não poderá formar com relação a esse processo a coisa julgada. Vale o mesmo raciocínio se o terceiro não participou da lide.

Todavia, se o interveniente participou efetivamente em contraditório da lide culminada com uma decisão que influenciou sua esfera de direitos materiais, tem-se, então, a formação de uma decisão que não poderá ser rediscutida em relação aos fatos e fundamentos ou quanto à parte dispositiva. Como parte e interveniente possuem idéias idênticas, quando se trata de direito processual, a sentença, necessariamente, influenciará todos e operará a coisa julgada.

Não é possível realizar a divisão entre "coisa julgada" e "efeitos da intervenção" buscando afirmar que a primeira diz respeito à parte dispositiva da decisão, enquanto a segunda refere-se aos fatos e fundamentos jurídicos da decisão. Isso porque tal diferenciação admite ser possível "separar o corpo da cabeça" sem que se perca a unidade lógica. Fatos, fundamentos jurídicos e parte dispositiva da sentença fazem parte de um todo; não é possível separá-los sem que haja a perda de unidade e a descaracterização do objeto.

Outra questão que merece ser destacada e que é objeto de grande discussão no que diz respeito à aplicação do art. 55 do CPC é saber se tal disposição se aplica somente à assistência simples ou se também vigora na assistência litisconsorcial. Como dito, a possibilidade de discutir a legitimidade da decisão tem relação com a garantia do contraditório. Se não foi observada a plena participação dos intervenientes no processo no qual figuraram como assistentes, existe a possibilidade de rediscutir a decisão em qualquer espécie de assistência. Tal entendimento prestigia e consagra o princípio do contraditório.

O Código de Processo Civil Português, em seu artigo 341.°[110], que trata do valor da sentença quanto ao assistente, é expresso no sentido de afirmar que a "sentença proferida na causa constitui caso julgado em relação ao assistente". Isso corrobora com o entendimento de que a sentença faz coisa julgada para o assistente desde que lhe seja garantido o exercício do contraditório.

---

[110] ARTIGO 341.° (Valor da sentença quanto ao assistente): A sentença proferida na causa constitui caso julgado em relação ao assistente, que é obrigado a aceitar, em qualquer causa posterior, os factos e o direito que a decisão judicial tenha estabelecido, excepto: a) Se alegar e provar, na causa posterior, que o estado do processo no momento da sua intervenção ou a atitude da parte principal o impediram de fazer uso de alegações ou meios de prova que poderiam influir na decisão final; b) Se mostrar que desconhecia a existência de alegações ou meios de prova susceptíveis de influir na decisão final e que o assistido não se socorreu deles intencionalmente ou por negligência grave.

Não deve pairar qualquer dúvida sobre o fato de que "interveniente" não é o mesmo que "litisconsorte". A diferença entre os dois encontra-se, justamente, no direito material, pois a parte ou as partes defendem direito material próprio (situação legitimante), enquanto o interveniente defende seu direito processual de não permitir que a sentença influa diretamente em sua esfera de interesse.

Pode-se, portanto, concluir que o princípio consagrado no art. 472[111] do Código de Processo Civil brasileiro, que estabelece que a sentença só produz coisa julgada entre as partes, não beneficiando e nem prejudicando terceiros, é uma "presunção" relativa. Presunção essa de que as partes sempre agem em contraditório. Contudo, quando o interveniente também ingressa na lide, e está em contraditório, auxiliando a parte, também sofrerá os efeitos da sentença e da coisa julgada.

---

111 Código de Processo Civil brasileiro, Art. 472. A sentença faz coisa julgada às partes entre as quais é dada, não beneficiando, nem prejudicando terceiros. Nas causas relativas ao estado de pessoa, se houverem sido citados no processo, em litisconsórcio necessário, todos os interessados, a sentença produz coisa julgada em relação a terceiros.

11. CONCLUSÃO

Em decorrência da análise mais precisa sobre os fundamentos que estão a autorizar a modificação da coisa julgada, pode-se, finalmente, concluir que:

1) Desde a formação do direito romano, a idéia que permeia a coisa julgada é, justamente, de segurança jurídica, e não de eternização das discussões judiciais. Isso revela que a tradição romana, assim como a brasileira, prima é pela impossibilidade de modificação da decisão jurisdicional transitada em julgado;

2) O embrião da fundamentação sobre a possibilidade de modificação da coisa julgada está contido no direito canônico, pois poderia ser modificada para atender à vontade divina. É interessante ressaltar que tal possibilidade de revisão é muito próxima da fundamentação desenvolvida pelos doutrinadores contemporâneos, com base na "justiça das decisões";

3) Com fulcro na análise dos doutrinadores processuais sobre a coisa julgada, percebe-se que não existe um consenso de ordem conceitual. De suma importância, na lição dos doutrinadores citados, revestiram-se as lições de Chiovenda, que apresenta seu conceito de coisa julgada como preclusão. Tal informação foi aproveitada neste livro como suporte para reinterpretar o conceito de preclusão para além do aspecto temporal, incluindo um elemento procedimental;

4) Uma importante constatação de Allorio também merece destaque – a de que a coisa julgada é um atributo da coisa julgada. Ressalte-se que este livro discorda frontalmente dessa posição, uma vez que tem como propósito enfatizar o caráter processual da formação da coisa julgada. No entanto, não se pode deixar de reconhecer que, mesmo com um enfoque

processual, a formação da coisa julgada possui uma estrita relação com a atividade jurisdicional;

5) A coisa julgada trabalhada por Liebman serviu em muito para os propósitos deste livro, apesar de deste livro não trabalhar o processo como relação jurídica. De qualquer modo, a diferenciação entre os efeitos da coisa julgada e a autoridade da coisa julgada mostrou-se relevante para o direito brasileiro, uma vez que se pode perceber a grande influência das idéias do jurista italiano sobre processualistas pátrios, com significativos reflexos na legislação brasileira;

6) A contribuição mais expressiva para a colocação do problema sobre a injustiça das sentenças parece ter sido a de Eduardo Couture. O estudo desse autor revelou o quanto ele se colocava à frente de seu tempo. Naturalmente, não se poderia esperar do autor uruguaio uma resposta conclusiva sobre o tema, mas, indubitavelmente, serviu de ponto de partida para que outros estudos pudessem ser desenvolvidos sobre a questão;

7) Lopes da Costa contribuiu de forma significativa para a compreensão do tema sobre a coisa julgada, desenvolvendo uma visão sistemática do instituto.

8) A teoria de Fazzalari contribuiu de forma significativa para a compreençao da coisa julgada. Suas idéias sobre processo e procedimento conduziram a afirmações sobre o caráter processual da coisa julgada. O autor sinalizou a relação existente entre o contraditório e a coisa julgada. Contudo, não desenvolveu maiores reflexões sobre o tema da "coisa julgada (in)constitucional".

9) O estudo comparado do direito processual português, francês e norte-americano contribuiu sobremaneira para este estudo sobre a coisa julgada, especialmente no que tange ao caso julgado no direito processual português, que guarda muitas semelhanças com o direito brasileiro;

No direito francês, a coisa julgada é trabalhada na perspectiva apenas material, implicando respostas diversas sobre a questão da coisa julgada. Foi o direito processual francês que desenvolveu a idéia de possibilidade de modificação da coisa julgada através da ação rescisória (*requête civile*);

Já o direito norte-americano, que é marcado pelo excepcionalismo, teve especial enfoque neste livro por dois motivos: em primeiro lugar, pelo fato de que se trata de uma matéria pouco investigada nos estudos jurídicos realizados no Brasil; em segundo lugar, porque o instituto da coisa julgada no *common law* desempenha um papel que transcende as partes envolvidas no caso posto ao crivo judicial. A "coisa julgada" norte--americana, além de fazer lei entre as partes, tem o condão de vincular as soluções aos conflitos subseqüentes;

10) Quanto à investigação sobre a coisa julgada no direito brasileiro, esta revelou uma mistura de conceitos, fator que demonstra a impossibilidade de realizar um estudo sistemático sobre o tema. Além disso, verifica-se que a possibilidade de modificação da coisa julgada é uma tese defendida por alguns doutrinadores brasileiros e que foi recepcionada pelo ordenamento pátrio para atender a critérios de justiça nas decisões. Infelizmente, tal idéia destrói por completo o instituto da coisa julgada, permitindo a sua "flexibilização" quando o julgador entender que tal possibilidade não atende ao que prescreve a legislação constitucional.

11) O estudo da obra de Paulo Otero, intitulada "Ensaio sobre o caso julgado inconstitucional" serviu para a investigação deste livro a respeito da possibilidade ou não da modificação da coisa julgada que contrariar a Constituição. Diferentemente da perspectiva abordada por Paulo Otero, a premissa aqui adotada é de que só é possível a formação de coisa julgada se esta estiver em consonância com a constituição.

No entanto, segundo as conclusões obtidas neste estudo, a garantia da constitucionalidade da coisa julgada não é algo obtido por um critério de adequabilidade entre a norma hierarquicamente inferior à norma superior, mas, sim, através da garantia de participação no processo de tomada de decisão. O que garante a formação da coisa julgada constitucional é exatamente a observância do contraditório.

Como a obra do jurista português exerceu profunda influência nos processualistas brasileiros, também mereceu destaque neste trabalho a referência à obra de Humberto Theodoro Jr., em co-autoria com Juliana Cordeiro de Faria, em que o doutrinador brasileiro, numa perspectiva eminentemente dogmática, trabalha as questões procedimentais em que podem ser aproveitadas as idéias do jurista lusitano.

O grande relevo entre as idéias dos dois processualistas mineiros está em compor a afirmação de que a decisão eivada de inconstitucionalidade pode ser modificada através de mera petição no bojo dos autos, uma vez que tal questão é de nulidade absoluta, não sofrendo os efeitos da preclusão.

Já Carlos Valder do Nascimento desenvolve outro viés de argumentação para justificar a possibilidade de modificação da coisa julgada. Trabalha o autor com uma alegação axiológica, aceitando a modificação da coisa julgada em nome da "justiça nas decisões". A análise da obra de Nascimento e sua fundamentação foram de extrema relevância para este livro.

Percebeu-se que o tratamento dispensado pelo autor ao tema não resolve o problema, além de acirrar um debate mais político do que jurídico a respeito da "flexibilização da coisa julgada". O que fica sem resposta nas idéias defendidas pelo autor é como não transformar as decisões judiciais em comandos inócuos, sem eficácia, uma vez que o grau de subjetivismo defendido beira à insegurança jurídica.

As idéias defendidas por Carlos Valder de Nascimento guardam muitos defensores no direito processual brasileiro. A jurisprudência dos tribunais é no sentido de zelar pela justiça nas decisões, em detrimento da segurança jurídica. Assim, para reduzir a insegurança contida nas idéias defendidas pelo autor, o presente trabalho procurou estabelecer conceitos para "justiça nas decisões" e para "segurança jurídica" que atendam a um critério objetivo, afastando o subjetivismo que vigora na sistemática processual pátria;

12) Como, decisivamente, o problema da coisa julgada passa pela análise da expressão "justiça nas decisões" buscou-se fundamento teórico nas principais idéias defendidas por Kelsen, Dworkin, Rawls e Habermas. Evidenciou-se que a expressão "decisão justa" não contribui em nada para o esclarecimento do problema que a circunda e, principalmente, desserve para justificar a modificação da coisa julgada. Este livro privilegiou o uso da expressão "decisão jurídica legítima" como forma de afastar o subjetivismo contido na expressão anterior.

"Decisão justa" não significa a adequação de uma sentença ao ordenamento jurídico, como defende Kelsen. A expressão também não se presta a definir aquela decisão obtida através de um juízo de integridade, atendendo à coerência entre o convencionalismo e o pragmatismo, como sustenta Dworkin. Muito menos pode ser entendida como é aquela decisão que atenda ao juízo de equidade, como defende Rawls.

Em todos esses autores citados, a decisão justa, apesar de se basear em diferentes fundamentações, possui um ponto de contato. Todas defendem a centralização da função jurisdicional na figura do juiz. O juiz possui a função de elemento responsável por dizer quando é que houve a adequabilidade da norma inferior à norma *superiori,* ou quando atendeu a função integradora do direito, ou, ainda, quando serviu de base para justificar a equidade. É o juiz o responsável pela aplicação da justiça;

13) Neste livro, a "decisão justa" ganha uma nova perspectiva no âmbito constitucional-processual, não mais significando uma forma de agir orientada pelo passado e, muito menos, tomada como fonte de valores, mas, sobretudo, válida pela observância da participação das partes no processo jurisdicional. A decisão não mais se orienta pela "justeza" da aplicação do direito pela perspectiva do juiz, mas por sua legitimação pelo procedimento.

Assumindo uma posição completamente diversa de Kelsen, Dworkin e Rawls, Habermas busca justificar a legitimidade decisória através da teoria do discurso, em que se entende que o processo de formação legítima da decisão jurídica depende da participação dos cidadãos (partes), que podem se identificar tanto como autores como destinatários da decisão jurisdicional. Decisão legitimada tem como pressuposto um processo democrático, entendido aqui como garantia de discusividade e de participação.

A idéia da coisa julgada constitucional está intimamente ligada à decisão legitimada. A constitucionalidade da coisa julgada depende do processo de formação da decisão jurisdicional, e só será legitimada a coisa julgada que for formada atendendo ao princípio discursivo do direito;

14) A coisa julgada corresponde à verdade. E tal verdade não significa a aplicação da teoria da correspondência, da teoria da coerência, da teoria da convenção, da teoria pragmática ou da verificação ideal. Tais teorias partem da idéia substancial e centralizadora do ato de decidir. Aqui se sustenta que a "verdade" da decisão jurisdicional e da coisa julgada só pode ser obtida através do consenso e pela justificação.

Assim, buscar a flexibilização da coisa julgada com fundamento em nova técnica processual pericial – como, por exemplo, o exame de ADN (DNA), utilizado nas ações de reconhecimento de paternidade – é um equívoco e contribui para a insegurança jurídica. A prova não é meio hábil para expressar a "verdade" na decisão jurisdicional.

A verdade da decisão jurisdicional e da coisa julgada é refletida na argumentação desenvolvida pelas partes, atendendo ao princípio do discurso. A verdade processual aponta no sentido da legitimidade da decisão. A legitimidade da decisão judicial é garantida à medida que se respeitam os princípios do contraditório, da ampla defesa e da fundamentação das decisões.

Configura-se inconstitucional a decisão jurisdicional que possui carência de legitimação e por ausência de fundamentação.

Verdadeira é a decisão jurisdicional justificada que foi obtida por intermédio do consenso entre os interessados no processo jurisdicional. A verdade em Habermas significa consenso obtido pelo melhor argumento. E o papel do direito processual não se limita à instituição de procedimentos voltados para a aplicação do direito; volta-se, sobretudo, para a garantia de um espaço discursivo no qual os interessados pela decisão jurisdicional também se identifiquem como autores dessa norma jurídica;

15) A segurança jurídica não é garantida pela imutabilidade ou irretratabilidade das decisções jurisdicionais. O que garante a segurança jurídica é, justamente, a observância da legitimidade processual. Qualquer decisão jurisdicional formada sem observância do principio democrático se afigura como elemento inconstitucional, não podendo integrar o ordenamento jurídico.

Permitir, como fazem os legisladores brasileiros, a "flexibilização da coisa julgada" com fundamento em prova nova ou com base em lei ou ato normativo declarado inconstitucional pelo Supremo Tribunal Federal, como prescrito no artigo 475-L e no parágrafo único do art. 741, ambos do CPC, é institucionalizar a insegurança jurídica;

16) A coisa julgada constitucional, para corresponder à verdade e garantir a segurança jurídica, deve ser obtida através de um processo legítimo;

17) Assim, ganha relevância, neste estudo, o conceito de "trânsito em julgado", pois, o "trânsito em julgado" só se opera pela presença de dois elementos, quais sejam, pelo decurso do tempo e pela verificação pela formação da decisão jurisdicional legítimada. Não transita em julgado a decisão formada em processo ilegítimo, mesmo pelo decurso do tempo, restando descabida a tese da "flexibilização da coisa julgada";

18) Não é ação rescisória o procedimento cabível para que se possa modificar a "coisa julgada inconstitucional", até porque, partimos do entendimento de que não há a formação de coisa julgada quando não se observa o processo democrático. Portanto, a coisa julgada inconstitucional significa um ato inexistente, que pode ser declarado através do procedimento da *querela nullitatis*. Tal procedimento ainda vigora no direito brasileiro e é perfeitamente utilizável para garantir a segurança jurídica, declarando a inexistência de decisão jurisdicional que desatendeu ao princípio do contraditório. Essa ação não obdece ao prazo decadencial da ação rescisória e nem se constitui de uma hipótese de "flexibilização da

coisa julgada", uma vez que somente é possível "flexibilizar" a decisão legitimada, e não aquela que nunca existitiu;

19) Pretendeu-se também, neste livro, esclarecer que a idéia de "flexibilização" da coisa julgada no direito brasileiro já existia desde a instituição do Código de Processo Civil de 1973, quando, possibilitou ao assistente, em seu artigo 55, a possibilidade de discutir a *justiça da decisão* no qual o interessado pela decisão jurisdicional não participou efetiva-mente;

20) Enfim, refutam-se todos os fundamentos que estão a justificar a possibilidade de modificação da coisa julgada no ordenamento jurídico brasileiro, acreditando-se que, se a decisão jurisdicional transitada em jul-gado respeitou o contraditório e o princípio democrático de formação de uma decisão legitimada, operou-se, portanto, a formação da "coisa julgada constitucional".

REFERÊNCIAS

ALEXY, Robert. **Teoria de los derechos fundamentales**. Madrid: Centro de Estudios Políticos y Constitucionales, 2002.

ALLORIO, Enrico. **Problemas de derecho procesal**. Buenos Aires: Ediciones Jurídicas Europa-América, 1963, t. II.

ALLORIO, Enrico. **La cosa giudicata rispetto ai terzi.** Milano: Dott A. Giuffrè Editore, 1992.

ALMEIDA, Candido Mendes de. **Ordenações filipinas**. Lisboa: Calouste Gulbenkian, 1985, nota 1, 2ª col., ao liv. 3, tít. 75, p. 684. (Fac-símile da ed. feita no Rio de Janeiro, em 1870).

ALMEIDA, Carlos Ferreira de. **Introdução ao direito comparado**. Coimbra: Ed. Almedina: 1998.

ALVIM, Artur da Fonseca. Coisa julgada nos Estados Unidos. **Revista de Processo**, Ed. Revista dos Tribunais, a. 31, n. 132, fev. 2006.

ANDREOTTI NETO, Nello. **Direito civil e romano**. São Paulo: Editora Rideel, 1971. v. I.

ARAGÃO, Egas Dirceu Moniz. **Sentença e coisa julgada**. Rio de Janeiro: Aide Editora, 1992.

ARAÚJO, Marcelo Cunha de. **O problema da coisa julgada inconstitucional**: por uma abordagem processual, discursiva e eqüiprimordial das dimensões pública e privada. 2005. 280 f. Tese (Doutorado) – Faculdade de Direito, Universidade Federal de Minas Gerais, Belo Horizonte, 2005.

ASSIS, Araken de. **Eficácia da coisa julgada inconstitucional**. 4. ed. Rio de Janeiro: América Jurídica, 2004.

BARBOSA MOREIRA, José Carlos. A eficácia preclusiva da coisa julgada material. **Revista dos Tribunais**, São Paulo, n. 441, p. 18, jul. 1972.

BARBOSA MOREIRA, José Carlos. Notas sobre as recentes reformas do processo civil francês. **Revista de Processo**, Ed. Revista dos Tribunais, a. 32, n. 150, ago. 2007.

BARROS, Marco Antonio de. **A busca da verdade no processo penal**. São Paulo: Revista dos Tribunais, 2002.

BATTAGLINI, M.; NOVELLI, T.. Códice di procedura civile e leggi complementari con il commento della giurisprudenza della cassazione. 7. ed. Millanno: Giuffrè, 1985.

BERALDO, Leonardo de Faria. A relativização da coisa julgada que viola a constituição. *In*: NASCIMENTO, Carlos Valder (Coord.). **Coisa julgada inconstitucional**. 3. ed. Rio de Janeiro: América Jurídica, 2004.

BRASIL. **Código de direito canônico**. 3. ed. São Paulo: Edições Loyola, 2003.

BRETAS, Ronaldo Dias de Carvalho. **Responsabilidade do Estado pela função jurisdicional**. Belo Horizonte: Del Rey, 2004.

BÜLOW, Oskar Von. La teoria de las exceptiones processuales y los pressupuestos processales. Buenos Aires: EJEA, 1964.

BURNHAM, William. Introduction to the law and legal system of the United States. 3 ed. St. Paul, MN: West Group, 2002.

BUTTENBENDER, Carlos Francisco. **Direito probatório, preclusão e efetividade processual**. Paraná: Juruá, 2004.

CADIET, Loïc *et al*. La réforme du code de procédure civile autour du rapport Coulon. Paris: Dalloz, 1997.

CADIET, Loïc. **Les juges uniques**. Dispersion ou réorganisation du contentieux? Colecttion themes et commentaires. Paris: Dalloz, 1996.

CALAMANDREI, Pierro. **Institutiones de derecho procesal civil**. Buenos Aires: Depalma, 1962.

CALMON DE PASSOS, J. J.. **Inovações no código de processo civil**. Rio de Janeiro: Forense. 1995.

CÂMARA, Alexandre Freitas. **Ação rescisória**. Rio de Janeiro: Ed. Lúmen Júris, 2007.

CAMARGO, Margarida Maria Lacombe. **Hermenêutica e argumentação**: uma contribuição ao estudo do direito. 2. ed. Rio de Janeiro: Renovar, 2001.

CAMBI, Eduardo. **Direito constitucional à prova no processo civil**. São Paulo: Revista dos Tribunais, 2001.

CAMPOS, Ronaldo Cunha. **Limites objetivos da coisa julgada**. Rio de Janeiro: Aide, 1988.

CANOTILHO, Joaquim José Gomes. **Direito constitucional e teoria da constituição**. 3. ed. Coimbra: Almedina, 1999.

CAPPELLETTI, Mauro. **Proceso, ideologias, sociedad**. Trad. Santiago Sentis Melendo y Tomás A. Banzhaf. Buenos Aires: EJEA, 1974.

CARNEIRO, Athos Gusmão. **Intervenção de terceiros**. 16. ed. São Paulo: Saraiva, 2006.

CARNELUTTI, Francesco. **Sistema de direito processual civil**. Trad. Hiltomar Martins Oliveira. São Paulo: Classic Book, 2000.

CARVALHO, Carlos Eduardo Araújo de *et al.* Coisa julgada em Couture. *In*:

O ciclo teórico da coisa julgada: de Chiovenda a Fazzalari. Rosemiro Pereira Leal (Coord. e Colab.). Belo Horizonte: Del Rey, 2007, p. 189.

CASAD, Robert C.; CLERMONT, Kevin M. **Resjudicata**. A handbook on its theory, doctrine, and pratice. Durham: Caroline Academic Press, 2001.

CASTANHEIRA NEVES, António. O actual problema metodológico da realização do direito. *In:* **Digesta**. Coimbra: Coimbra Editora, 1995. v. 2.

CATTONI DE OLIVEIRA, Marcelo Andrade. O processo constitucional como instrumento da jurisdição constitucional. **Revista da Faculdade Mineira de Direito**. Belo Horizonte, n. 5 e 6, v.3, p. 164-165, 1.° e 2.° sem. 2000a.

CATTONI DE OLIVEIRA, Marcelo Andrade. **Devido processo legislativo**. Belo Horizonte: Mandamentos, 2000b.

CATTONI DE OLIVEIRA, Marcelo Andrade. **Direito processual constitucional**. Belo Horizonte: Mandamentos, 2001a.

CATTONI DE OLIVEIRA, Marcelo Andrade. Interpretação jurídica, processo e tutela jurisdicionais sob o paradigma do estado democrático de direito. **Revista da Faculdade Mineira de Direito**. Belo Horizonte, n. 7 e 8, v.4, p. 107, 1.° e 2.° sem. 2001b.

CATTONI DE OLIVEIRA, Marcelo Andrade. **Direito constitucional**. Belo Horizonte: Mandamentos, 2002.

CHAMOUN, Ebert. **Instituições de direito romano**. 3 ed. Rio de Janeiro: Forense, 1957.

CHAUI, Marilena. **Convite à filosofia**. 2. ed. São Paulo: Ática, 1995.

CHIOVENDA, Giuseppe. Cosa giudicata e preclusione. *In:* **Saggi di diritto processuale civile**. Milano: Giuffrè, 1993. v. 3.

CHIOVENDA, Giuseppe. **Instituições de direito processual civil**. Campinas: Bookseller, 2000.

CINTRA, Antônio Carlos de Araújo; GRINOVER, Ada Pellgrini; DINAMARCO, Cândido Rangel. **Teoria geral do processo**. 14. ed. São Paulo: Malheiros, 1998.

COMOGLIO, Luigi Paolo; FERRI, Corrado; TARUFFO, Miclele. **Lineamenti sul processo civile**. Bologna: Il Mulino, 1998.

COSTA, Alfredo de Araújo Lopes da. **Direito processual civil brasileiro**. Rio de Janeiro: Forense, 1941. v. III.

COSTA, Alfredo de Araújo Lopes da. **Manual elementar de direito processual civil**. 3. ed. rev. atual. Sálvio de Figueiredo Teixeira. Rio de Janeiro: Forense, 1982.

COSTA, José Manuel Cardoso da. **Estudos em homenagem ao conselheiro**. Coimbra: Ed. Limitada, 2003.

COSTA, José Rubens. **Manual de processo civil**. São Paulo: Saraiva, 1994, v. 1.

COUTURE, Eduardo J. **Fundamentos del derecho procesal civil**. Buenos Aires: Ediciones Depalma, 1993.

COUTURE, Eduardo J. **Fundamentos del derecho procesal civil**. 4. ed. Montevideo-Buenos Aires: Julio César Faira, 2004.

CRETELLA JÚNIOR, José. **Curso de direito romano**. Rio de Janeiro: Forense, 1986.

CRETTELLA NETO, José. **Dicionário de processo civil**. Rio de Janeiro: Forense, 1999.

CROZE, Hervé. **Le procès civil**. Paris: Dalloz, 1997.

DALLA-ROSA, Luiz Vergílio. **Uma teoria do discurso constitucional**. São Paulo: Landy, 2002.

DINAMARCO, Cândido Rangel. **A instrumentalidade do processo**. São Paulo: Revista dos Tribunais, 1987.

DINAMARCO, Cândido Rangel. **A instrumentalidade do processo**. 10. ed. São Paulo: Malheiros, 2002a.

DINAMARCO, Cândido Rangel. **Fundamentos do processo civil moderno**. 5. ed. São Paulo: Malheiro, 2002b. v.1.

DINAMARCO, Cândido Rangel. **Capítulos de sentença**. São Paulo: Malheiros, 2002c.

DINAMARCO, Cândido Rangel. **Instituições de direito processual civil**. 3. ed. São Paulo: Malheiros, 2003. v. 2.

DINAMARCO, Cândido Rangel. **Intervenção de terceiros**. 4. ed. São Paulo: Malheiros Editores Ltda, 2006.

DWORKIN, Ronald. **Los derechos en serio**. Barcelona: Editorial Ariel, 1989.

DWORKIN, Ronald. **Law's empire**. 9. ed. Cambridge – Massachusetts: The Beknap Press of Harvard University Press. 1995.

DWORKIN, Ronald. **O império do direito**. São Paulo: Martins Fontes, 1999.

DWORKIN, Ronald. **A matter of principle**. Oxford: Clarendon Press, 2001.

DWORKIN, Ronald. **Levando os direitos a sério**. São Paulo: Martins Fontes, 2002.

FAZZALARI, Elio. **Istituzioni di diritto processuale**. 6. ed. Padova: CEDAM, 1992.

FAZZALARI, Elio. **Instituições de direito processual**. 8. ed. Trad. Eliana Nassif. Campinas: Bookseller, 2006.

FERNANDES, Bernardo Gonçalves; PEDRON, Flávio Quinaud. **O poder judiciário e(m) crise**. Rio de Janeiro: Editora Lumen Júris, 2008.

FIQUEROA, Alfonso Garcia. **Princípios y positivismo jurídico**: el no positivismo principalista em lãs teorias de Ronald Dworkin y Robert Alexy. Madrid: Centro de Estúdios Políticos y Constitucionales, 1988.

FREITAS, Augusto Teixeira de. Notas às primeiras linhas sobre o processo civil de Pereira e Souza. Rio de Janeiro: Garnier, 1907.

GALUPPO, Marcelo Campos. **Elementos para uma compreensão meta-jurídica do processo legislativo**. Disponível em: http://marce-loga-luppo.sites.uol.com.br/elementos_para_uma_compreensão_met.htm. Acesso em: 05 maio 2003.

GARBAGNATI, Edoardo. **Il procedimento d´ingiunzione**. Milão: Giuffrè, 1991.

GODOY, Arnaldo Sampaio de Moraes. Direito processual civil nos Estados Unidos. **Revista de Processo**, Ed. Revista dos Tribunais, a. 30, n. 127, set. 2005.

GONÇALVES, Aroldo Plínio. **Técnica processual e teoria do processo**. Rio de Janeiro: Aide Ed., 1992.

GONÇALVES, Aroldo Plínio. **Nulidades no processo**. Rio de Janeiro: Aide, 1993.

GOUVEIA, Jorge Bacelar. **Manual de direito constitucional**. Coimbra: Ed. Almedina, 2005. v. II.

GRINOVER, Ada Pellegrini. **Liberdades públicas e processo penal**. 2. ed. São Paulo: Revista dos Tribunais, 1982.

HABERMAS, Jürgen. **Direito e democracia entre facticidade e validade**. Rio de Janeiro: Tempo Brasileiro, 1997. v. I e II.

HABERMAS, Jurgen. **Verdade e justificação**. Ensaios filosóficos. São Paulo: Ed. Loyola, 2004.

HARGER, Marcelo. Princípios constitucionais do processo administrativo. Rio de Janeiro: Forense, 2001.

HEGEL, Georg Wilhelm Friedrich. **Princípios da filosofia do direito**. Trad. Orlando Vitorino. São Paulo: Martins Fontes, 2000.

HITTERS, Juan Carlos. **Revision de la cosa juzgada**. 2. ed. La Plata: Libreria Editora Plántense, 2001.

JACKSON, Bernard S. **Law, fact and narrative coherence**. Liverpool: Deborah Charles Publications. 1988.

JUSTO, A. Santos. **Direito privado romano**: I, parte geral, introdução, relação jurídica, defesa dos direitos. Coimbra: Almedina, 2000.

KANE, Mary Kay. **Civil procedure in a nutshell**. 4th ed. St. Paul, MN: West Pub. Co., 1996.

KELSEN, Hans. **Teoria pura do direito**. Trad. João Baptista Machado. 5. ed. São Paulo: Martins Fontes, 1996.

LAFER, Celo. **A reconstrução dos direitos humanos**: um diálogo com o pensamento de Hannah Arendt. 4ª reimp. São Paulo: Companhia das Letras, 1988.

LEAL, André Cordeiro. O contraditório e a fundamentação das decisões no direito processual democrático. Belo Horizonte: Mandamentos, 2002.

LEAL, André Cordeiro. **Processo e jurisdição no estado democrático de direito** – reconstrução da jurisdição a partir do direito processual democrático. 2005. 133 f. Tese (Doutorado em Direito Processual) – Pontifícia Universidade Católica de Minas Gerais, Belo Horizonte, 2005.

288   *Coisa Julgada Constitucional*

LEAL, Rosemiro Pereira. **Teoria geral do processo**. 2. ed. Porto Alegre: Síntese, 1999.

LEAL, Rosemiro Pereira. **Teoria geral do processo**. 3. ed. rev. ampl. Porto Alegre: Síntese, 2000.

LEAL, Rosemiro Pereira. **Teoria processual da decisão jurídica**. São Paulo: Landy, 2002.

LEAL, Rosemiro Pereira. **Relativização inconstitucional da coisa julgada** – temática processual e reflexões jurídicas. Belo Horizonte: Del Rey, 2005a.

LEAL, Rosemiro Pereira. **Teoria geral do processo**. 6. ed. São Paulo: IOB Thomson, 2005b.

LEAL, Rosemiro Pereira (Coord.) **O ciclo teórico da coisa julgada**: de Chiovenda a Fazzalari. Belo Horizonte: Del Rey, 2007.

LIEBMAN, Enrico Tullio. Istituti del diritto comune nel processo civile brasiliano. **Problemi del processo civile**. Nápoles: Morano, n. 12, p. 512, 1962.

LIEBMAN, Enrico Tullio. **Nulidade da sentença proferida sem citação do réu**. Estudos sobre o processo civil brasileiro. Notas Ada Pellegrini Grinover. São Paulo: Bushatsky, 1976.

LIEBMAN, Enrico Tullio. **Eficácia e autoridade da sentença**. Trad. Alfredo Buzald e Benvindo Aires; trad. textos posteriores à edição de 1945 e notas relativas ao direito brasileiro vigente, Ada Pellegrini Grinover. 2. ed. Rio de Janeiro: Ed. Forense, 1981.

LIEBMAN, Enrico Tullio. **Manual de direito processual civil**. Trad. e notas Candido R. Dinamarco. Rio de Janeiro: Forense, 1985.

LUÑO, Antonio-Enrique Pérez. **La seguridad jurídica**. Barcelona: Ariel S. A., 1991.

MACEDO, Alexandre dos Santos. **Da querela nullitatis** – sua subsistência no direito brasileiro. Rio de Janeiro: Lúmen Júris, 1998.

MACEDO, Gisela Macia Araújo. O contraditório e a decisão "ex officio" no procedimento civil. *In*: LEAL, Rosemiro Pereira (Org). **Estudos continuados de teoria do processo**. Porto Alegre: Síntese, 2001. v. 2.

MACHADO, Daniel Carneiro. **A coisa julgada no processo civil romano**. Disponível em: <http://www.1.jus.com.br/doutrina/texto.asp?id=4967>. Acesso em: 14 maio 2004.

MACHADO, Daniel Carneiro. **A coisa julgada inconstitucional**. Belo Horizonte: Del Rey, 2005.

MALATESTA, Nicola Framarino dei. **A lógica das provas em matéria criminal**. Trad. Paolo Capitanio. 3. ed. 1912. Campinas: Bookseller, 1996.

MARINONI, Luiz Guilherme; ARENHART, Sérgio Cruz. **Manual do processo de conhecimento**. São Paulo: Revista dos Tribunais, 2001.

Referências 289

MARQUES, José Frederico. **Instituições de direito processual civil**. Campinas: Millenium, 2000. v. IV.

MASSINI, C. I.. El derecho, los derechos humanos y el valor del derecho. Buenos Aires: Abeledo Perrot, 1987.

MEDEIROS, Rui. **A decisão de inconstitucionalidade**: os autores, conteúdo e os efeitos da decisão de inconstitucionalidade da lei. Lisboa: Verbo, 1999.

MESQUITA, José Ignácio Botelho de. **Coisa julgada**. Rio de Janeiro: Forense, 2004.

MIGUEL, Alfonso Ruiz. **Uma filosofia del derecho em modelos históricos** – de la antigüedad a los inícios del constitucionalismo. Madrid: Editorial Trotta, 2002.

MIRANDA LEÃO, José Francisco. **Sentença declaratótia**. São Paulo: Malheiros Ed., 1999.

MIRANDA, Jorge. Contributo para uma teoria de inconstitucionalidade. Lisboa: Coimbra, 1996.

MORAIS, Carlos Blanco de. **Justiça constitucional**: garantia da Constituição e controle da constitucionalidade. Lisboa: Coimbra, 2002.

MOREIRA, Luiz. **Fundamentação do direito em Habermas**. 2. ed. Belo Horizonte: Mandamentos, 2002.

MOREIRA PIMENTEL, Wellington. **Comentários ao código de processo civil**. São Paulo: Revista dos Tribunais, 1975, v. II.

MURGA GENER, José. **Derecho romano clasico**: el proceso. 3. ed., Zaragoza: Universidad de Zaragoza, 1989, v. 2. cap. VII, I, b.

NASCIMENTO, Carlos Valder do. **Por uma teoria da coisa julgada inconstitucional**. Rio de Janeiro: Ed. Lúmen Juris, 2005.

NEVES, Celso. **Coisa julgada civil**. São Paulo: Revista dos Tribunais, 1971.

NEVES, Celso. **Comentários ao código de processo civil**. 7. ed. Rio de Janeiro: Forense, 1999. v. VII.

OTERO, Paulo. **Ensaio sobre o caso julgado inconstitucional**. Lisboa: Lex Edições Jurídicas. 1993.

PACHECO, Lílian Maria Froes Muschioni; MAGALHÃES, Maria Luísa Costa; FONSECA, Renato Martins Vieira. Processo, ação e jurisdição em Carnelutti. *In:* **Estudos continuados de teoria do processo.** Rosemiro P. Leal (Coord.). São Paulo: Síntese, 2004.

PAULA, Jônatas Luiz Moreira de. **Teoria geral do processo**. 3. ed. São Paulo: Manole, 2002.

PETIT, Eugéne Henri Joseph. **Tratado elementar de direito romano**. Campinas: Russell, 2003.

PINO, Giorgio. Coerenza e veritá nell'argomentazione giuridica. Alcune riflessioni. *In:* **Rivista Internazionale di Filosofia del Dititto**, IV Serie, LXXV, Gennaio/Marzo, 1988, p. 113.

PINTORE, Anna. **Law without truth**. Liverpool: Deborah Charles Publications, 2000.

PONTES DE MIRANDA, Francisco Cavalcanti. **Comentários ao código de processo civil**. 3. ed. Rio de Janeiro: Forense, 1997, t. V.

PORTO, Sérgio Gilberto. Cidadania processual e relativização da coisa julgada. **Revista Jurídica**: órgão nacional de doutrina, jurisprudência, legislação e crítica judiciária. Porto Alegre, n. 304, p. 23-31, fev. 2003.

PORTO, Sérgio Gilberto. **Coisa julgada civil**. 3. ed. rev., atual. e ampl. São Paulo: Revista dos Tribunais, 2006.

RAMIREZ, Frederico Arcos. **La seguridad jurídica:** uma teoria formal. Madrid: Universidad Carlos III de Madrid-Dykinson, 2000.

RAWLS, John. **Political liberalism**. New York: Columbia University Press, 1993.

RAWLS, John. **O liberalismo político**. Trad. Dinah de Abreu Azevedo. Rev. Álvaro de Vita. 2. ed. São Paulo: Ática, 2000.

RAWLS, John. **Uma teoria da justiça**. Trad. Carlos Pinto Correia. 2. ed. Lisboa: Editorial Presença, 2001.

RODRIGUES, Ângela de Lourdes *et al.* Coisa julgada em Allorio. *In:* **O ciclo teórico da coisa julgada**: de Chiovenda a Fazzalari. Rosemiro Pereira Leal (Coord. Colab.). Belo Horizonte: Del Rey, 2007, p. 130.

RODRIGUES, Sandra Martinho. **A interpretação jurídica no pensamento de Ronald Dworkin**. Uma abordagem. Coimbra: Almedina, 2005.

ROSENBERG, Leo. **Tratado de derecho procesal civil**. Trad. Esp. Buenos Aires: EJEA, 1955. t.1, n. 39.

SIDOU, J. M. Othon. A vocação publicística do procedimento romano. Recife: Câmbio, 1955.

SILVA, De Plácido e. **Vocabulário jurídico**. 19. ed. Rio de Janeiro: Forense, 2002.

SILVA, Nanci de Melo e. **Da jurisdição constitucional**. Belo Horizonte: Del Rey, 2002.

SILVA, Ovídio Araújo Baptista da *et al.* **Teoria Geral do Processo Civil**. Porto Alegre: Letras Jurídicas Editora Ltda., 1983.

SILVA, Ovídio Araújo Baptista da. **Teoria geral do processo civil**. 3. ed. Rev. e atual. São Paulo: Revista dos Tribunais, 2002.

SILVA, Ovídio Baptista da. Coisa julgada relativa? *In:* **Studi di diritto processuale civile in onore di Giuseppe Tarzia**. Milano: Dott A. Giuffrè Editore, 2005. t. II.

SOARES, Carlos Henrique. **O advogado e o processo constitucional**. Belo Horizonte: Decálogo, 2004.

Referências   291

SOARES, Guido Fernando da Silva. **Common law** – introdução ao direito dos Estados Unidos. 2. ed. São Paulo: Revista dos Tribunais, 2000.

SOUSA, Miguel Teixeira de. **Estudos sobre o novo processo civil**. 2. ed. Lisboa: Lex, 1997.

SOUZA NETO, Cláudio Pereira de. **Teoria constitucional e democracia deliberativa**. Rio de Janeiro: Renovar, 2006.

TALAMINI, Eduardo. **Coisa julgada e sua revisão**. São Paulo: Revista dos Tribunais, 2005.

THEODORO JÚNIOR, Humberto; FARIA, Juliana Cordeiro de. A coisa julgada incosntitucional e os instrumentos processuais para seu controle. *In:* NASCIMENTO, Carlos Valder do (Coord). **Coisa julgada inconstitucional**. 2. ed. Rio de Janeiro: América Jurídica, 2002.

THEODORO JÚNIOR. Humberto. **Curso de direito processual civil**. 47. ed. Rio de Janeiro: Forense, 2007. v. I.

TOMASIN, Daniel. **Essai sur l`autoritá de la chose jugée em matiere civile**. Paris: Librairie Générale de Droit et de Jurisprudence, 1975, Tome CXXXXIII.

TOURINHO FILHO, Fernando da Costa. **Processo penal**. 29. ed. São Paulo: Saraiva, 2007. v. 1.

TROCKER, Nicolò. Enrico Allorio e la dotrina della riflessione della cosa giudicata rispetto ai terzi. **Rivista di Diritto Processuale**. Cedam, 340, v. LVI (II Serie), Anno 2001.

TUCCI, José Rogério Cruz; AZEVEDO, Luiz Carlos de. **Lições de história do processo civil romano**. São Paulo: Revista dos Tribunais, 1996.

TUCCI, José Rogério Cruz; AZEVEDO, Luiz Carlos de. **Lições de processo civil canônico**. São Paulo: Revista dos Tribunais, 2001.

TUCCI, José Rogério Cruz. **Limites subjetivos da eficácia da sentença e da coisa julgada**. São Paulo: Revista dos Tribunais, 2006.

USTÁRROZ, Daniel. **A intervenção de terceiros no processo civil brasileiro**. Porto Alegre: Livraria do Advogado, 2004.

VIEIRA, José Marcos Rodrigues. **Da ação cível**. Belo Horizonte: Del Rey, 2002.

VIEIRA, José Marcos Rodrigues. Coisa julgada e transrescindibilidade. *In*: **Cadernos da EJEF**: Série Estudos Jurídicos: Direito Processual, Tribunal do Estado de Minas Gerais, Belo Horizonte, n. 3, p. 65, 2006.

VIGO, Rodolfo. Aproximaciones a la seguridad jurídica. *In:* Derechos y libertades. **Rev. Del Instituto Bartolomé de las Casas**. a. III, n. 6, p. 497-500, feb. 1998.

WAMBIER, Teresa Arruda Alvim; MEDINA, José Miguel Garcia. **O dogma da coisa julgada**: hipóteses de relativização. São Paulo: Revista dos Tribunais, 2003.

Impressão e Acabamento:

Geográfica editora